"十三五"国家重点图书出版规划项目

列国志

新版

刘启芸 | *TAJIKISTAN*

编著

塔吉克斯坦

社会科学文献出版社
SOCIAL SCIENCES ACADEMIC PRESS (CHINA)

塔吉克斯坦国旗

塔吉克斯坦国徽

国会大楼（刘启芸　摄）

索莫尼广场（刘启芸　摄）

塔吉克斯坦科学院（刘启芸　摄）

国家图书馆（刘启芸　摄）

大剧院（刘启芸　摄）

文化中心（刘启芸　摄）

国立师范学院（刘启芸　摄）

总统学校（刘启芸　摄）

第 100 中学（刘启芸 摄）

青年湖一景（刘启芸 摄）

凯悦大酒店（刘启芸　摄）

茶楼（刘启芸　摄）

马戏院（刘启芸　摄）

民宅（刘启芸　摄）

出版说明

　　《列国志》编撰出版工作自 1999 年正式启动，截至目前，已出版 144 卷，涵盖世界五大洲 163 个国家和国际组织，成为中国出版史上第一套百科全书式的大型国际知识参考书。该套丛书自出版以来，受到社会各界的广泛好评，被誉为"21 世纪的《海国图志》"，中国人了解外部世界的全景式"窗口"。

　　这项凝聚着近千学人、出版人心血与期盼的工程，前后历时十多年，作为此项工作的组织实施者，我们为这皇皇 144 卷《列国志》的出版深感欣慰。与此同时，我们也深刻认识到当今国际形势风云变幻，国家发展日新月异，人们了解世界各国最新动态的需要也更为迫切。鉴于此，为使《列国志》丛书能够不断补充最新资料，更好地服务于社会各界，我们决定启动新版《列国志》编撰出版工作。

　　与已出版的 144 卷《列国志》相比，新版《列国志》无论是形式还是内容都有新的调整。国际组织卷次将单独作为一个系列编撰出版，原来合并出版的国家将独立成书，而之前尚未出版的国家都将增补齐全。新版《列国志》的封面设计、版面设计更加新颖，力求带给读者更好的阅读享受。内容上的调整主要体现在数据的更新、最新情况的增补以及章节设置的变化等方面，目的在于进一步加强该套丛书将基础研究和应用对策研究相结合，将基础研究成果应用于实践的特色。例如，增加了各国有关资源开发、环境治理的内容；特设"社会"一章，介绍各国的国民生活情况、社会管理经验以及存在的社会问题，等等；增设"大事纪年"，方便读者在短时间内熟悉各国的发展线索；增设"索引"，便于读者根据人名、地名、关键词查找所需相关信息。

顺应时代发展的要求，新版《列国志》将以纸质书为基础，全面整合国别国际问题研究资源，构建列国志数据库。这是《列国志》在新时期发展的一个重大突破，由此形成的国别国际问题研究与知识服务平台，必将更好地服务于中央和地方政府部门应对日益繁杂的国际事务的决策需要，促进国别国际问题研究领域的学术交流，拓宽中国民众的国际视野。

新版《列国志》的编撰出版工作得到了各方的支持：国家主管部门高度重视，将其列入"'十二五'国家重点图书出版规划项目"；中国社会科学院将其列为创新工程学术出版资助项目，王伟光院长亲自担任编辑委员会主任，指导相关工作的开展；国内各高校和研究机构鼎力相助，国别国际问题研究领域的知名学者相继加入编辑委员会，提供优质的学术指导。相信在各方的通力合作之下，新版《列国志》必将更上一层楼，以崭新的面貌呈现给读者，在中国改革开放的新征程中更好地发挥其作为"知识向导"、"资政参考"和"文化桥梁"的作用！

新版《列国志》编辑委员会

2013 年 9 月

前　言

自 1840 年前后中国被迫开关、步入世界以来，对外国舆地政情的了解即应时而起。还在第一次鸦片战争期间，受林则徐之托，1842 年魏源编辑刊刻了近代中国首部介绍当时世界主要国家舆地政情的大型志书《海国图志》。林、魏之目的是为长期生活在闭关锁国之中、对外部世界知之甚少的国人"睁眼看世界"，提供一部基本的参考资料，尤其是让当时中国的各级统治者知道"天朝上国"之外的天地，学习西方的科学技术，"师夷之长技以制夷"。这部著作，在当时乃至其后相当长一段时间内，产生过巨大影响，对国人了解外部世界起到了积极的作用。

自那时起中国认识世界、融入世界的步伐就再也没有停止过。中华人民共和国成立以后，尤其是 1978 年改革开放以来，中国更以主动的自信自强的积极姿态，加速融入世界的步伐。与之相适应，不同时期先后出版过相当数量的不同层次的有关国际问题、列国政情、异域风俗等方面的著作，数量之多，可谓汗牛充栋。它们对时人了解外部世界起到了积极的作用。

当今世界，资本与现代科技正以前所未有的速度与广度在国际流动和传播，"全球化"浪潮席卷世界各地，极大地影响着世界历史进程，对中国的发展也产生极其深刻的影响。面临不同以往的"大变局"，中国已经并将继续以更开放的姿态、更快的步伐全面步入世界，迎接时代的挑战。不同的是，我们所面

临的已不是林则徐、魏源时代要不要"睁眼看世界"、要不要"开放"问题，而是在新的历史条件下，在新的世界发展大势下，如何更好地步入世界，如何在融入世界的进程中更好地维护民族国家的主权与独立，积极参与国际事务，为维护世界和平，促进世界与人类共同发展做出贡献。这就要求我们对外部世界有比以往更深切、全面的了解，我们只有更全面、更深入地了解世界，才能在更高的层次上融入世界，也才能在融入世界的进程中不迷失方向，保持自我。

与此时代要求相比，已有的种种有关介绍、论述各国史地政情的著述，无论就规模还是内容来看，已远远不能适应我们了解外部世界的要求。人们期盼有更新、更系统、更权威的著作问世。

中国社会科学院作为国家哲学社会科学的最高研究机构和国际问题综合研究中心，有11个专门研究国际问题和外国问题的研究所，学科门类齐全，研究力量雄厚，有能力也有责任担当这一重任。早在20世纪90年代初，中国社会科学院的领导和中国社会科学出版社就提出编撰"简明国际百科全书"的设想。1993年3月11日，时任中国社会科学院院长的胡绳先生在科研局的一份报告上批示："我想，国际片各所可考虑出一套列国志，体例类似几年前出的《简明中国百科全书》，以一国（美、日、英、法等）或几个国家（北欧各国、印支各国）为一册，请考虑可行否。"

中国社会科学院科研局根据胡绳院长的批示，在调查研究的基础上，于1994年2月28日发出《关于编纂〈简明国际百科全书〉和〈列国志〉立项的通报》。《列国志》和《简明国际百科全书》一起被列为中国社会科学院重点项目。按照当时的计划，首先编写《简明国际百科全书》，待这一项目完成后，再着手编写《列国志》。

1998年，率先完成《简明国际百科全书》有关卷编写任务的研究所开始了《列国志》的编写工作。随后，其他研究所也陆续启动这一项目。为了保证《列国志》这套大型丛书的高质量，科研局和社会科学文献出版社于1999年1月27日召开国际学科片各研究所及世界历史研究所负责人会议，讨论了这套大型丛书的编写大纲及基本要求。根据会议精神，科研局随后印发了《关于〈列国志〉编写工作有关事项的通知》，陆续为启动项目拨付研究经费。

为了加强对《列国志》项目编撰出版工作的组织协调，根据时任中国社会科学院院长的李铁映同志的提议，2002年8月，成立了由分管国际学科片的陈佳贵副院长为主任的《列国志》编辑委员会。编委会成员包括国际片各研究所、科研局、研究生院及社会科学文献出版社等部门的主要领导及有关同志。科研局和社会科学文献出版社组成《列国志》项目工作组，社会科学文献出版社成立了《列国志》工作室。同年，《列国志》项目被批准为中国社会科学院重大课题，国家新闻出版总署将《列国志》项目列入国家重点图书出版计划。

在《列国志》编辑委员会的领导下，《列国志》各承担单位尤其是各位学者加快了编撰进度。作为一项大型研究项目和大型丛书，编委会对《列国志》提出的基本要求是：资料翔实、准确、最新，文笔流畅，学术性和可读性兼备。《列国志》之所以强调学术性，是因为这套丛书不是一般的"手册"、"概览"，而是在尽可能吸收前人成果的基础上，体现专家学者们的研究所得和个人见解。正因为如此，《列国志》在强调基本要求的同时，本着文责自负的原则，没有对各卷的具体内容及学术观点强行统一。应当指出，参加这一浩繁工程的，除了中国社会科学院的专业科研人员以外，还有院外的一些在该领域颇有研究的专家学者。

现在凝聚着数百位专家学者心血、约计 200 卷的《列国志》丛书，将陆续出版与广大读者见面。我们希望这样一套大型丛书，能为各级干部了解、认识当代世界各国及主要国际组织的情况，了解世界发展趋势，把握时代发展脉络，提供有益的帮助；希望它能成为我国外交外事工作者、国际经贸企业及日渐增多的广大出国公民和旅游者走向世界的忠实"向导"，引领其步入更广阔的世界；希望它在帮助中国人民认识世界的同时，也能够架起世界各国人民认识中国的一座"桥梁"，一座中国走向世界、世界走向中国的"桥梁"。

《列国志》编辑委员会
2003 年 6 月

CONTENTS

目 录

CONTENTS

目 录

CONTENTS

目 录

CONTENTS
目 录

CONTENTS

目 录

CONTENTS
目 录

CONTENTS

目 录

CONTENTS
目 录

CONTENTS

目 录

塔吉克斯坦驻华大使序

　　2017 年 1 月 4 日是塔中两国友好合作的重要时刻，是塔吉克斯坦与中华人民共和国建交 25 周年纪念日。从以往走过的道路我们可以满怀信心地说，两个邻国之间的关系是自由平等的典范，同时证明了在 21 世纪大国和小国之间的合作是必要的。必须指出，两国关系的进一步发展具有重大意义，并将为维护地区安全与和平稳定做出重要贡献。

　　近年来是塔中两国关系发展的重要时期。2013 年塔吉克斯坦总统埃莫马利·拉赫蒙到中国进行正式访问，两个国家的首脑把两国关系提升至战略伙伴关系。2014 年中华人民共和国国家主席习近平到塔吉克斯坦共和国进行国事访问，两国关系得到进一步深化。双方一致达成很多共识，两国领导人高度互信，两国关系也发展到了巅峰时期。2013 年以来，拉赫蒙总统和习近平主席共进行了 8 次不同形式的会晤。近年来在杜尚别和北京所签订的各项协定和发表的宣言，证明了杜尚别和北京在对外政策方面所采取的一致立场。特别要指出的是，例如谈到安全领域方面的互助问题，双方在反对"极端主义、分裂主义和恐怖主义三股势力"方面、经济贸易方面、人文方面以及国际和地区的立场协调方面都采取了完全一致的立场。

　　我们可以满怀信心地说，目前塔吉克斯坦和中国在战略伙伴关系方面正处于开辟广阔前景的崭新阶段。塔中两国在地区方面，特别是在地区合作发展方面以各种形式表现出一致的立场。可以说，塔中伙伴关系无论是对杜尚别还是对北京都具有重要意义。

　　目前，塔中战略伙伴关系正在经历其自身发展的极其重要时期。这个时期的主要特点是进一步加强互信、加强安全领域的互助、扩大贸易联

系、实现共同的经济项目、加强教育和人文领域的合作。

塔吉克斯坦对中华人民共和国国家主席习近平提出的关于共同建设"丝绸之路经济带"的倡议予以高度关注。塔吉克斯坦全力支持这一有助于中国同中亚国家经济合作的"方案设想"。特别要指出的是,该方案不仅符合塔吉克斯坦的民族利益,而且将为双方的共同发展创造条件,有助于地区的稳定和繁荣。

塔吉克斯坦和中亚其他国家一样,没有出海口,没有过境运输的方便条件。"丝绸之路经济带"的实施将在我们面前开创一个机遇,它将有助于塔吉克斯坦的经济发展,加强其同中国和欧洲的经济联系,不仅会有港口,而且会有获得贸易交流和财政来源的机遇。

塔吉克斯坦是穿越中亚道路上的国家,同中国和中亚其他国家之间联系密切。塔中两国这种密切的近邻关系,将有一种现实可能性,即开通一条从中国通向塔吉克斯坦、阿富汗和波斯湾等国家的交通走廊,这不仅对中国有利,而且有助于快速发展塔吉克斯坦本国的运输业。2014 年两国边境卡拉苏—库勒买口岸正式开通,双方货物周转有 60% 以上是通过该口岸进行的,该口岸是两个国家之间的"友好合作大门"。

我们已经看到"丝绸之路经济带"形成的第一批"果实"。"土库曼斯坦—中国天然气管道"项目部分天然气管道要经过塔吉克斯坦境域。根据鉴定委员会的评估,这个项目的投资应该不少于 30 亿美元。"塔吉克斯坦与中国第一工业园"项目的投资超过 5 亿美元。随着中国公司的参与,塔吉克斯坦将逐步打开高质量水泥方面的需求,将建设一系列水泥厂。总之,我们要指出的是,中国的实业集团对塔吉克斯坦市场的兴趣正在增加。

2014 年塔吉克斯坦和中国之间的货物周转额已经达到 25 亿美元。这比 1993 年增长了 250 多倍。两国领导人对 2020 年提出的任务是双方货物周转额要超过 30 亿美元。很显然,这个目标会提前实现。塔吉克斯坦和中国已经确立的合作领域有能源、采矿、加工、生产、农业和改造高端新工艺方面的生产等。

目前塔中两国在国际金融合作方面达到的业务高水准已经为财政信贷

打下良好的基础。这与塔吉克斯坦和中国两国高层领导人之间的高度互信，银行系统的合作前景、潜力都是密切相关的。重要的是，我们不能停留在已经取得的成绩上，而是要前行，要发展合作，其中包括发展地区之间的合作。我们对塔吉克斯坦的州市同中国福建省、海南省、黑龙江省以及新疆维吾尔自治区等伙伴关系的发展感到很满意。经验表明，直接的跨地区联系可以刺激经济合作，加强友好联系，使各族人民互相了解。我们将千方百计地鼓励塔吉克斯坦的州市和中国各城市建立联系，我们从好邻居这层含义来说要鼓励彼此投资、鼓励文化交流。

　　人文方面的合作是塔中互助的一种特殊形式，它包括文化、教育、科学、媒体、体育、旅游等方面的接触。这些联系会增进双方的了解，使人们之间的联系得到发展，为改善双方合作氛围做出应有的贡献，并使其不断丰富。文化周、艺术品、摄影展览以及其他各种各样的文化和教育措施在增进两国关系方面起着显著的作用。

　　我们应该鼓励年青一代学习汉语，研究中国历史及中国几千年的文化。1994 年塔吉克斯坦只有 3 名大学生到中国学习汉语，目前已有 2016 名塔吉克斯坦青年男女学生在中国 112 所大学里学习，这几乎增长了 700 倍。其中，1/10 的学生获得国家奖学金，其余的是自费"求知识"。在加强政治和贸易联系、维护地区的和平与稳定方面，两国之间人文接触的作用大大加强。为促进两国各族人民相互间的了解，使年轻人对邻国的文化产生更大的兴趣，我们对这些方面必须予以重视。

　　1991 年 9 月 9 日塔吉克斯坦宣布独立，中国是第一批承认塔吉克斯坦独立并与其建立外交关系的国家之一。毫无疑问，两国之间的第一个共同协定就是建立在永久平等的法律基础之上的，并且具有长久的生命力。两国在国际舞台上加强合作，在联合国和联合武装力量方面，两国就当前广泛的国际问题有着完全一致或相近的立场。

　　塔吉克斯坦和中国是好邻居，是彼此可靠的伙伴，两国有着相同的历史和共同的未来。我们把中华人民共和国国家主席习近平对"丝绸之路经济带"建设的倡导意见看作参与共同发展的请帖。通过中国经济实力的提高和增强，我们也看到塔吉克斯坦社会经济发展的前景。在"中国梦"中我们找到走向繁荣道路的一些要素。很显然，塔吉克斯坦和中国有着一样的命运，有共同的目标。为实现两国各族人民的幸福和繁荣，我们将肩并肩、手拉手一起向前走。

感谢刘启芸女士长期以来笔耕不辍，一直致力于塔吉克斯坦的研究，作为一个学者，为发展塔中关系做出了应有的贡献。相信，该书的再版会进一步增进塔中人民之间的相互了解，增进两国人民的友谊。

塔吉克斯坦驻华大使　拉希德·阿利莫夫

2015 年 6 月 27 日于北京

刘启芸译

导　言

　　塔吉克斯坦共和国（The Republic of Tajikistan，Республика Таджикистан），简称塔吉克斯坦（Tajikistan，Таджикстан），位于中亚东南部。塔吉克斯坦国土面积为14.31万平方公里。截至2015年1月1日，塔吉克斯坦人口约为840万人。截至2016年底，塔吉克斯坦人口约为873万人。

　　1991年9月9日，塔吉克斯坦宣告独立，同年12月25日，苏联解体，从此，塔吉克斯坦作为主权独立国家立于世界民族之林。塔吉克斯坦独立后持续内战多年，引起了世界各方的关注。

　　塔吉克斯坦共和国得名于塔吉克民族。"塔吉克"在民间传说中为"头戴绣花小圆帽的人"，"斯坦"有"国家"或"地区"的意思。"塔吉克斯坦"在突厥语中是"塔吉克人的国家"或"塔吉克人生活的地方"的意思。

　　塔吉克斯坦是一个多民族国家，共有86个民族。其中塔吉克族是主体民族，约占全国总人口的80%（截至2016年1月1日）。塔吉克人信奉伊斯兰教，多数为逊尼派，少数为什叶派，帕米尔人属什叶派伊斯玛仪支派。

　　塔吉克斯坦历史悠久，是古老"丝绸之路"穿越的国家，被称为丝绸之路上的一颗璀璨明珠。伟大丝绸之路因塔吉克人祖先的所在地——巴克特里亚与粟特的商人以及他们的快马和双峰骆驼而举世闻名。早在公元5世纪和8世纪丝路沿线上的彭吉肯特就十分繁荣，有富丽堂皇的宫殿和庙宇，被称为中亚的"宝贝"。索戈帝安、卡纳特格姆、帕米尔等三条主要的丝绸古道横贯整个塔吉克斯坦，这些古道连接了当时的波斯、希腊、中国和阿拉伯国家，为当时经济的发展和文化交流做出了重要贡献。正如塔吉克斯坦总统拉赫蒙所说的，"丝绸之路曾穿过塔吉克人居住区，不仅带来物质财富，也带来伟大的文化和精神财富"。

塔吉克斯坦历尽千年沧桑，终于在 9 世纪建立了自己的国家——萨曼王朝。最古老的名城有艾斯坦纳夫尚和沙斯坦城，有大量的清真寺以及保存完好的城堡、陵墓。塔吉克斯坦拥有中亚独特的 10 ~ 11 世纪的木雕，建筑风格独特。著名的宗教城市为库加德。历史上涌现了许多科学家、文学家、历史学家和诗人，代表人物有鲁达基、菲尔多西、伊本·西拿和阿布·纳斯尔·法拉比等。

塔吉克斯坦自然资源比较丰富，主要矿产是有色金属（铅、锌、钨、锑、汞等）、稀有金属、优质煤、岩盐，此外还有石油、天然气、丰富的铀矿（铀储量居独联体首位）和多种建筑材料。其中位于塔东部的大卡尼曼苏尔银矿是世界上最大的银矿之一，铅、锌矿占中亚第一位。塔吉克斯坦是中亚地区河流的发源地，也是世界上最大的陆地冰川所在地。水力资源丰富，储藏量居世界第八位，人均水力资源蕴藏量居世界首位。塔还建有中亚地区最大的水电站——努雷克水电站。

塔吉克斯坦的经济基础与经济实力均很薄弱，经济结构单一并且严重失衡，对外依赖性强，主要是原材料基地。塔吉克斯坦是苏联加盟共和国中都市化程度最低和最贫穷的国家之一。在苏联时期，塔吉克斯坦国家预算的 50% 靠联盟中央财政补贴，54% 的居民消费品需从其他共和国运进。1991 年苏联解体后，由于政治经济危机以及多年内战，塔国民经济遭受严重破坏，经济损失超过 100 亿美元，内战死亡人数达 15 万，经济倒退了近半个世纪。1997 年塔终于停止内战，步入和平发展之路，经济发展又面临新的挑战。自 2000 年以来，劳动移民大军向塔国内汇回的外汇（减去汇出部分）平均占国内生产总值的 36%，最低年份占 20%，最高年份达 50%。2008 年塔吉克斯坦又遭遇罕见的雪灾，经济损失超过 10 亿美元。之后，受世界经济危机和欧洲危机的影响，塔经济再次受到重创。贫困人口非但没有减少，反而继续急剧增加。据塔吉克斯坦统计委员会统计资料，贫困人口一度达 80% 左右。自 2011 年起，由于农业丰收、贸易增加以及较为稳定的劳动移民人员向国内汇款收入，塔经济发展明显好转，人民生活有明显改善，贫困人口也在逐年减少。2011 年 6 月，世界银行向塔吉克斯坦拨款 1000 万美元用于危机后复苏。2011 年 1 ~ 10 月，塔吉克斯坦还得到来自 39 个国家的 8300 万美元的人道援助。援助的物资包括粮油、食品、药品、医疗器械等。2010 年以来，塔经济继续保持增长态势。2015 年塔又发生多处严重泥石流灾害等。近些年来，塔政府采取了一系列政策与措施促进本国经济发展，确立了以市场经济为导向的国家经济政策，并推行私有化改制。塔吉克斯坦的工业是以电力和有色金属、稀有金属的开采为主，铝制品生产是塔国民经济的支柱产业，农业以植棉业为主，盛产"白金"——棉花。

塔中两国人民之间的友谊源远流长。两国有着悠久的历史、文化和科学联系。中国与塔吉克斯坦友好往来的历史可追溯到 2000 多年前。早在西汉时期，汉武帝派中国特使张骞先后两次出使西域，同该地区的人民交流中国的养蚕和丝绸技术，并带回良马，从而开辟了著名的丝绸之路，也开启了塔中两国人民友好交往的历史。公元前 2 世纪，丝绸之路上驼铃清脆、马蹄声声，承载着友谊和合作的使团商队往来不绝，推动了东西方文化交流，谱写出人类文明史上的华彩乐章。7 世纪中国茶文化传到了塔吉克斯坦。

塔吉克斯坦独立后，中国是最早承认该国独立并与之建立外交关系的国家之一，多年来给予塔吉克斯坦全面无私的帮助，塔中关系是大国与其邻国成功协作、相互合作的光辉典范。自 1992 年 1 月 4 日塔中建交以来，两国睦邻友好关系持续稳步发展，在国际事务中相互支持，政治、经贸、教育、科技、军事、人文、体育等领域的合作都取得了令人瞩目的成就。2002 年 1 月 4 日，中国国家主席就中塔建交 10 周年致塔吉克斯坦总统拉赫蒙的贺电中指出："中塔是山水相连的友好邻邦。建交十年来，在双方的共同努力下，两国关系得到长足发展。双方从发展两国关系的战略高度出发，不断加强政治互信，开展平等互利合作，增进人民间的友谊，在政治、经贸等各领域合作中取得了显著成果。两国在共同参与创建的上海合作组织及其他国际组织内进行了良好的合作，为打击'三股势力'、维护地区安全与稳定、促进共同繁荣做出了积极贡献。中塔关系发展的经验表明，保持并进一步深化两国睦邻友好与互利合作关系，不仅符合双方的根本利益，也有利于本地区安全、稳定与发展。"塔吉克斯坦领导人认为："在塔吉克斯坦人民建立国家的艰难时期，中国多次给予无私的帮助，始终坚定支持塔吉克斯坦领导人实现国内和平、稳定及民族和解的方针。伟大的中国是塔吉克斯坦的友好邻邦。对华关系在我国外交活动中占有优先地位。我们对两国关系的快速顺利发展予以高度评价，并愿与中方共同努力，进一步加强和深化两国睦邻关系和各个领域的全面合作。"中塔建交以来，中塔两国高层领导人高度互信，互访频繁，成果显著，两国友好关系和互利合作不断发展和深化。2013 年 5 月，拉赫蒙总统对中国进行国事访问，两国元首在北京签署了联合宣言，将两国关系提升至战略伙伴关系。2014 年 9 月 12～14 日，习近平主席对塔吉克斯坦进行了国事访问。双方发表了关于进一步发展和深化战略伙伴关系的联合宣言。访问成果标志着塔中关系新时代的到来，为两国全方位合作带来了新的机遇。2017 年 8 月 31 日，塔吉克斯坦总统来华访问，同习近平主席会谈，将两国关系升至全面战略伙伴关系。

塔中关系目前处于历史最好时期。两国领导人保持频繁的高层往来，两国元首在各种双边场合密切沟通。两国元首已经建立起良好的工作关系和深厚的个人友谊，塔中两国互信日益增强，引领塔中关系不断向前发展。中国将全面落实中塔两国领导人就推动双边关系所达成的各项共识，将两国关系不断推向新的发展阶段，两国战略伙伴关系将得到进一步发展和深化。习近平主席提出的"一带一路"倡议，受到塔吉克斯坦的热烈欢迎，近年来，在塔吉克斯坦青年中已经掀起学习汉语的热潮。塔吉克斯坦成为中国实施"一带一路"倡议密切合作的国家之一。

社会科学文献出版社推出的大型系列丛书《列国志》中包括笔者编著的《塔吉克斯坦》，该书的第一版已于 2006 年 5 月出版。本书填补了国内塔吉克斯坦综合研究的空白点，是国内第一部对塔吉克斯坦做全面客观介绍的著作，受到社会各界的好评，成为当时的畅销书之一。国内职能部门、相关企业、社会各界对塔吉克斯坦问题的"知识"需求越来越大，但原有的版本因资料陈旧很难满足现实需要，再加上塔吉克斯坦的国情也发生较大变化，为满足社会各界需要，社会科学文献出版社再次邀请笔者对 2006 年出版的《塔吉克斯坦》一书进行修订。深信 2018 年再版的《塔吉克斯坦》更能受到广大读者的喜爱。本书将致力于全面、系统、客观地介绍一个变化中的塔吉克斯坦，重点介绍塔吉克斯坦的基本国情、历史、政治、经济和外交以及塔俄、塔中和塔美关系等。笔者通过对塔吉克斯坦的综合研究，向学者、学生、相关部门和企业以及广大读者介绍亟须了解的真实客观的塔吉克斯坦最新情况，为中国对塔吉克斯坦的学科研究做出自己的贡献。

本书资料主要取自塔吉克斯坦统计委员会以及联合国经济和社会问题人口统计署委员会数据，塔国的书籍、报刊以及独联体各年度统计年鉴，还从塔驻华使馆得到许多宝贵的最新原文资料。在资料选用上尽量采用塔吉克斯坦权威机构的资料，力求准确、可靠。在内容上努力做到翔实、全面。本书语言风格力求通俗易懂。笔者长期从事中亚研究工作，相信将为读者提供一本有价值、内容丰富的可供参考的《塔吉克斯坦》。

在《塔吉克斯坦》一书再版修改中，笔者于 2017 年 8 月初到塔吉克斯坦首都杜尚别进行了实地考察，同塔吉克斯坦科学院多位专家进行座谈、交流，受益匪浅。在再版修改中还参考了塔吉克斯坦近年出版的《塔吉克斯坦历史》、《独联体国家统计年鉴》、《中国 - 塔吉克斯坦建交 15 周年》专刊，以及新华网、百度网、商业部网和其他互联网的有关资料，还有中国社会科学院俄罗斯东欧中亚研究所近几年出的《中亚黄皮书》等。在本书再版写作中得到中国社会科学院俄罗斯东欧中亚研究所各位领导、原中亚研究室主任赵常庆同志、科研处冯育民处长的大力支持，在此一并表示衷心感谢。

特别感谢塔吉克斯坦驻华大使拉希德·阿利莫夫先生在百忙中给本书再版写序，以及使馆外交官员对笔者的支持和帮助。

限于资料和水平，书中难免有不足之处甚至错误，恳请读者指正。

刘启芸

2017 年 12 月

第一章
概　览

　　塔吉克斯坦是位于亚洲中部的内陆高山国家。山地和高原占国土面积的93%。有1/2以上的国土位于海拔3000米以上。气候属大陆性气候，气温多变，降水稀少。自然资源比较丰富，主要是有色金属和稀有金属，铀矿储量在世界上占重要位置。水力资源极其丰富，在独联体国家中仅次于俄罗斯，人均水力资源储藏量在世界居首位。塔吉克斯坦是一个多民族国家，绝大多数人民信仰宗教。塔吉克族是主体民族，也是中亚地区最古老的民族之一。塔吉克斯坦是中亚五国中唯一的主体民族非突厥系的国家。塔吉克人勤劳、朴实、热情、好客。塔吉克斯坦人民非常热爱诗歌、音乐、舞蹈和文化。

第一节　国土与人口

一　地理位置与国土面积

　　地理位置　塔吉克斯坦地处亚欧两大洲的交界处附近，具有重要的战略地位。正是特殊的地理位置使塔成了欧美与俄罗斯争夺的焦点。塔吉克斯坦位于中亚东南部。东部与中国新疆接壤，南部与阿富汗交界，西部与乌兹别克斯坦毗邻，北部与吉尔吉斯斯坦相连。地理位置在北纬36°40′~北纬41°05′、东经67°31′~东经75°14′。东西长700公里，南北宽350公里。纬度与希腊、意大利南部、西班牙、日本中部和美国首都华盛顿相同。边界线总长3000公里。其中，与乌兹别克斯坦边界线长910公里，

与吉尔吉斯斯坦边界线长 630 公里，与阿富汗边界线长 1000 多公里，与中国边界线长 430 公里。

国土面积 塔吉克斯坦国土面积为 14.31 万平方公里，是中亚五国中国土面积最小的国家。

二 地形与气候

（一）地形

塔吉克斯坦属典型山地国家，山地和高原占国土面积的 93%，素有"高山之国"之称。1/2 以上的地区位于海拔 3000 米以上，最高峰——索莫尼峰（苏联第一高峰——共产主义峰）海拔为 7495 米。全国地形可大致分为 4 个部分：北部为山脉、费尔干纳盆地，中部为群山，东部为冰雪覆盖的帕米尔高原，西南部较低，有瓦赫什谷地、吉萨尔谷地和喷赤谷地。全境处于地震活动带，4~5 级地震几乎每年发生，6~7 级地震每隔几年发生一次。地震有时能引起山崩和滑坡。

1. 地质构造

塔吉克斯坦地质结构极其复杂，大体分为两大构造带。

乌拉尔—蒙古构造带 分布于乌兹别克斯坦、吉尔吉斯斯坦和塔吉克斯坦的部分地区。该系是具有线性褶皱、纵向断裂和复杂成分的地槽早期岩层。基底出露在卡拉捷京中间地块。褶皱系内划分出两组构造带，西部是克孜尔库姆—阿来带，东部是费尔干纳—科克沙勒带。

南天山晚海西褶皱系有一部分分布在塔吉克斯坦的部分地区。在费尔干纳—科克沙勒构造带内，从卢德洛期开始剧烈凹陷，早期凹陷和隆起出现在南天山北侧附近并逐渐向南移动。

塔吉克斯坦广泛发育冒地槽类型和火山沉积型的陆源和陆源碳酸盐岩沉积层，由花岗岩类组成大型的吉萨尔岩基。该地区具有褶皱构造（突厥斯坦山脉）、逆掩褶皱构造和鳞片状构造（泽拉夫尚山脉），这里发现了汞、锑、钨、锡、金、萤石矿床和煤田。

阿尔卑斯—喜马拉雅构造带 该构造带由三个褶皱系构成。①吉萨尔—北帕米尔晚海西褶皱系。该系分布于塔吉克斯坦。吉萨尔—北帕米尔晚海西褶皱系具有升降幅度很大的断块，地槽发育时间短。这里有很厚的地槽早期火山岩，岩石成分有明显的垂向和侧向变化。南吉萨尔矿产主要有黄铁矿、含铜黄铁矿、稀有金属等。②南帕米尔晚海西—基米里褶皱系。该褶皱系分布于塔吉克斯坦。该系特点是基底位置高，轻度破碎，短轴型褶曲，沉积层薄。西南帕米尔中间地块没有盖层。③阿尔卑斯后地台褶皱带。主要分布在土库曼斯坦，塔吉克斯坦有一小部分。在阿尔卑斯褶皱区和底台后造山带形成山脉。主要矿产有煤、硫钾盐、岩盐矿床、溴碘水矿床、铜、天青石、石膏、非金属建材等。

塔吉克斯坦山脉有三个山系：天山、吉萨尔—阿赖山、帕米尔山。

天山山系　天山西段位于塔境内北部，东段在中国境内，东西全长2450公里。其中，在塔吉克斯坦境内有1200公里。有库拉马山和莫戈尔托山，库拉马山长约170公里，最高海拔3768米，莫戈尔托山海拔1600多米。

吉萨尔—阿赖山山系　位于塔中部，包括突厥斯坦山、泽拉夫尚山、吉萨尔山、卡拉捷金山和阿赖山，该山系东西长约900公里。突厥斯坦山长约200公里，海拔5600多米，泽拉夫尚山与突厥斯坦山平行，吉萨尔山在塔吉克斯坦境内长约250公里，阿赖山长约200公里。西南部山脉主要有瓦赫什山、吉兰托山、苏尔赫库山、巴巴塔格山、萨尔萨拉克山、捷列克列托山、卡拉托山等，海拔为300～1700米。

帕米尔山山系　位于塔东部。帕米尔山山系的最高峰为索莫尼峰。西帕米尔和东帕米尔之间被切割成峡谷，中帕米尔地形平坦，山谷和盆地的底部海拔为3500～4500米，山岭的海拔都在6000米以上。

2. 河流

塔吉克斯坦有上千条河流，年平均水流量为8220万立方米。塔水力资源丰富，位居世界第八位，人均拥有量居世界第一位，占整个中亚的一半左右，但开发量不足10%。水资源包括地表水（河水和湖水）、地下水和冰川水（有4亿立方米清澈的水）。其中河水，一是来自雨水，二是来自冰川（冰川融水形成夏汛）和积雪融水（山雪融水形成春汛）。97%的国土被山区覆盖，雪水资源丰富。

塔吉克斯坦境内河流稠密，大部分河流属咸海水系。境内 10 公里以上的河流有 947 条，河流总长度为 2.85 万公里。100 公里以上的河流有 19 条，其中 500 公里以上的河流有 4 条。锡尔河、阿姆河和泽拉夫尚河形成了塔吉克斯坦的三大水系：北部属锡尔河水系，从吉萨尔谷地至东帕米尔属阿姆河水系，西部属泽拉夫尚河水系。主要河流有：锡尔河，全长 2219 公里，在塔境内有 195 公里，锡尔河流经塔北部的粟特州；阿姆河，全长 1415 公里，在塔境内有 85 公里；喷赤河，长 921 公里；泽拉夫尚河，长 877 公里；瓦尔坦格—穆尔加布—奥克苏河，长 528 公里；瓦赫什河，长 524 公里；卡菲尔尼甘河，长 387 公里。阿姆河的上游河流是喷赤河和瓦赫什河，它们汇合后称阿姆河，汇合处的年平均径流量为 1500 ~ 2000 立方米/秒。这些河流都发源于高山之上，由冰雪融化而成。河流一年有两次汛期，分别是由山地积雪融化形成的春汛和由冰川融化形成的夏汛，后者对农作物的生长作用很大。瓦赫什河是塔最主要的水路运输动脉。塔吉克斯坦境内各主要河流水流湍急，落差大，难以开发利用，需修筑水坝来改善。泽拉夫尚河流经塔吉克斯坦中部地区，出峡谷后便进入平原地区，即塔吉克斯坦古老的农业区，用以灌溉。

3. 湖泊

塔吉克斯坦湖泊有 1300 多个，湖水面积共计 1005 平方公里，约占该国面积的 1%。较大的湖泊有 22 个，总面积为 625 平方公里。最大的湖泊凯拉库姆湖（即喀拉湖，素有"塔吉克海"之称）为盐湖，它位于东帕米尔，海拔 3965 米，湖泊水面面积为 380 平方公里，最大深度为 238 米。另一个大湖是萨列兹湖，位于帕米尔高原，海拔 3214 米，湖泊水面面积为 79.64 平方公里，最大深度为 505 米。还有佐尔库里湖、亚塞里库利湖等。最高的湖泊是恰普达拉湖（海拔 4529 米），也是独联体最高湖。大部分湖泊分布在帕米尔高原和中部山区，平原地区湖泊很少。

4. 冰川

塔吉克斯坦有冰川 8492 处，总面积为 8476 平方公里。帕米尔山的冰川在塔吉克斯坦的面积超过 8000 平方公里。冰川面积约占中亚冰川总面积的 60%。塔有世界上最大的陆地冰川菲德钦科冰川，位于帕米尔科学院山脉，长 71 公里，面积为 907 平方公里。格鲁姆 – 格尔日迈洛冰川，位于亚兹古列山脉，长 36.7 公里，面积为 160 平方公里。维特科福斯冰川，面积为 50.2 平方公里。苏联科学院冰川，面积为 48 平方公里。纳利孚金冰川，面积为 45.2 平方公里。

5. 水库

塔吉克斯坦有两个大型水库：一个是凯拉库姆水库，面积为 520 平方公里，蓄水量为 41.6 亿立方米；另一个是努雷克水库，面积为 106 平方公里，蓄水量为 105 亿立方米。

（二）气候

塔吉克斯坦属典型的大陆性气候，气温多变，南北温差较大，降水较少。山间谷地低地处（海拔 500 ~ 1500 米）为亚热带气候，海拔 1500 ~ 3000 米的半山区为温带气候，海拔 3000 米以上的高山地区为寒带气候。

西南部各地气温与亚热带相近，夏季干燥炎热，河谷为亚热带气候，7 月平均气温为 23 ~ 30℃，有时高达 40℃，1 月平均气温为 – 2 ~ 2℃。年降水量为 150 ~ 250 毫米。西南部的低山地及一些地势较高的谷地，年降水量为 350 ~ 700 毫米。

中部山区和西帕米尔山地为温带气候，夏季温和，冬季寒冷，秋、冬、春三季多雨雪。

高山区为寒带气候。北部山区 7 月平均气温在 0℃ 以下，1 月平均气温为 – 20℃。夏季短暂，冬季漫长、冰雪覆盖。帕米尔高原气温更低，穆尔加布地区最低气温为 – 63℃。有的地区如高山区的穆尔加布年均降水量仅 60 ~ 80 毫米，几乎全部雨量降在夏季。一些山的西麓年降水量却达 800 ~ 1500 毫米，甚至更多（海拔高处主要是降雪）。11 月至翌年 3 月为降雪期，占全年降水量的 15%。山区积雪较厚，可达 1.5 ~ 2.5 米。

塔吉克斯坦年平均日照时间达 2500 ~ 3000 小时。

三　行政区划

塔吉克斯坦全国行政区划分为 2 个州、1 个自治州、1 个国家直辖区和首都杜尚别市，即粟特州（Согдийская Область，原名列宁纳巴德州）、哈特隆州（Хатлонская Область）、戈尔诺－巴达赫尚自治州（Горно－Бадахшанская Автоно－Мная Область）、国家直辖区（Районы Рёспуьлик－Анского Подчинения）和首都杜尚别市（Душае）。下设 45 个区、22 个市、47 个镇、354 个村。其中有 5 个国家直辖市，分别是杜尚别、努雷克（Нурек）、科法尔尼洪（Сомониен）、图尔孙扎德（Турсун Заде）和罗贡（Рогун）。

（一）粟特州

位于塔吉克斯坦北部，与吉尔吉斯斯坦相连。地处突厥斯坦山脉和泽拉夫尚山脉之间，系费尔干纳盆地西南部和泽拉夫尚盆地。该州原名为列宁纳巴德州。独立后，2000 年 11 月 10 日该州改名为粟特州，州府苦盏（Худзанд，也可音译为胡占德），该州面积为 2.61 万平方公里。2015 年全州共有 14 个农业区、9 个城市、22 个镇、93 个村。2016 年人口为 245.55 万人，其中城市人口为 60.72 万人，农村人口为 184.83 万人。城市人口占 24.7%，农村人口占 75.3%。人口密度为每平方公里 97.4 人。主要居住的民族是塔吉克人、乌兹别克人、俄罗斯人、吉尔吉斯人和鞑靼人等。

该州平均气温 1 月为 1℃，7 月为 28℃；海拔 1000 米以上的山地平均气温 1 月为 4℃，7 月为 26℃。年降水量为 150~400 毫米。河流有锡尔河及其支流。有大费尔干纳运河、北费尔干纳运河、凯拉库姆水库、凯拉库姆水电站。矿藏有煤、石油、有色金属和稀有金属。

该州奇卡洛维斯基建有苏联第二大铀提炼基地。主要的工业部门有机器制造业、轻工业（包括丝绸、棉纺和制毯）、食品工业等，还有建材业。主要农业部门为植棉业、园艺业、葡萄栽培业。平原地带畜牧业为养牛业，山地地带畜牧业为养羊业，还有养蚕业。

该州铁路线长 173.2 公里，有 3 条铁路线：塔什干—纳曼干、莫斯科区—安集延、比什凯克—贾拉拉巴德。公路线长 360 多公里，有苦盏市—杜尚别、塔什干—浩罕公路等。有飞往杜尚别、莫斯科、塔什干、撒马尔罕的航班。

州府苦盏市，位于锡尔河畔。1992 年人口为 16.53 万人；2015 年人口为 17.27 万人，2016 年人口为 17.54 万人，人口密度为每平方公里 4385 人。

塔吉克斯坦独立前，该州有 815 所普通教育学校、12 所中等专业学校，有基洛夫教育学院、教师进修学院，有 260 个儿童活动站、458 个公共图书馆、3 个历史方志博物馆、17 所剧院、367 个俱乐部、41 个电影放映站、25 个少年宫、4 个儿童科技活动站、17 个青少年体校。此外，该州还有塔吉克斯坦科学院植物园。

独立初，该州共有 162 家医院、28 个门诊部、384 个保健站、10 个集体农庄妇产科医院、110 个药房、2496 名医生和 7908 名受过中等教育的医护人员。独立后，医院、门诊部、保健站、药房、医生和医护人员均大大减少。

粟特州区域划分情况（2015 年简况）见表 1-1。

表 1-1　粟特州区域划分情况（2015 年）

	区域名称	面积（平方公里）	人口（万人）	人口密度（人/平方公里）
1	阿伊尼汗斯	5200	7.69	14.8
2	阿什特	2800	15.16	54.1
3	卡富罗夫	2700	34.74	128.7
4	德瓦什季奇	1600	15.43	96.4
5	戈尔诺-马特饮	3700	2.28	6.2
6	丹加尔-拉苏洛夫	300	12.50	416.7
7	扎法拉巴德	400	6.74	168.5
8	伊斯塔拉夫尚	700	18.56	265.1
9	伊斯法拉	800	20.45	255.6
10	卡尼巴达姆	800	14.63	182.9

	区域名称	面积 （平方公里）	人口 （万人）	人口密度 （人/平方公里）
11	马基因	1000	11.34	113.4
12	彭吉肯特	3700	23.12	62.5
13	斯比塔玛	400	12.87	321.8
14	沙斯坦城	1100	3.85	35.0

（二）哈特隆州

位于塔吉克斯坦南部和西南部。南部与阿富汗接壤，地处帕米尔、阿赖山山区。东部与戈尔诺－巴达赫尚相连，北与国家直辖区相接，西部与乌兹别克斯坦共和国的苏尔汉河州相邻。全州共有 24 个区、6 个市、18 个镇和 128 个村。面积为 2.46 万平方公里。2015 年 1 月 1 日，人口为 297.15 万人，2016 年，人口为 304.78 万人。主要民族有塔吉克人、乌兹别克人、俄罗斯人、德意志人、哈萨克人、土库曼人和鞑靼人等，人口密度为每平方公里 87.4 人。该州共有 4 个城市、21 个区，州府库尔干秋别。

哈特隆州南部，7 月平均气温为 23～30℃，1 月为 -5～2℃。年降水量为 500～1000 毫米。西南部气候属大陆性气候，平均气温 1 月为 1～3℃，7 月为 31℃，最高气温可达 46℃。年降水量为 200～300 毫米，多在春冬两季。

该州西南部主要河流有瓦赫什河、卡菲尔尼甘河。瓦赫什河上有梯级水电站。

该州南部经济以农业为主，种植棉花（细绒棉）、谷物、蔬菜，栽培果木，养蚕，养羊（卡拉库尔绵羊）。有各种农产品加工业，在库洛布市、帕尔哈尔区和莫斯科区有净棉厂。食品工业有油脂厂、面粉厂、肉类加工厂、啤酒厂，还有金属加工工业。该州西南部有轧棉、食品、化学（生产肥料）、机械制造工业。

独立初，该州共有 97 家医院、40 个门诊部、12 个诊疗所、15 个防治所、32 个农村医疗站、312 个妇产科医院、125 个药房、8 个疗养院，有 1718 名医生、5473 名受过中等教育的医务人员。该州有 178 个幼儿园、918 所普通教育学校、2 所中等专业学校、20 所专业技术学校、7 所职业技术学校。全州共有 584 个图书馆、历史方志博物馆,有 3 个文化宫、455 个俱乐部、406 个电影放映站。此外,还有州人民创作之家、人民剧院和十多个公园。独立后,受内战和经济危机影响,医院、诊疗所、药房、医生和医护人员的数量明显减少,与此同时,文化场所也大大减少。

该州南部现代化公路四通八达,公路线长达 2572 公里,主要有库洛布—杜尚别、库洛布—莫斯科区、帕尔哈尔—喷赤的公路。库尔干秋别—库洛布的铁路线长 125 公里。此外,还有从库洛布飞往杜尚别的航线。

哈特隆州共有 4 个城市。

库尔干秋别 塔吉克斯坦南部哈特隆州首府,该城位于该州西北部,在瓦赫什平原上。2015 年 1 月 1 日,人口为 10.29 万人。设有火车站、航空港,有电源变压器厂、轧棉厂、丝织厂、食品厂、服装厂等。有 1 座剧院,兴建于 17 世纪。该市东北部 12 公里处有 7~8 世纪的艺术遗迹——阿吉纳泰佩。

库洛布(曾用名:库利亚布) 位于哈特隆州东南,是该州第二大城市,1934 年称市,2015 年人口为 10.12 万人。设有火车站,该市有蓄电池厂、轧棉厂、肉类联合加工厂、金属切削机床装备试验厂、粮食加工厂、食品工业企业等。有 1 所师范学院、1 座剧院,有 14~17 世纪的米尔·辛得·哈马达尼陵墓。设有航空港(国内航线)。

努雷克 2015 年人口为 2.812 万人。

舒尔邦德 2015 年人口为 1.58 万人。

哈特隆州共有 21 个区,区域划分情况见表 1 - 2。

(三)戈尔诺 - 巴达赫尚自治州

位于塔吉克斯坦东部帕米尔高原。北部与吉尔吉斯斯坦接壤,西部和南部与阿富汗相邻,东部与中国毗连。全州有 1 个市、7 个区、43 个村。面积 6.41 万平方公里,占塔吉克斯坦领土面积的 44.9%。

表 1 - 2　哈特隆州区域划分情况

	区域名称	面积（平方公里）	截至 2015 年 1 月 1 日	
			人口（万人）	人口密度（人/平方公里）
1	巴利季沃	1300	2.72	20.9
2	巴舍塔尔	600	22.02	367
3	瓦赫什	1000	17.68	176.8
4	波歇伊	800	19.43	242.9
5	丹加拉斯	2000	13.61	68.1
6	贾米	600	15.3	255
7	库洛布	300	9.66	322
8	库波耶金	1000	16.54	165.4
9	吉里库利	1200	10.09	84.1
10	贾伊合温	900	8.48	94.2
11	穆尼纳巴德	1000	—	—
12	贾洛比丹	1000	6.38	63.8
13	普吉斯	1200	15.18	126.5
14	杰穆尔马里克	1000	6.38	63.8
15	法尔霍尔	1200	15.18	126.5
16	哈马多尼	500	13.5	270
17	郝希里 - 胡斯拉夫	800	3.4	42.5
18	郝瓦里克	1700	5.31	31.2
19	胡罗孙	900	10.33	114.8
20	萨赫利图斯	1500	11.41	76
21	亚万	900	20.38	226.4

　　该州人口 1989 年为 16.0887 万人，1992 年 1 月 1 日为 17.2 万人，1995 年 1 月 1 日为 18.8 万人，2000 年为 20.62 万人，2005 年为 20.68 万人，2010 年为 20.48 万人，2014 年为 21.21 万人，2015 年 1 月 1 日为 21.43 万人，2016 年 1 月 1 日为 21.74 万人。2015 年人口密度为每平方公里 3.39 人。2015 年城市人口为 2.89 万人，占总人口的 13.5%，农村人口为 18.54 万人，占 86.5%。

　　帕米尔东部高原占戈尔诺 - 巴达赫尚自治州大部分领土，帕米尔最高峰——索莫尼峰（以前称为共产主义峰）高 7495 米。居民中大部分是塔吉克人，此外，还有吉尔吉斯人等。戈尔诺 - 巴达赫尚自治州自然条件不一，西部山脉交错，多冰川，东部是高山草原地带，该州矿产资源丰富。

戈尔诺－巴达赫尚自治州西部地区属温带大陆性气候，平均气温 1 月是 7.8℃，7 月是 22.2℃，年降水量为 240 毫米。东部地区是寒带气候，降水量很少，年降水量为 60~70 毫米。

州府霍罗格。霍罗格市海拔 2000 米，位于该州西南部贡特河和喷赤河汇流处附近。1992 年 1 月 1 日，人口为 2.15 万人，2015 年 1 月 1 日，人口为 2.89 万人，2016 年 1 月 1 日，人口为 2.92 万人。1932 年称市。从霍罗格到杜尚别有 527 公里，另外有公路通往共和国首都杜尚别市和吉尔吉斯斯坦共和国奥什市。该市有 1 座剧院，还有霍罗格水电站，设有航空港（国内航线）。企业有肉类加工厂、钢筋混凝土构件厂、服装厂，机构有科学院帕米尔生物科研所（附设有植物园）。

戈尔诺－巴达赫尚自治州是全国经济最落后地区，农业是该州的主要经济部门，农作物播种面积不足两万公顷。农业依靠灌溉，主要分布在西帕米尔，种植谷物、蔬菜和瓜类作物，此外，还有园艺业和养蚕业。东帕米尔以畜牧业为主，当地开采食盐。食品工业有面粉厂、乳制品厂和肉联厂。轻工业、食品工业和建材业是该州的主要工业部门，另外还有宝石、石棉、水晶和滑石粉加工工业，还建有霍罗格、万奇水电站等。主要有两条公路，一条公路线是奥什—霍罗格，另一条公路线是杜尚别—霍罗格。霍罗格和杜尚别之间有航线。

戈尔诺－巴达赫尚自治州有 7 个区（见表 1－3）。

表 1－3　戈尔诺－巴达赫尚自治州区域划分情况（2015 年）

	区域名称	面积 （平方公里）	人口 （万人）	人口密度 （人/平方公里）
1	巴赫奇	4400	3.24	7.36
2	达尔巴兹	2800	2.24	8.00
3	鲁尚	5900	2.49	4.22
4	苏戈纳	4600	3.62	7.87
5	罗什特卡林	4300	2.61	6.07
6	伊什卡森姆	3700	3.14	8.49
7	穆尔加卜	3840	1.47	3.83

戈尔诺－巴达赫尚自治州有 12 家工业企业。2009 年该州工业产值占共和国总产值的 0.7%。2009 年该州发电量为 1.79 亿千瓦时，生产了 285 吨肉类、4 吨肠产品、10.16 万吨谷物、4.81 万吨马铃薯、1.67 万吨蔬菜等。

2009 年末，该州有 10.16 万头牛，其中母牛 3.76 万头，有 30.51 万只羊，有 4000 个牧场。

2009 年对戈尔诺－巴达赫尚自治州的发展经济投资为 8.75183 亿索莫尼，占国家投资总额的 1.4%。

（四）国家直辖区

位于塔吉克斯坦中部和西南部。该区有 4 个国家直辖市、13 个直辖区（加尔姆区、奥尔忠尼启则阿巴德区、法伊扎巴德区、图尔孙扎德区、亚万区、吉萨尔区、贾拉拉巴德区、吉尔加塔区、科姆索莫拉巴德区、列宁区、瓦尔佐布区、塔维达林区和托吉科巴德区）、9 个镇和 91 个村。2000 年 1 月 1 日，面积为 2.84 万平方公里，人口为 133.8 万人，人口密度为每平方公里 47.1 人。2015 年面积为 2.86 万平方公里，人口为 197.1 万人，人口密度为每平方公里 68.9 人。塔吉克人占 85.04%。

该区属温带大陆性气候，平均气温 1 月为 3~7℃，7 月为 18~25℃。

该区河流比较多，主要河流有卡菲尔尼甘河、瓦尔佐布河、鲁乔布河、索尔伯河、艾洛克河、苏尔霍布河、穆克苏河、瓦赫什河、奥比辛口河和艾洛克河。

该区有中亚最大的水力发电站——努雷克水电站，有塔吉克斯坦最大的工业企业——塔吉克铝制品厂。主要工业企业有萤石联合工厂、棉花加工厂、乳制品厂、机器制造厂、机械修理厂、谷物加工厂、金属加工厂、缝纫厂、食品厂、罐头厂等。

农业主要是植棉业、园艺、蔬菜栽培、葡萄栽培，畜牧业也占有一定地位。

国家直辖区下设的国家直辖市共 4 个。

1. 杜尚别

杜尚别是塔吉克斯坦首都。位于北纬 38.5 度、东经 68.8 度，坐落在该国西南部、资源富饶的吉萨尔盆地。三面环山，风景秀丽，瓦尔佐布河由北向南和卡菲尔尼甘河由东向西穿城而过。杜尚别海拔在 750～930 米，面积 126 平方公里。1992 年 1 月 1 日，杜尚别人口为 58.45 万人，2013 年 1 月 1 日，人口为 73.05 万人，2015 年 1 月 1 日，人口为 78.87 万人，截至 2016 年 1 月 1 日，现有人口已增至 80.27 万人，人口密度为每平方公里 6371 人。居民主要是塔吉克人，其他民族有塔塔尔人、俄罗斯人、乌克兰人等。

1 月平均气温为 1℃，7 月为 28℃。夏季最高气温可达 40℃，冬季最低气温为 -20℃。

市内街道呈长方形网格状布局，大部分建筑为平房以防地震。行政和文教科研机构在市中心，市区南部和西部为新工业区及住宅区。在塔吉克斯坦，杜尚别是唯一有划分区的城市。全市共划分为 4 个区，索莫尼区（前十月区）是杜尚别市中心区。面积为 25.8 平方公里，人口为 14.15 万人。历任区长有库尔布、阿拉穆汗、热米洛维奇。锡诺区（前伏龙芝区）面积为 43.8 公里，人口为 30.73 万人。历任区长有萨法罗夫扎法尔、阿卜杜拉斯维奇。费尔达弗希区（前中央区）面积为 29.1 平方公里，人口为 19.83 万人。历任区长有阿利耶夫、赛伊德胡里丹、阿克拉莫维奇。索赫曼苏尔区（前铁路区）面积为 27.9 平方公里，人口为 15.51 万人。历任区长有波波耶夫萨曼达尔、波波耶维奇。

2. 努雷克

塔吉克斯坦西部城市，位于杜尚别市东南，濒临瓦赫什河。由于努雷克水电站的建设，于 1960 年建立努雷克市。拥有冶金厂、建材厂、服装厂。截至 2013 年，现有人口 1.85 万人，常住人口 1.84 万人。

3. 罗贡

塔吉克斯坦中西部城市，位于杜尚别市东面的瓦赫什盆地。由于罗贡水电站的建立，从 1986 年起称市。截至 2013 年，现有人口 9100 人，常住人口 9000 人。

4. 图尔孙扎德

国家直辖区西部，靠近乌兹别克斯坦边境。1952 年起称市，1978 年为纪念米图尔孙扎德而更名称列加尔，位于杜尚别西边。截至 2013 年，现有人口 3.83 万人，常住人口 3.79 万人，设有火车站（列加尔站）。企业有铝厂、陶瓷厂、轧棉厂，靠近该市有哈贾 – 纳赫什朗建筑遗迹（11～12 世纪，两个陵墓）。

主要直辖区区域划分情况见表 1 - 4。

表 1 - 4　国家直辖区下属主要直辖区区域划分情况（2015 年）

	区域名称	面积（平方公里）	人口（万人）	人口密度（人/平方公里）
1	法伊扎巴德	900	9.23	102.6
2	图尔孙扎德	1200	21.49	179.1
3	吉萨尔	1000	27.34	273.4
4	吉尔加塔	4600	6.03	13.1
5	瓦尔佐布	1700	7.27	42.8
6	塔维达林	6000	2.12	3.5
7	托吉科巴德	700	4.12	58.9

四　人口、民族和语言

（一）人口

塔吉克斯坦的特点是国土少、人口较多、人口自然增长率高。1991 年塔吉克斯坦常住人口为 550.5 万人，2000 年 1 月 20 日塔独立后第一次人口普查，全国人口为 612.75 万人。2008 年全国人口为 737.3 万人，比 1991 年增长了 33.9%。2010 年塔进行第二次全国人口普查，全国人口为 756.45 万人。2013 年 1 月 1 日塔全国人口已经增加到 798.48 万人。根据塔国家统计署发布的资料，2013 年 4 月 1 日，塔全国人口总数为 808 万人。2016 年 1 月 1 日，塔吉克斯坦全国人口总数为 855.12 万人。2016 年底，塔人口已增至 876.9221 万人。全国 15 岁以下的有 297.4958 万人（其中男性 151.3743 万人，女性 146.1215 万人），14～65 岁的有 549.8652 万人（其中男性 272.3194 万人，女性 277.5458 万人），65 岁以上的有 29.5698 万人（其中男性 12.5224 万人，女性

17.0474 万人)。

塔吉克斯坦都市化水平较低,大量人口聚居在农村地区。苏联时期,1970～1975 年城镇居民比例为 27%。北部经济发达地区甚至超过 50%。塔吉克斯坦独立后,城乡居民结构变化较大,城镇居民比例明显减少,1993～1999 年,城镇居民比例减少到 27.5%。进入 21 世纪后,塔城镇居民比例保持在 27% 左右。

(二)民族

塔吉克人 塔吉克斯坦有 86 个民族。塔吉克族是主体民族,也是中亚地区最古老的民族之一,塔吉克族分为平原塔吉克族和高山塔吉克族。据 1989 年全苏人口普查结果,在塔吉克斯坦的塔吉克人共有 317.24 万人,占塔总人口的 62.3%。塔吉克斯坦独立后,各主要民族人口数量发生较大的变化,主体民族人口数量不断上升。1994 年塔吉克人占总人口的 65%,1997～2002 年占总人口的比重已增加到 70.5%。1998 年塔吉克族人口为 427.7 万人,2002 年塔吉克族人口已增加到 440.625 万人。2010 年塔进行第二次全国人口普查,全国人口为 756.45 万人,其中塔吉克人为 637.38 万人,占全国总人口的 84.26%;根据中国外交部网站公布的资料,2014 年塔吉克族人口约占全国总人口的 79.9%。

乌兹别克人 塔吉克斯坦的第二大民族是乌兹别克族,1989 年为 119.78 万人,占总人口的 23.5%。塔吉克斯坦独立后,乌兹别克族人口呈明显上升趋势。1994 年已占总人口的 26%,1997～2002 年占总人口的 26.5%。1998 年乌兹别克族人口为 160.7 万人,2002 年 1 月,乌兹别克族人口已增加到 165.625 万人。近年来,乌兹别克族虽然仍是第二大民族,但是其比重明显下降。根据 2010 年中国外交部网站公布的资料,乌兹别克族人口为 105.47 万人,占全国总人口的 15.3%。

俄罗斯人 1989 年塔境内的俄罗斯人为 38.85 万人,占总人口的 7.6%,当时是第三大民族。塔吉克斯坦独立后,俄罗斯人的人口比重急剧下降。由于塔吉克斯坦国情发生剧变,大批俄罗斯人迁回俄罗斯或移民西方国家。1994 年俄罗斯人占总人口的比重下降到 2%，1996 年俄罗斯人占总人口的比重下降到 0.32%，由原第三大民族退到第八位。1998 年俄罗斯族人口只有 1.94 万人，2002 年俄罗斯人口仍占总人口的 0.32%，约为 2 万人。2010 年俄罗斯人为 3.48 万人，占总人口的 0.46%。

鞑靼人 1989 年鞑靼族人口为 7.22 万人，占总人口的 1.4%。1996 年，该民族人口数量由第四位上升为第三位。1998 年鞑靼族人口为 8.49 万人。2010 年鞑靼人为 0.65 万人，占总人口的 0.09%。

吉尔吉斯人 1989 年吉尔吉斯族人口为 6.38 万人，占总人口的 1.3%。1998 年吉尔吉斯族人口为 7.88 万人。2010 年吉尔吉斯人为 6.07 万人，占总人口的 0.8%。

乌克兰人 乌克兰族人口数量居第六位，1989 年为 4.14 万人，占总人口的 0.8%。1998 年乌克兰族人口为 4.85 万人。2010 年乌克兰人已成为少数族群。

德意志人 1989 年德意志人为 3.27 万人，占总人口的 0.6%。1998 年德意志族人口为 3.64 万人。2010 年德意志人也很少。

土库曼人 1989 年土库曼人为 2.05 万人，占总人口的 0.4%。1998 年土库曼族人口为 2.42 万人。2010 年土库曼人为 1.52 万人，占总人口的 0.2%。

朝鲜人 1989 年朝鲜族人口为 1.34 万人，占总人口的 0.3%。1998 年朝鲜族人口为 1.82 万人。2010 年朝鲜人也已很少。

哈萨克人 1989 年哈萨克族人口为 1.14 万人，占总人口的 0.2%。1998 年哈萨克族人口为 1.21 万人。2010 年哈萨克人已经很少。

此外还有少量中国人、伊朗人、犹太人、白俄罗斯人、亚美尼亚人、阿塞拜疆人、格鲁吉亚人、摩尔多瓦人、立陶宛人、拉脱维亚人、奥塞梯人、克里米亚鞑靼人、巴什基尔人、楚瓦什人和爱沙尼亚人等。

在塔吉克斯坦，居民分布很不平衡。约有 85% 的居民集中居住在海拔 1500～1600 米的各谷地上，如普里瑟尔达里盆地、泽拉夫尚谷地和塔北部的乌拉秋别盆地、吉萨尔谷地、瓦赫什谷地和卡菲尔尼甘河谷地以及克孜尔苏河谷地、亚赫苏河谷地、苏尔霍布河谷地。

　　塔吉克人分布在全国各地，但主要居住在塔吉克斯坦中部和东部地区，从事高山畜牧业和农业。在苏尔霍布河谷地、喷赤河右岸、克孜尔苏河和亚赫苏河上游地区、泽拉夫尚河中游和帕米尔地区，几乎是塔吉克人的村落。在塔吉克斯坦北部的卡尼巴达姆区、伊斯法拉区、乌拉秋别和霍占特区，塔吉克人也很多。在瓦赫什谷地，塔吉克人占一半以上。

　　乌兹别克人主要居住在普罗列塔尔区、图尔孙扎德区、纳乌区、沙阿尔图兹区和苏维埃区。

　　俄罗斯人主要居住在城市，如杜尚别、努雷克、加里宁纳巴德和奇卡洛夫斯克等城市。

　　鞑靼人主要居住在吉萨尔盆地、瓦赫什谷地和北塔吉克斯坦锡尔河沿岸，大多数鞑靼人居住在城市里。

　　吉尔吉斯人主要居住在穆尔加布区和吉尔加塔尔区。

　　哈萨克人主要居住在塔南部的库姆桑吉尔区、喷赤区和帕尔哈尔区。

　　土库曼人主要居住在卡菲尔尼甘河和瓦赫什河下游地区。

（三）语言和文字

　　塔吉克语属印欧语系伊朗语族帕米尔语支，有文字。塔吉克人最初使用的文字也是建立在阿拉伯字母基础之上的。1930 年苏联境内的塔吉克人开始使用以拉丁字母为基础创制的文字，自 1940 年起转用以基里尔字母为基础的文字。1970 年，塔吉克人通晓俄语的比例为 15.4%，1989年，熟练使用俄语的塔吉克人已经占其总人口的 27.7%，能掌握其他语言的为 12.2%。独立后俄语仍被广泛应用，尤其是商人和官方人士。南部和西部讲乌兹别克语。为寻求好的工作，现在有很多人重视学习英语。与此同时，由于习近平主席倡导的丝绸之路倡议在塔吉克斯坦产生深远影响，年轻人掀起学习汉语的热潮，通过各种渠道，纷纷来中国留学，学习汉语。他们认为学好汉语，不仅能找到好的工作，而且有好的发展前程。1994 年 11 月 6 日，塔通过了独立以后第一部《塔吉克斯坦共和国宪法》。

该法第一章第 2 条规定，塔吉克语是塔吉克斯坦的国语，俄语为族际交流语言。居住在共和国境内的各大小民族都有权自由使用本民族语言。1999年公布的《塔吉克斯坦共和国宪法》第一章第 2 条再次重申了这一规定。在第四章第 65 条中，也把掌握塔吉克语作为当选国家总统的主要条件之一。目前，塔吉克斯坦的孩子从上学开始，所用的教材一律是塔吉克文，现在已经毕业的大学生还会讲俄语，再过 5～10 年情况就大不一样了。不懂塔吉克语，研究和交流就会困难重重，因此，建议塔要重视培养这方面的人才。

五　国旗、国徽和国歌

1999 年 12 月 11 日，塔吉克斯坦共和国国会通过法案，确定塔吉克斯坦的国旗和国徽为国家主权和独立的象征。

国旗　塔吉克斯坦国旗为长方形，国旗的长与宽的比例为 2∶1。塔吉克斯坦国旗自上而下由红、白、绿三个平行的长方形组成，白色部分中间有一顶仿照流行风格的王冠和构成半圆周的七颗均匀分布的五角星。红色象征国家的胜利，绿色象征繁荣和希望，白色代表宗教信仰；王冠和五角星图案象征国家的独立和主权。塔吉克斯坦在 1929年成为苏联的一个加盟共和国，1953 年起采用上部有黄色五角星及镰刀、铁锤图案，下部有白色和绿色横条的红旗，1991 年 9 月 9 日宣布独立，采用现国旗。

国徽　塔吉克斯坦的国徽为半圆形，主要图案由王冠和王冠上的 7 颗五角星构成，背景为初升太阳放射的万丈光芒，太阳从覆盖着白雪、环绕着花环的群山中升起，花环右侧由麦穗组成，左侧是盛开的棉铃。花环上面是由国旗的红、白、绿三色饰带系扎的麦穗和棉铃，下面是一本放在托架上的书。

国歌　塔吉克斯坦共和国国歌（Суруди Миллии Точикистон）是塔吉克斯坦的国歌，1991 年采用。由古尔纳扎·凯尔地作词，苏莱曼·亚达科夫作曲。曲调原为苏联时期塔吉克斯坦的国歌，1994 年重新填词，曲调沿用至今。

国歌歌词是：

我们亲爱的祖国，

我们为您傲立在世上而感到光荣，

我们期盼您能够永远幸福繁荣。

我们自古以来经历多少岁月。

我们现在傲立在您的旗帜下，您的旗帜下。

我的祖国万岁，

我自由的祖国万万岁！

我们祖先的期盼，

我们的尊严、荣耀都在您的土地上，

您是诸子民安居乐业的天堂。

您的春天是永远的，永远不变，

我们对您的忠诚也是永远，永远不变。

我的祖国万岁，

我自由的祖国万万岁！

您是我们的母亲，

您的未来就是我们对未来的憧憬，

您的身口意就是我们的身口意。

您给我们的是永远的幸福，

您使我们对世界充满了爱，充满了爱。

我的祖国万岁，

我的祖国万万岁！

您的未来就是我们对未来的憧憬，

您的身口意就是我们的身口意。

您给我们的是永远的幸福，

您使我们对世界充满了爱，充满了爱。

我的祖国万岁，

我的祖国万万岁！

第二节　宗教与民俗

一　宗教

塔吉克斯坦是以伊斯兰教为主的国家，穆斯林占全国总人口的90%以上。

宗教组织与教派　塔吉克斯坦主要有4种宗教：伊斯兰教（200个组织）、基督教（17个组织）、犹太教（2个组织）、巴哈伊教（3个组织）。

塔吉克斯坦的伊斯兰教派别，多数为逊尼派，少数为什叶派。戈尔诺－巴达赫尚自治州有伊斯兰教伊斯玛仪派，这一教派大多是当地的帕米尔人，同印度的伊斯兰教伊斯玛仪派保持接触。居民中还有东正教和天主教徒。

塔吉克斯坦宗教传统根深蒂固。伊斯兰文明的形成始于7世纪末至8世纪初。阿拉伯人征服该地区后，便开始对这一地区进行军事进攻、经济掠夺和宗教传播。通过各种行政法规和宗教制度以及移民、通婚、纳妾等方式，强迫被征服地区人民信奉伊斯兰教，放弃原来的宗教信仰。按照阿拉伯征服者的法律，凡是皈依伊斯兰教的居民可免交人丁税，而且可享有与阿拉伯穆斯林同等的地位。这样，伊斯兰教很快在中亚地区得到了传播。宗教意识渗入文学、诗歌、哲学、艺术和建筑等各个领域，使中亚各民族无不打上伊斯兰教的烙印，乃至形成当今中亚诸多伊斯兰国家。

在塔吉克斯坦，现今仍保留了许多著名的宗教名胜古迹，主要有：位于伊斯法拉附近，建于10～12世纪的哈兹拉提－巴巴的陵墓、阿卜杜拉·汗的礼拜堂；位于潘吉鲁得村，建于14世纪的穆哈迈德－巴沙尔陵墓；位于库洛布附近，建于14～17世纪的米尔·辛得·哈马达尼的陵墓；位于吉萨尔，建于16～18世纪的马赫杜米·阿扎姆陵墓；位于苦盏市，建于14～17世纪的伊斯兰教教长陵墓。在杜尚别市，还保留了纳合西班底教派著名门徒谢赫·亚库布·查基之墓。此外，还有卡迪·阿卜杜·拉什德清真寺、亚库布清真寺、亚库布加尔黑清真寺等。

塔吉克斯坦独立后，伊斯兰教在国内迅速崛起，宗教势力活动加剧。宗教组织、宗教设施、宗教派别、教徒人数以及宗教活动都有较大发展，对国内安全与稳定构成较大影响，成为国家关注的重大问题之一。国外宗教势力对塔的影响与日俱增。穆斯林神职人员在青年中，甚至在少年儿童中传播伊斯兰教，一些带有伊斯兰教内容的录音带和电视片在国内争相转录和放映，许多青年和学生在斋月期间公开封斋，父母按伊斯兰教教规给新生儿起教名，在一部分人特别是农村居民中开始教授被禁多年的《古兰经》。

塔吉克斯坦伊斯兰教的影响逐年扩大，国外宗教渗透也随之加大。2017年我们在杜尚别考察期间，亲眼看见了杜尚别清真寺的发展状况。全球伊斯玛仪派穆斯林精神领袖印度卡里姆亲王阿迦汗（此人居住在法国，个人资产8亿多美元，还与美国有密切的联系）于2009年在塔吉克斯坦投资建一座雄伟壮观的清真寺，占地3公顷，能容纳15万人。这座清真寺设计考究，质量优良，耗资巨大，施工6年才建成。目前，仅在杜尚别，类似这样大的清真寺竟达20多座，清真寺增加的速度令人担忧。清真寺由1989年的79座猛增至1992年的2870座，占中亚地区清真寺总数的一半以上。另外还有3000多所祈祷堂。几乎每个清真寺都开办了星期日学校。正式登记注册的大清真寺由1989年的17座增至1993年的130座。1990~1992年，农村地区小清真寺有2800座。全国开办的古兰经学校约有150所。到1997年9月，塔吉克斯坦已有200个伊斯兰宗教组织。2015塔境内已有4012座清真寺。2015年7月31日，塔吉克斯坦最高检察院称，2015年上半年根据塔检查宗教组织自由法标准，塔境内关闭了1320座非法清真寺。此外，伊朗等伊斯兰国家在宗教方面对塔吉克斯坦影响较大。塔吉克斯坦独立初期，拥有7万名成员的伊斯兰复兴党直接干预社会生活，并一度成为该国具有颇大影响，甚至能左右国家局势的一支重要政治力量。伊斯兰复兴党煽动宗教狂热，引起混乱。自1997年以来，伴随着伊斯兰教的发展，宗教极端势力开始抬头，并向世俗国家政权发起挑战。同时，出现了伊斯兰宗教极端势力与民族分裂势力和国际恐怖势力

相勾结的趋势。2015 年伊斯兰复兴党被清除出党派，国家宣布停止该党活动。

二　节日

塔吉克斯坦的重要节日分为具有政治意义的纪念日（即国家法定节日）和民族传统节日两类。塔吉克斯坦国家法定节日有：

1 月 1 日	新年
3 月 8 日	国际妇女节
5 月 1 日	国际劳动节
3 月 21～22 日	纳乌鲁孜节（按当地的立法，即传统春节，相当于中国的春节，热闹非凡）
6 月 27 日	民族和解日
9 月 9 日	独立日
11 月 6 日	宪法日

塔吉克斯坦除国家法定节日外，还有：

肉孜节	一年一次（按当地的立法）
古尔邦节	一年一次（按当地的立法）

塔吉克斯坦传统节日有纳乌鲁孜节、丰收节以及宗教节日古尔邦节和巴罗提节，古老的风俗一直延续至今。每年 3 月 21～22 日是塔吉克人的传统节日纳乌鲁孜节，即传统的春节，这一节日源于古代波斯，据说已有2700 年的历史。在波斯历法中，3 月 21 日是辞旧迎新的日子，象征着丰收、幸福美好生活，象征着大自然万物复苏、农田劳动即将开始的大好时光。在农村有热闹非凡的开耕仪式，这是春节庆贺活动的高潮。在节日里人们走亲访友，互赠早开的春花。在庆祝纳乌鲁孜节时，表演节目在隆重而又欢快的气氛中进行。在卡尔那号和鼓的伴奏下，化装的人群沿街行

走。在他们中间可以看到许多民间故事中的人物，一般戴着大头面具，其中还有端着麦芽的姑娘和踩高跷的小伙子。通常，人们聚集在广场、公园和体育场，听人们朗诵诗歌。代表一年 12 个月的 12 位姑娘在为人们表演时，力求在舞蹈中表现各自的特点。每当节日来临时，正是鲜花盛开的季节，也是农民开始春耕的时刻。塔吉克族是喜欢鲜花的民族，为了表示对花的喜爱，塔吉克人把节日定在花开之季。节日也象征着春耕的开始：全村人来到田头，犁上套着耕牛，由德高望重、最受尊敬的老者扶犁耕出第一垄地，随后拖拉机开始耕地。男女老少载歌载舞庆春耕。

每年斋月前一个月过巴罗提节，家家户户按人数燃点酥油火把，并将一特大火把插于房顶，意在引来吉祥。

过节时表演传统的马术和进行其他体育竞赛活动。最有趣的是民族体育活动，也是人们最爱看的，这就是抢羊比赛。比赛时，为了抢到山羊，参赛者你争我夺，场面十分精彩，气氛非常热烈。还有一种类似马球的活动，人们骑着马在草地上击打曲棍球，选手们手中都拿着一个较长的小木棒，在比赛场上追赶着球，十分吸引人。"古什津基利"的摔跤也是比赛项目之一，并且是传统节目。

三 民俗

(一) 民俗习惯

塔吉克族历史悠久，始终保持着自有的传统习俗。塔吉克族居民中 90% 以上是穆斯林，生活方式及风俗习惯与其他中亚国家的穆斯林基本相同。农村居民以耕作为主，畜牧饲养业也以固定饲养为主，流动放牧很少。由于受俄罗斯民族的影响，塔吉克斯坦比传统的伊斯兰国家（伊朗和阿富汗等）较为开放和自由一些，并不完全遵守伊斯兰教教义的规定。塔吉克斯坦有自己的宗教领袖（穆夫提），普通百姓经常去清真寺做礼拜。婚、丧事及男孩子的割礼（5 岁前做）都要请客聚会。

(二) 礼节

塔吉克人十分重视礼节，对老人更是尊重。幼辈见长者要问安，亲友相遇时要握手、抚须，即使遇到不相识的人也要问候，将双手拇指并在一起道一声好。妇女穿戴和装饰比较讲究。不论年幼、年长都喜欢戴十分别致的用白布或花布做成的圆顶绣花小帽，外出时帽子上还要披一块大方头巾，一般都是白色的，新嫁娘为红色的，小女孩多为黄色的，并爱佩戴各种银珠玉饰。塔吉克人特别崇拜鹰，认为鹰象征着勇敢和英雄。他们崇尚白色，认为白色纯正洁净；塔吉克人还喜欢绿色，认为绿色象征着幸福和美好。

塔吉克人在社交场合与客人相见时，一般多以握手为礼。他们与宾朋好友相见，一般男子行礼时，右手要置于胸前并鞠躬，女子则双手扪胸躬身为礼。

塔吉克人进餐时注重传统的礼仪和习惯，座位有上下之分。长辈和客人坐上座，其他人围坐一圈，不用桌子、椅子，而是在地毯上铺上一大块桌布。端茶送饭按座次先后递送，进餐时很少说话。

若有重要客人或贵宾时，一般是宰羊招待。主人会先把羊牵来给客人看一看，然后宰羊。进餐时，主人先向最尊贵的客人呈上羊头，客人割下一块肉，再把羊头双手送还给主人，主人再把一块夹着羊尾巴油的羊肝给客人吃。然后主人拿割肉刀把羊肉均分，每人一份。饭后，按伊斯兰教传统，大家双手做"都瓦"（祈祷）之后，主人才能收拾残肴。主人取走桌布后，大家才能起身，否则，将被视为不尊重主人。

（三）服饰

在服饰方面，塔吉克人的服饰有着鲜明的特点。塔吉克人传统的民族服装以棉衣和夹衣为主，没有分明的四季换装。随着社会进步，城镇日益发展，居民文化水平不断提高，一些风俗民情有所改变。许多塔吉克男人西装革履，妇女披纱掩面的已很少见。目前，大部分塔吉克人着城市服装，山区人仍然着民族服装。通常，男人穿肥大的白色衬衫、灯笼裤，外罩一件宽大的长袍，系绣花绸腰带，头戴绣花小圆帽或者羔皮帽，脚穿软质皮靴。妇女一般穿色彩鲜艳的丝绸长衬衫或外罩彩裙，穿花布和绸缎的灯笼裤，头上扎白纱巾或丝绸巾，或者戴绣花小圆帽，佩戴珍珠项链、珊瑚项链、手镯、耳环等。

（四）饮食

在饮食方面，塔吉克人的饮食和制作方法在牧区和农耕区有所不同，也反映了他们的经济状况。牧区的饮食以奶制品、肉食和面食为主。农村以面食为主，以奶和肉食为辅。塔吉克人在饮食上注重讲究菜肴鲜嫩酥香，肉多量足。口味喜欢咸，偏爱甜、酸、辣味道。饮食习惯与众不同的是，无论是在牧区，还是在农村都很少吃蔬菜。

塔吉克人主食以面食为主，平时一日三餐都离不开馕。早餐一般是喝奶茶、吃馕，午餐多为馕和面条，晚餐比较丰富，多以肉食为主，还有馕、面条、肉汤和奶制品等。喜食酥油、酸奶、奶疙瘩、奶皮子等。他们以肉食为上好的食品，爱吃抓饭，喜欢羊肉汤，并以羔羊肉做的汤为最好。

塔吉克人最佳的民族食品是抓饭、烤包子、焖肉、牛肉汤和土豆烧牛肉。平时食用馕、肉汤、面片抓肉丝、拉面、稀饭。日常饮料喜欢奶茶、砖茶、绿茶。喝茶时一般还要吃一些干果、甜食和馕等。

塔吉克人在肉食方面一般吃牛、羊、骆驼、野羊和鱼等，信奉伊斯玛仪教派的人，忌食马肉，忌饮马奶。塔吉克人还吃鸡、鸭、鹅、雪鸡和鸽子等，忌食乌鸦和猛禽，并忌食所有动物的血。与其他伊斯兰民族一样，塔吉克人也忌食猪肉、狗肉、驴肉、狼肉、骡肉及一切自死的动物肉和血液，还忌讳谈论猪和使用猪制品。凡可食的动物，在宰时必须做祈祷，未经宰而死的动物，一般成年男子不食其肉，但妇女和儿童可食。塔吉克人不忌烟、酒。

塔吉克人在蔬菜方面喜欢吃甜菜、洋葱、豌豆、黄瓜、土豆、豆苗、西红柿等。

塔吉克人喜欢饮料中的橘子汁、柠檬汁、酸奶和奶茶等。

塔吉克人在果品方面爱吃哈密瓜、葡萄、苹果、梨、西瓜等水果，干果喜欢杏干、葡萄干、栗子等。

（五）居住

在居住方面，从前，居住在平原和山前地带的居民住房多为土坯和泥掺草筑墙的平顶房，现在多为砖瓦房。为防地震，高层建筑很少，建筑物多为平房及多层楼房。住房室内摆设注重保留传统的特点，门、窗上挂着帘子，床上有床罩，客厅中间铺着餐布和包烤大饼的餐巾，枕头、手巾等物都绣有稀奇的花鸟和特有的美丽花纹图案。塔吉克人喜欢在住房最明显的地方，摆放一些被咬掉几口的饼子，干硬得像石头一样。这象征着家乡的亲人对出去作战未回家园的人们的想念。

（六）家庭

在家庭生活方面，塔吉克人认为孩子越多越好，所以有六七个孩子的家庭很普遍。他们保持着传统的家长制，男性长者为一家之主，有支配权，安排家庭生活和生产活动。家长是以传统方式继承的，父死母继，母亡长子继。妯娌之间，长子妻受尊敬，媳妇回娘家要征得家长和丈夫的同意，儿子享有遗产继承权，女儿通常无继承权。

（七）婚姻

在婚姻方面，塔吉克人大多是一夫一妻制。家庭以男性家长为主，极少与外族通婚。塔吉克人通常实行早婚，青年男女婚姻多半由父母包办，通婚范围较广，男女双方只要不是同一父母所生，均可婚配。塔吉克人婚姻比较稳定，他们认为离婚和休妻是可耻的，传统上很少有离婚的。

塔吉克人定亲除父母包办外，也有私订终身的。如骑马放牧的青年男女在草原上对唱情歌，小伙子给姑娘送上一对耳环作为信物，若姑娘表示同意，往往会回赠一个精心绣制的荷包，小伙子收到荷包后，会再送给姑娘一个装杏仁或石子的小黄布包，以表示对姑娘的爱慕之情。之后，双方就可以要求自己的父母去定亲了。还有，在抢羊比赛中获胜的小伙子可将夺到的公羊丢在观看比赛的姑娘面前，公开求爱，若姑娘接受，则可拜托身边的年长妇女代表自己将绣花手帕投到求爱者的马上，表示同意。

定亲时，由男方的亲朋好友和邻里长辈带着礼物如衣服、首饰和一只羊去女方家提亲，小伙子本人不能去。男方的人一进门就要开口向女方提亲，若女方同意，男方的人可吻女方代表的手表示感谢，然后便举行定亲仪式，男方的女亲戚给姑娘戴上耳坠、戒指和一条4米长的红头巾。随后双方即可商定聘礼的具体数量和结婚日期，提亲和定亲仪式都必须在众人面前公开进行。仪式结束后，头盖红头布的姑娘就表示已有所属了。

塔吉克人的婚礼十分讲究。一般喜欢选在8月、9月举行。婚礼的前一天晚上，亲戚和村里的男女老幼都会前来祝贺，女客人还会带一些面粉撒在主人家的墙壁上以表示祝福。

结婚当日清晨，新郎、新娘各自在家中先沐浴洁身，后举行穿吉服的仪式。新娘穿着色彩艳丽的衣裙，头戴自己精心绣制的花帽，披一条 4 米长的头巾，脸罩面纱。新娘、新郎手上戴着系有红白两色布条的戒指，新郎的帽子上也有红白两色布条（红色象征酥油，白色象征奶子），表示生活会美满幸福。新郎迎接新娘，一路欢歌，到新娘家门口时，受到宾客们的热烈祝福。

婚礼通常由毛拉诵经主持，按伊斯兰教教规进行。毛拉面对新郎，为其高声诵经祈祷，然后宰准备好的绵羊，为新郎的婚礼驱邪，同时也作为新娘过门后的第一餐肉食。然后，毛拉则按规则问新郎、新娘一些话，同时在他们身上撒些面粉，之后，新娘也抓些面粉撒在新郎身上。毛拉拿过两块大小能一口吞下的羊肉，在肉上吹一口气表示祝福，右手的一块递给新郎，左手的一块递给新娘，请他们吃下。接着，由女方的证婚人端一碗盐水，用左手递给新娘，用右手递给新郎，请他们各喝一口，象征两人今后要同吃一锅饭，同饮一碗水，同甘共苦，白头偕老。婚后，这对夫妻要终身称该证婚人为父亲。

婚礼仪式结束后，要举行盛大宴席款待宾客，宴席之后，举行各种文体表演活动以示庆贺。结婚当日晚上，新郎要住在新娘家，第二天一早，一对新人同骑一匹马回到新郎家。到新郎家门口时，婆婆要在门口铺上新毛巾，新人要踩着毛巾进门。新娘进门 3 天之内，不能揭去面纱，等到第三天下午由证婚人揭去，新娘才正式成为这个家庭的一员，并开始行使家庭主妇的职责。

（八）丧葬

在丧葬礼仪方面，塔吉克人按照伊斯兰教的习俗，实行土葬，有钱或有身份的人会修造陵墓。整个丧葬仪式一般由毛拉主持。

通常，在死者快要断气之前，毛拉或年长者会对着死者的脸念经祈祷，在人死后，用手替他合上双眼，用白布托起下颌，然后派人去四处报丧。将死者放在一块木板上净身，用白布包裹着，并在头上和脚下各点一

盏灯。接到丧讯的亲友和村里的人会前来吊唁。吊唁的人分成两处，男人们聚在一起为死者祈祷，妇女则坐在另一处哀悼。死者家属无论男女都要哭泣以示悲伤，若哭泣时间过长，毛拉或其他长者会上前劝慰节哀。

按照教规，塔吉克人去世后要在 3 天之内下葬。传统上出殡那天，全村都要停止生产，男人要参加送葬。一般来说，塔吉克人都有本家族的墓地，人不论死在何处，都要设法运回葬在自家墓地里，否则会被认为是死者家属的莫大耻辱，死者的灵魂也不得安宁。入葬时间多选在星期五，穆斯林认为这一天入葬的人能见到真主。男子的墓穴需要齐腰深，女性则要齐胸深。下葬时死者除身上裹的白布外不要任何陪葬品，面西而卧。安葬过程由专人完成，毛拉和其他人在一旁念经祈祷。

入葬当晚要由毛拉主持举行灯祭。丧家把一只肥绵羊牵到炕前，在毛拉祈祷后宰掉，塔吉克人认为这只绵羊将是死者去往阴世的坐骑。把羊宰掉后，用棉花和羊油做灯捻点燃，表示为死者照亮去往阴世的道路，之后，把羊肉煮熟，并加入少许麦子，作为死者去往阴世路上的干粮。与此同时，毛拉诵念《灯经》为死者祈祷冥福。该仪式结束后，宾客分食这些羊肉，但死者家属不得食用。

按传统习俗，死者若是老年人，家人服丧 1 年；若为夭折，则服丧 3 年。在服丧期间，遗属不得穿着色彩艳丽的服装，妇女不许戴首饰，死者家里 1 周内不许洗衣服，男子 2 周内或 1 个月内不理发刮脸。死者去世 3 天内家中一切被看作不洁的，不动烟火，所需饮食全由亲邻供给。入葬后，丧家要做大扫除，经毛拉长时间念经后，丧家的饮食才被认为是洁净的。通常家中有人去世后的 1～2 年内不举行婚礼和其他喜庆活动，也不参加这类活动。半年之内，除周三、周五外，每日天亮前遗属要去上坟、祈祷，并在坟前供上各种食物。在殁者去世 3 天、7 天、40 天和一周年时，要诵经祈祷祭奠。

四　禁忌

塔吉克人忌讳指着人说话，认为这是对人的一种侮辱。他们忌讳用左手递送东西或食物，认为使用左手是对人的不敬。他们忌讳用脚踩食盐或其他食物，也不得骑马穿过羊群及接近主人的羊圈或用脚踢羊，否则便会被认为是极不礼貌的。他们忌讳交谈时脱帽，认为戴着帽子表示礼貌。他们禁食猪肉、狗肉、骡肉、驴肉及一切自死的动物肉和血液，还忌讳谈论猪和使用猪制品。

第三节　特色资源

塔吉克斯坦位于"古丝绸之路"的交会点，有着丰富的旅游资源。该国自然景观以荒漠、草原为主，以其独特的异域风光吸引着每一个来自不同国家的游客。高山、冰川以及沿山谷顺势而下的水流湍急的河流构成了独特的风景线。塔有号称"世界屋脊"的帕米尔高原和独联体国家的最高峰——索莫尼峰（海拔为7495米），有连绵不断的高山峻岭，有冰雪覆盖的高原、冰川，有陡峭的深窄峡谷，有宏伟壮观的水库等。这些成为旅游者和高山探险家的乐园。"古丝绸之路"留下了丰富的历史文化遗产。塔吉克斯坦有不少古城、宗教城、珍贵的古迹。历史悠久的塔吉克斯坦是旅游观光的好地方。该国以其独特的自然风光和美丽景色吸引着来自各国的游客。

塔吉克斯坦可以向游客奉献充足的阳光、清新的空气和纯正的矿泉水。塔吉克斯坦是历史悠久的国家，有很多古建筑、历史古迹、雄伟壮观的伊斯兰教清真寺。很多历史古迹主要集中在杜尚别和苦盏两大城市。

一　游览胜地

杜尚别是旅游观光的胜地。杜尚别是塔吉克斯坦绿化最好的城市，市内绿化程度很高，无论哪一片住宅区，处处绿树环抱，素有"绿城"之称，整个城市像一座漂亮的花园。街道宽阔平直，有造型各异的街头雕塑，绿树成荫的街心花园令人赏心悦目。清澈的泉水、碧绿的草地，令人陶醉，流连忘返。

杜尚别是一座闻名于世界的古老城市。有不少保留完好的公元2世纪希腊－巴克特里亚时期的建筑纪念碑，有中世纪（公元6～8世纪）的许多遗址。还有哈兹拉提－巴巴的陵墓（10～12世纪）、穆哈迈德－巴沙尔陵墓（14世纪）、米尔·辛得·哈马达尼陵墓（14～17世纪）、阿卜杜拉·汗礼拜堂、马赫杜米·阿扎姆陵墓，17世纪初有关杜尚别文字记载的文献史料。市郊既有18世纪的建筑——吉萨尔城堡遗址，又有工程浩大的水库，还有当今世界上最高的（300米）混凝土浇筑的大坝——努雷克水电站。疗养区的森林公园树木葱郁，郊外风景如画的瓦尔佐布峡谷更使人心驰神往。

索莫尼广场是塔吉克斯坦历史的缩影。广场上有巨大的索莫尼塑像，有庆祝建国25周年建的高达45米的国徽塔，游客在索莫尼广场上还可以清楚地看到塔吉克斯坦总统府、议会大厦、国家电视台、国家图书馆、国际会议组织大厦等。

杜尚别的名胜古迹有塔吉克地质博物馆、索莫尼纪念碑、鲁达基纪念碑、艾尼纪念碑、图尔孙扎德纪念碑。值得观赏的还有杜尚别市的吉萨尔古城、伊斯梅尔中心、索莫尼广场、塔吉克斯坦国家古史博物馆、五星级宾馆、国家艺术博物馆、鲁达基花园、胜利公园。

杜尚别有很多可以接待外国旅游者和可供召开国际会议的旅馆和酒店，大型宾馆有杜尚别宾馆、塔吉克宾馆、阿维斯达宾馆等。

苦盏是中亚最古老的城市之一。地处中国通往欧洲的丝绸之路上。苦盏历史古迹众多，有中世纪的城堡及清真寺，最为著名的有伊斯兰教教长穆斯列赫丁陵墓（14～17世纪），迄今保存完好，还有苦盏历史博物馆值得一看。

彭吉肯特古城是古丝绸之路上很有特色的建筑。

霍罗格四季皆宜旅游。受半干旱气候影响，每年平均降水量226毫米。霍罗格市内有剧院、群众图书馆、博物馆、人民创造之家、俱乐部、电影放映站等。

主要自然景观有以下一些。

索莫尼峰　塔吉克斯坦境内的最高山峰，位于帕米尔西北部的科学院山脉与彼得一世山脉的交叉处。帕米尔高原是古代丝绸之路必经之地，从塔里木盆地到高原上，要沿高原东缘的峡谷溯河而上，再翻过高原上的几条山脉，经过终年冰雪覆盖的山口，道路十分艰险。

凯拉库姆"民族友谊"电站和水库 位于苦盏市东部的锡尔河河畔。规模宏伟的水库吸引着成千上万的旅游爱好者。

有设备完善的奥比加尔姆（Obi-Garm）、霍贾－奥比加尔姆（Khoja Obi-Garm）矿泉疗养区和气候性疗养区，建于 1934 年，是塔国内著名的温泉胜地，水温 65℃。用这种温泉水可治疗关节炎、胃炎和肝病等多种疾病。这里又是旅游观光的好地方。

伊斯坎捷尔湖 位于塔中部，四面环山，风光奇异，景色秀丽，是旅游、避暑和疗养的胜地。

"老虎沟"自然保护区 位于喷赤河北部，创建于 1938 年，这是苏联在塔吉克斯坦建立的第一个国家级自然保护区。

"罗米特"自然保护区 在吉萨尔山脉南侧，1959 年建立，这是个高山自然保护区，从杜尚别到自然保护区只有 70 公里。

杜尚别附近的河川盆地、瓦佐布乔治以及加尔姆恰什玛健康中心、奥比朱洛尔温泉等地方，有很多运动项目吸引着来自各地的游客。

此外，在帕米尔还有高山滑雪和高山徒步旅游等项目。

二 重要城市

（一）杜尚别

杜尚别是塔吉克斯坦首都，是全国政治、经济、教育、科学、文化中心，是最大的工业中心和对外贸易集散地，是重要的交通枢纽。

杜尚别历史悠久。7 世纪时为一村落，名为杜尚别。杜尚别在塔吉克语中意为"星期一集市"之意。名字来源于远古时代，当时，人们每到周一的早晨就聚集到这里买卖货物，由此而得名。杜尚别是十月革命后由久沙姆别等 3 个荒僻的小村建立起来的一个新兴城市。早在 1924 年杜尚别已成为塔吉克斯坦的首都，1929 年曾命名为斯大林纳巴德，塔吉克语意为"斯大林之城"，1961 年恢复旧名杜尚别。该市于 1929 年成为塔吉克苏维埃社会主义共和国（苏联加盟共和国）的首都。

该市驻有国家重要的各大机关、银行、企业、外国使馆、国际组织等。

杜尚别是全国科学、文化中心，这里有塔吉克斯坦科学院。

高等院校有塔吉克斯坦国立大学、教育学院、国家医科大学、塔俄斯拉夫大学、农业大学、师范大学、理工大学、伊斯兰大学、工艺大学、外语学院、体育学院、艺术学院、商学院、税务法律学院等。其中，最有名望的是塔吉克斯坦国立大学，每年都为外国培养很多留学生。

杜尚别有几十所中等专业职业技术学校，有各种文化机构、文艺团体和新闻媒体，如共和国广播电台、电视中心、通讯社、图书报刊出版社和印刷系统等，用塔吉克语、俄语和乌兹别克语出版报纸和杂志。1951年在杜尚别成立了塔吉克科学出版社，出版社会科学和自然科学方面的著作以及塔吉克文学作品。

文化设施比较齐全。有7座剧院，如以艾尼（塔吉克斯坦作家、学者、社会活动家）的名字命名的塔吉克艾尼芭蕾舞歌剧院（建于1939～1946年）、塔吉克拉胡季话剧院、马雅可夫斯基俄罗斯戏剧院、模范话剧院、瓦希多夫塔吉克青年剧院等。有电影院、音乐厅及马戏场等，有塔吉克电影制片厂、70个电影放映站，有历史方志博物馆、造型艺术博物馆、文学博物馆、国民经济成就展览馆和国家最大的图书馆。还有塔吉克斯坦共和国菲尔多西图书馆、塔吉克斯坦共和国科学院中心科学图书馆和180所公共图书馆。有共和国少年宫、少年自然科学和科技活动中心以及许多学龄前儿童活动站等。

首都杜尚别定期举办电影节、艺术节、国际科学会议等。

体育设施有5个运动场、1个体育馆和7个游泳池，此外，还修建了人工湖供居民娱乐及健身。

医疗设施有24所医院、59个门诊部（其中有11个专科门诊）、8个流行病防疫站。

社会服务体系比较完善，有幼儿园、疗养院、商店及各种服务设施等。

杜尚别市是塔最大的工业中心。工业产值占全国工业总产值的 1/3 以上。大型工业企业有杜尚别棉纺织联合企业、钢筋混凝土构件厂、杜尚别机器制造厂、塔吉克水利工程设备联合企业、杜尚别专业自动化试验工厂、"帕米尔"电冰箱生产联合企业、杜尚别制砖生产联合企业、杜尚别挖掘机修造厂、汽车修理厂、杜尚别油漆涂料厂、杜尚别塑料制品及非标准型设备厂、杜尚别机械修理厂、杜尚别农业电器化试验厂、杜尚别蚕种设备厂、纺织机械厂、塔吉克斯坦黄金采选联合企业、塔科布萤石开采联合企业、杜尚别水泥生产联合企业、石棉水泥制品联合企业、"东方"动力设备修理厂、电力网中心企业等。

轻工企业有杜尚别饮料和矿泉水厂、杜尚别卷烟厂、油脂加工厂、皮革厂、电缆厂、冰箱厂、家具厂、缝纫厂、木材加工厂、卫生工程设备厂、制药厂、针织厂、织袜厂、制鞋厂、头巾厂、糖果点心厂、肉联厂、葡萄酒厂、面包厂、啤酒厂、乳品厂、克鲁普斯卡娅丝绸联合企业、杜尚别印刷联合企业、粮食产品生产联合企业等。

杜尚别还有装机容量为 21.8 万千瓦的火电站。

杜尚别是重要交通枢纽，铁路运输可通往国内各大州府以及其他中亚国家。杜尚别还是塔吉克斯坦主要航空港，有至莫斯科、阿拉木图、比什凯克、卡拉奇、德黑兰、中国的乌鲁木齐等地的国际航线。有飞往国内外各地的航班，有通往各大小城镇以及直达乌兹别克斯坦的汽车，市内无线电车单线长达 125.8 公里。

杜尚别还是重要的旅游胜地。

（二）苦盏市

塔吉克斯坦北部粟特州首府，位于锡尔河河畔，是全国第二大城市，也是中亚最古老的历史古城之一。截至 2013 年，现有人口 15.43 万人，常住人口 15.33 万人。历史悠久，始建于 7 世纪，8 世纪时称苦盏。苦盏是共和国第二大经济发展中心，主要工业部门有机器制造业、金属加工业、轻工业、食品工业、大型丝绸联合企业、商业机械联合企业。丝绸联合企业驰名国内外，不仅为本国，而且为邻国生产五光十色的丝绸、人造纤维。大型企业有农业机械厂、纺织机械厂、钢筋混凝土制品厂、建筑材料厂、丝纺织联合企业、服装厂、制鞋厂等。苦盏也是重要的农业原料加工中心，尤其是籽棉加工，有大型水果、肉食加工厂，葡萄酒厂。苦盏城市优美，环境清洁，是游览观光的好地方。市内交通方便，该市是国内重要航空港，有通往国内大城市和独联体一些国家的航班，有通往乌兹别克斯坦以及全国各地的铁路。市内有"萨尔科"大饭店以及一些中低档宾馆。历史古迹众多，有中世纪城堡及清真寺，著名的有 14～17 世纪的伊斯兰教教长穆斯列赫丁陵墓，迄今保存完好。有 1 所师范学院、1 所教师进修学院和塔吉克斯坦技术大学分校等，有共和国科学院植物园，还有地方史志博物馆、考古博物馆等。

三　建筑艺术

在古代，塔吉克斯坦的建筑艺术就达到了很高的水平。在铜石器并用时代和青铜器时代，塔吉克斯坦手工业生产就有铸铜作坊，生产铜针、铜印和匕首等各种产品。除了用石头制造劳动工具和武器以外，还用石头制造各种装饰品，并磨制美丽的器皿，有陶盂、酒杯和大陶罐等。雅致的陶餐具上布满美丽的彩画，器皿的装饰图案有几何花纹，还有蛇、鸟和公山羊等。

8～10 世纪的"克尔克克兹"是用生砖建成的商队寓所建筑，显示出很高的建筑水平，这座建筑在平面图上是正方形的建筑物，好像一座无缝的墙，墙角上有高大塔楼的堡垒，另外，用生砖砌成"克兹卡拉"房屋，用许多半圆形的柱子装饰外墙，被称为"起波纹的"建筑。9 世纪时已建造这种形式的建筑物，晚些时候的商队寓所"马利克堡"则对于这种建筑形式更具有代表性。

萨曼王朝时期，在城市中建筑大规模的清真寺、高塔、木塔、有顶盖的市场和陵墓。古堡建筑艺术特点是具有独特的装饰方式，从古老的碉堡、女墙发展出波纹式，从堡垒角上的塔楼发展出墙角上有塔，而后又发展成为又高又细的清真寺塔。萨曼王朝的陵墓，用紧压的砖砌造，形成不大的加圆顶的立方形建筑物。

在外面每个拐角上，建有厚实的、露出 3/4 的尖塔，既表现出过去的传统，同时又可以看到在这个时代的新特点。形式的朴实，同越来越发展的美观结合在一起。这种美特别表现在建筑物墙壁表面的华丽修饰上。

萨曼王朝时期的木塔也很有特色，塔的表面，装饰着模拟植物形象的雕刻图案。

塔吉克斯坦城市建筑是在 16 世纪后半叶发展起来的。当时在布哈拉城建造的宫殿、清真寺和经学院，至今保存完好，此外，还建造公园、浴室、桥梁和蓄水池。

建筑艺术中的石雕和木雕达到了很高的水平。

第二章

历　史

　　塔吉克斯坦历史悠久，人类存在的最早踪迹可追溯到原始社会。早在旧石器时代，在今塔吉克斯坦境内就有人类活动和游牧居民生活，青铜时代，塔吉克斯坦已成为中亚地区乃至世界文明中心之一。塔吉克族是一个历史悠久的古老民族，也是中亚最早形成的主体民族。这个民族主要由该地区以定居农业为主的古代土著民族与古代东伊朗诸部族融合许多游牧民族组成，其祖先是巴克特里亚人、粟特人和花剌子模人等。874～999年，塔吉克斯坦建立了自己的民族政权——萨曼王朝，历史上曾长期遭受许多异族的吞并和侵略。1868年被沙俄征服，北部费尔干纳州和撒马尔罕州部分地区被并入俄罗斯帝国。十月革命后，1918年底，塔吉克斯坦境内建立了苏维埃政权，1929年，塔吉克斯坦加入了苏联。直到1990年8月24日，塔吉克斯坦宣布拥有主权，1991年9月9日宣告国家独立。

　　1991年12月26日，随着苏联的解体，塔吉克斯坦成为独立的主权国家。独立后，持续多年的内战成为影响塔吉克斯坦以及中亚地区稳定和安全的重大问题之一。

　　塔吉克斯坦总统拉赫蒙在讲到本国通向和平、主权与民族国家政权的漫长之路时表示，"千百年来，塔吉克人（当然也包括其他民族），为争取自由和独立而进行的公开和隐蔽的斗争史表明，取得主权和建立国家政权是没有平坦通畅的大路可走的。这条路上充满了牺牲，为了自由之火永不熄灭，为了保住祖先的疆界和土地不被敌人侵占，为了世代相传的纽带不中断，为了伟大的成就和民族的珍宝得以保存，有时要付出巨大的牺牲"。

第一节　远古时期

在远古时代，在今塔境内就已有游牧居民活动。1938年，苏联考古学家奥克拉德尼科夫在拜松捷希克·塔什山洞发现了旧石器时代的遗迹，在这里找到了公元前4000年旧石器时代的一个8~10岁的古人（尼安特人）遗骸化石。1954年，他又在今粟特州凯拉库姆发现了旧石器时代中期的原始人村落遗址。在塔吉克斯坦的中心地区、南部和西部的吉萨尔发现了许多新石器时代的村落遗址。在这一时期，人们从靠采集为生过渡到从事原始农业生产。由于较早使用了青铜生产工具，塔吉克斯坦成为中亚地区的文明中心之一。东伊朗诸部落形成于公元前20世纪至公元前10世纪，西徐亚人不同部落彼此之间的交叉融合，逐渐合并，对于东伊朗诸部落的形成起了决定性的作用。在公元前10世纪上半叶，东伊朗诸部落和部族，已在中亚定居。巴克特里亚人分布在阿姆河上游，即现在阿富汗北部、帕米尔和阿姆河沿岸的塔吉克斯坦山区，粟特人分布在阿姆河中游和泽拉夫尚河流域，花剌子模人分布在阿姆河口和咸海地区。塔吉克斯坦民族在由各种民族成分（其中也包括突厥人）形成的过程中，最大限度地吸收和保存了东伊朗的民族成分和伊朗语。在远古时期，塔吉克斯坦祖先诸部落，他们的物质文明和精神文明达到了很高的水平。这种文明在许多方面可以同上古埃及、美索不达米亚以及其他古代东方文明的中心并驾齐驱。

公元前20世纪中叶~公元前10世纪初，在花剌子模、费尔干纳等地出现了塔扎巴格雅布文化，具有铜器与石器相结合，以及锄耕农业和畜牧业相结合的特征。铜石并用时代，出现了大规模的居民点，铜和青铜制品已广泛进入居民生活中。这时，已有高超的建筑技术。青铜时代阿纳乌三期文化的遗迹，最具有代表性。在庞大居民点纳马兹加秋别遗址内，发现了铜和青铜的农具。逐渐驯化了许多动物（牛、绵羊、猪、马、山羊、骆驼和狗）。在吉萨尔的古代墓地遗址中发现青铜时代的人头盖骨，与帕米尔人的头盖骨相似。

公元前 10 世纪初，在阿姆河三角洲地区出现了苏雅尔干文化。这一时期，居民务农，学会了用铁器。

在公元前 7 世纪前后，塔吉克斯坦境内出现了巴克特里亚奴隶制国家。在农业方面，已取得了显著进步，开始兴修水利，修筑灌溉渠道，灌溉网的发展已达到了很高的水平。公元前 6 世纪～前 4 世纪，为波斯国王居鲁士的阿契美尼德王朝所统治。阿契美尼德王朝统治时期，重视水利建设，在花剌子模地区采用新技术建立起灌溉发达、管理良好的庞大灌溉系统。公元前 330～前 305 年，被亚历山大·马其顿王征服。亚历山大采取移民和通婚政策，促进了希腊文化与中亚土著文化的相互交流，也大大促进了东西方文化的交流。公元前 3 世纪，这一地区被希腊－巴克特里亚王国兼并。公元前 2 世纪中叶，大夏人（吐火罗人）攻灭了巴克特里亚，推翻希腊人的政权，在今塔吉克斯坦区域内建立国家。后来大月氏人攻灭大夏，在公元 1 世纪建立贵霜王国，其版图包括今塔吉克斯坦的主要地区。公元 4～6 世纪该地区遭到希奥尼特人、突厥人的侵袭，公元 5 世纪发生了马兹达克和阿勃鲁亚人民起义。

第二节 中世纪时期

中世纪是塔吉克民族基本形成的时期。

塔吉克族是中亚最古老的民族之一，在漫长的历史发展过程中，在和其他居民互相渗透、互相融合的进程中，他们最大限度地保存了东伊朗的民族成分和伊朗语。塔吉克人是指住在中亚、帕米尔、阿富汗的讲伊朗语、定居、信仰伊斯兰教的居民。塔吉克人分为平原塔吉克人和高山塔吉克人。居住在撒马尔罕、布哈拉、赫拉特、巴尔赫等地的为平原塔吉克人，从事农业；居住在帕米尔和兴都库什山一带的为高山塔吉克人，从事畜牧业。

一 塔吉克民族的形成过程

早在阿拉伯人渗入中亚以前，在中亚各个地区和国家之间经济和文化联系加强的基础上,以及在封建关系发展的条件下,就出现了中亚定居的部族逐渐融合成一个民族的趋势,而且具备了形成统一民族的前提。公元7世纪,塔吉克斯坦的各部落在语言等方面的共同性大大增加了。在今塔吉克斯坦领土上分布了3个主要民族区:北部的粟特人区、东北部的费尔干纳人区和南部的托哈尔人区。7~9世纪,被阿拉伯帝国征服,8世纪,阿拉伯人入侵,开始进行经济掠夺和宗教传播。阿拉伯人的入侵及其所实行的同化政策,在一定程度上阻碍了塔吉克民族文化的发展,但由于塔吉克斯坦人民反对侵略的斗争,促进了塔吉克民族的形成。9~10世纪,基本上形成塔吉克部族。874年,塔吉克斯坦建立了自己的民族政权——萨曼王朝,从而形成了塔吉克民族,塔吉克斯坦的民族文化、风俗习惯基本形成于这一时期。

二 萨曼王朝

萨曼王朝(874~999)时期是塔吉克民族和国家发展形成十分重要的阶段,是塔吉克斯坦历史上的鼎盛时期,它经历了100年的和平生活。其领土从天山北坡延伸到苏来曼山,从锡尔河以北的草原地带延伸到了波斯湾。索莫尼是萨曼王朝的实际奠基者。他建立了一套中央集权的政权机构,组织了庞大的军队和宫廷卫队。萨曼王朝的国家机构分为宫廷和各部。宫廷专管宫廷事务,10个部则分管政务、财政、外交、军队、邮政、市场、金库、土地、司法及寺院土地等方面的事务。萨曼王朝不但疆域辽阔、国力强盛,而且文化非常发达。那时的塔吉克语基本上被用作国语。首都布哈拉是其政治、经济、科学和文化中心,有规模宏大的图书馆,藏书丰富。文化成就诸如哲学、数学、天文学、医学、地理学、文学和史学等方面都处在当时世界领先水平。萨曼王朝时期涌现了一批世界著名的科学家、学者和诗人,如塔吉克斯坦古典诗歌奠基者鲁达基,哲学家阿布·纳斯尔·法拉比,哲学家、医学家阿布·阿利·伊本·西拿,六分仪的研制者、天文学家、数学家阿布尔·马赫穆德·胡江季等。10世纪末期,萨曼王朝走向衰落,被喀喇汗王朝和伽色尼王朝瓜分。

三 11~18世纪时期

11世纪后，塔吉克民族同时受到波斯文化圈、伊朗语族和非伊朗语族的影响。波斯文化圈及其辐射的地区包括河中（布哈拉）地区、呼罗珊、花剌子模、巴尔赫、库希斯坦、锡斯坦、加兹尼、塔巴里斯坦、巴赞德兰、吉兰、阿塞拜疆、波斯的伊拉克和法尔斯。自此，波斯文明正式复兴并具备完整的文明框架，撒马尔罕、布哈拉也成为近现代波斯语（达里波斯语）的发源地，同时也是波斯语文学诗哥的创作中心。

13世纪时，大部分地区被蒙古鞑靼人征服。人民进行了反抗蒙古统治者的解放斗争（马里克桑扎尔、塔拉比、帖木儿等领导的起义）。13世纪后半叶起形成了独立的塔吉克国家。

14~15世纪，塔吉克斯坦为帖木儿及其后裔所统治。

到了15~16世纪，波斯语文学的黄金时代褪去，波斯文化圈也缩小了很多，花剌子模、锡斯坦、加兹尼等地区因为城市与灌溉农业遭到战争的严重破坏，波斯人口大量迁出。

从16世纪起，此地区属布哈拉汗国和众多小封建主的领地。部分塔吉克人为躲避战乱，从布哈拉和撒马尔罕迁入费尔干纳盆地。塔吉克人主要从事农业（植棉）、手工业和商业。

16世纪后，塔吉克斯坦地区陆续加入了布哈拉汗国、叶尔羌汗国和浩罕汗国。

18世纪末至19世纪初，部分地区并入俄国，经历了深刻的经济和政治危机，社会状况更加恶化，开启了塔吉克民族史上最困难的阶段之一。

第三节 沙俄统治时期

一 沙俄征服塔吉克斯坦

19世纪中下叶，俄国对中亚诸汗国开始进行大规模的军事征服。

1864 年 9 月，俄军攻克浩罕的军事、商业重镇奇姆肯特，1865 年 6 月，又占领中亚名城塔什干，次年先后夺取了重要的交通要道——忽毡（今塔吉克斯坦第二大城市苦盏），以及乌拉秋别、吉扎克等战略要地。1868 年，俄军占领了塔吉克斯坦北部地区（费尔干纳州和撒马尔罕州各一部分）及帕米尔地区。之后，逼迫布哈拉汗国签订不平等条约，使布哈拉汗国沦为俄国的附属。1876 年 2 月，俄国正式灭掉浩罕，将其改为费尔干纳省。1876 年 8 月，布哈拉汗国在俄国要求下，直接控制了喀尔提锦地区。1877 年 12 月，布哈拉汗国又兼并了达尔瓦兹。这两个地区实际上从此被俄国控制。俄罗斯人在塔吉克斯坦建立了第一批小型工业企业，包括棉花清洗厂、榨油厂，掠夺当地的原料，开始开采石油和天然气。中部和南部地区也逐步归沙皇俄国统治。1892 年，沙俄完成了对塔吉克斯坦的征服。

二 沙俄的殖民统治

沙俄统治时期，对塔吉克人实行残酷的殖民统治与压迫，封建贵族占有大量土地，而耕种这些土地的农民要将一半以上的收成交给封建主。例如，吉萨尔州农民耕种水浇地要缴纳收成的 1/5、耕种旱地要缴纳收成的 1/10 作为地租。此外，税务官可以从水浇地每一巴特曼（古代某些东方国家的重量单位）收成中征收 32 俄斤（1 俄斤约合 0.4 公斤），从旱地每一巴特曼收成中征收 8 俄斤或 6.4 俄斤。此外，还需缴纳牲口税、菜园税、流动资本税、畜群（20 头以上）税、毛皮税和核桃税等。布哈拉艾米尔为了支付内战费用和向沙俄缴纳 50 万卢布的赔款，也要向农民摊派勒索。

三 塔吉克斯坦人民的抗俄斗争

1885 年在今塔吉克斯坦的巴尔朱翁地区爆发了鄂塞领导的农民起义。当时的库利亚布（今库洛布）和巴尔朱翁地区，连续几年遭受干旱和虫害。1885 年收成较好，但当地的封建主要求农民不仅要缴纳当年的全部税款，而且要补缴前几年因旱灾、蝗虫灾害欠缴的税款。农民在忍无可忍的情况下，在鄂塞的领导下爆发了起义，起义声势浩大，一度攻占了巴尔朱翁要塞。但起义者最终遭到残酷镇压，其首领鄂塞被俘处死。起义者仍前仆后继，1886 年、1887～1889 年又相继爆发了大规模起义，但都以失败而告终。

19 世纪和 20 世纪之交，俄国资本主义已发展到帝国主义阶段，俄国通过垄断资本加紧对殖民地的掠夺和对工人阶级的压榨。塔吉克斯坦的农民开始外出打工谋生，在经受资本主义剥削的痛苦过程中，提高了自己的觉悟和斗争勇气。他们曾自发地掀起反剥削、反压迫的斗争。

1905～1907 年，俄国爆发了第一次资产阶级民主革命。列宁曾指出："世界资本主义和俄国 1905 年运动，最终要唤醒亚洲。成千上万在停滞的中世纪里受压制的居民醒来了，为争取新的生活、争取人类起码的权利和民主而斗争。"1905 年革命时，在突厥斯坦各城市和铁路沿线的俄罗斯工人的影响下，中亚当地民族无产阶级参加了游行、宣传、罢工、起义以及成立工人代表苏维埃等一系列斗争。突厥斯坦的社会组织出版了《工人》《俄罗斯突厥斯坦》《撒马尔罕》等报纸，揭露沙皇专制制度的野蛮性，倾诉工人阶级的悲惨处境，指明革命的任务并号召同沙皇专制制度做斗争。这唤醒并提高了包括无产者在内的当地民族工人阶级的觉悟。

1905 年 10 月 19 日，塔吉克斯坦工人积极参加了由布尔什维克莫洛扎夫主持的在撒马尔罕召开的群众大会。大会根据工人的申请，决定提出本地工人的经济要求。1905 年 11 月，布哈拉的 9 家净棉工厂工人举行了罢工，12 月驻忽毡的突厥斯坦架桥连发生了骚乱。1906 年卡甘站铁路工人发起武装暴动。

四　十月革命与内战时期

1917 年俄国十月革命胜利后，当年 11 月至翌年 2 月，在塔吉克斯坦北部地区即费尔干纳地区，迅速建立了苏维埃政权。1918 年 4 月后属于新建立的突厥斯坦苏维埃社会主义自治共和国。1918 年底，塔吉克斯坦

全境建立了苏维埃政权。1918～1920 年的国内战争期间，塔吉克斯坦人民在红军的支援下粉碎了白卫军和巴斯马奇武装的主力。

第四节　苏联时期

根据中亚民族区域划界的原则，1924 年 10 月 14 日成立的塔吉克苏维埃社会主义自治共和国，隶属于乌兹别克苏维埃社会主义共和国。当时该自治共和国的领土面积为 13.562 万平方公里，人口约为 82.6 万人，其中塔吉克人 62 万人，占自治共和国人口的 75%。1929 年 10 月 16 日，成立塔吉克苏维埃社会主义共和国，同年 12 月 5 日加入苏联，成为苏联的一个加盟共和国。

1929 年，根据联共（布）中央的指示，塔吉克斯坦开始推行农业集体化，到 1932 年 7 月，全国已有 41.9% 的农户加入集体农庄。

卫国战争时期，塔吉克斯坦动员了大量人力、物力支援反法西斯战争，接受由西部迁来的工厂，安置疏散来的儿童等。战争期间加快了有色金属和稀有金属的开采。

苏联时期，塔吉克斯坦在社会主义建设中取得了显著成就。联盟中央政府重视各少数民族地区的经济发展，并采取了一系列优惠政策和措施。20 世纪 20～30 年代，苏联政府调拨大量资金，派出许多熟练工人、工程技术人员到中亚地区帮助他们发展经济。塔吉克斯坦在发展经济方面得到了联盟中央政府财政上的大力支持。在第一个五年计划期间（1928～1932），塔吉克斯坦发展经济的 78% 的资金由联盟中央政府提供，而且免向联盟中央政府上缴利润。在第二个五年计划期间（1933～1937），塔吉克斯坦发展经济的 80% 的资金由联盟中央政府提供。1941～1945 年卫国战争期间，苏联政府有计划地从西部地区把许多工厂设备和技术专家迁移到中亚少数民族地区。1972 年，联盟中央政府把塔吉克斯坦共和国征收的全苏周转税金全部用于塔吉克斯坦共和国国家预算。在联盟中央政府统一计划下，实行专业化劳动分工。20 世纪 60 年代以后，经济发展速度明显加快，尤其是工业。苏联政府为塔吉克斯坦共和国规定的经济专业化方向是，工业主要是发展有色金属、稀有金属的开采和电力工业，农业主要是发展植棉业。

20世纪60~80年代相继建成了8座大型水力发电站和一系列小型水电站。1989年发电量为188.4亿千瓦时，成为中亚主要电力出口国。在共和国各工业部门中，电力占68%。同时铝、锑、汞和铀的生产在全苏占有重要地位，苏联制造的第一颗原子弹用的铀就是取自塔吉克斯坦。

在农业方面，植棉业有了很大的发展。棉花的播种面积逐年增加，从1913年的3万公顷扩大到1989年的30.87万公顷，单产达到每公顷3000公斤，居全苏第一。由于农业种植结构不合理，粮食播种面积逐年下降，1989年粮食产量为30.61万吨，不能满足因人口急剧增长而日益增加的需要，每年都要进口大量粮食。

随着工农业生产的发展，塔吉克斯坦社会物质文化生活水平有了很大提高。苏联时期，由于实行义务教育，全国基本上无文盲。1989年，塔吉克斯坦有普通教育学校3101所，在校生125.88万人；中等专业学校42所，在校生4.16万人；高等学校10所，在校生6.55万人。在医疗卫生保健方面，实行免费医疗。每万人中平均有医生28.5人、中等医务人员79.2人。此外，还有疗养院和休养所。群众文化设施很多，如图书馆、俱乐部、博物馆和剧院等。1989年出版的图书，平均每百人217册；出版的期刊，平均每百人19册；发行的报纸，平均每百人31份。

第五节 当代简史

一 独立的背景

20世纪80年代中期，苏共领导人戈尔巴乔夫推行经济改革，未取得成功，之后转向政治体制改革，也以彻底失败而告终，从而导致了全苏政治经济形势急剧恶化。戈尔巴乔夫积极倡导"公开性"、"民主化"和"政治多元化"，在苏联社会生活的各个领域实行"新思维"的改革政策。改革使政治斗争进一步激化，社会出现混乱和动荡。戈氏改革为各种思潮

泛滥提供了契机，各种思潮应运而生，直接导致苏联政治、经济、社会和民族陷入深刻危机之中。戈氏的新思维政策，很快在塔吉克斯坦共和国产生强烈反响。1988 年激进的政治改革浪潮开始席卷整个塔吉克斯坦共和国。1990 年 6 月，在塔吉克斯坦境内先后成立了伊斯兰复兴党和塔吉克斯坦民主党。当时，伊斯兰复兴党尚处于半地下状态，因为塔吉克斯坦共和国最高苏维埃曾通过决定，禁止该党在本国活动。随着塔吉克斯坦国内政治形势的变化，伊斯兰复兴党的势力很快扩大，成为主要的反对派之一。在整个社会混乱和严重失控的情况下，各种反共、反社会主义的政治思潮和民族主义势力得以迅速发展，并成为反对苏联和塔吉克斯坦政府的政治势力。塔吉克斯坦共产党很快陷入困境，陷入极端民主派和激进穆斯林分子的夹击之中。

二 独立的过程

（一）发表主权宣言

1990 年，在苏共放弃了在国家政治体制中的领导地位和俄罗斯联邦议会通过《主权宣言》之后，同年 8 月 24 日，塔吉克斯坦共和国第 12 届最高苏维埃第 4 次会议通过并发表了《主权宣言》，宣布塔吉克斯坦共和国拥有主权。该宣言包括以下主要内容：塔吉克斯坦是一个主权国家，其主权表现为国家政权的统一和对外关系的独立性；独立自主地处理政治、经济和社会文化建设方面的问题；国家拥有占有、使用和分配本国财富的绝对权力，土地、矿产和共和国领域内的其他自然资源均归本国所有；成立共和国的专业银行，独立自主地制定财政、信贷和价格政策；共和国保留按联盟条约的规定和程序自由脱离联盟的权力；塔吉克斯坦共和国的法律至高无上，议会将终止与塔主权有矛盾的联盟法律文件的效力；共和国与外国直接建立关系，签订经济、文化、科学技术协议，互派领事和商务人员。

（二）进行政体改革

随着苏联国内形势的变化，塔吉克斯坦共和国也开始对政体进行改革，1990 年 2 月，苏联改行总统制。塔吉克斯坦于 1990 年 11 月 29 日颁布了关于设立共和国总统职位和总统选举程序的法律。塔吉克斯坦共和国第 12 届最高苏维埃第 4 次会议通过无记名投票，选举卡哈尔·马赫卡莫维奇·马赫卡莫夫为共和国第一任总统。塔吉克斯坦共和国改行总统制后，共和国最高苏维埃会议对宪法进行了相应的修改和补充。修改后的宪法规定，总统是国家元首，行使国家最高行政管理权，兼任共和国内阁主席。总统通过全民选举产生，任期 5 年，连任不能超过两届。成立共和国总统委员会，总统委员会是总统的咨询机构，其成员由总统任命。共和国副总统是总统委员会成员，最高苏维埃主席参加共和国总统委员会会议。

（三）宣布国家独立

1991 年苏联"八一九"事件以后，各加盟共和国纷纷宣布独立。同年 8 月 28 日，塔共中央举行非例行全会并声明，塔共退出苏共。8 月 31 日，塔吉克苏维埃社会主义加盟共和国最高苏维埃决定将国名由"塔吉克苏维埃社会主义加盟共和国"改为"塔吉克斯坦共和国"。9 月 9 日，塔吉克斯坦第 12 届最高苏维埃非例行会议通过独立宣言，发表了《塔吉克斯坦共和国独立声明》，宣布塔吉克斯坦共和国是独立的主权国家。主张在平等互利条件下签订主权国家联盟条约，主权国家和独立国家之间的经济行动、条约和协议；主张建立联盟国家集体防御和安全体系。在国际关系方面，主张执行公认的国际法准则和维护持久和平，发展各主权国家之间的合作；塔吉克斯坦将直接签订平等互利的双边和多边协定和条约。同年 12 月 21 日以创始国身份加入"独联体"。塔吉克斯坦成为一个独立的主权国家，并且成功地以独立主权国家的身份登上了世界政治舞台。

三 独立后的塔吉克斯坦

塔吉克斯坦独立后，国内很快出现了社会动荡，之后引发武力冲突。民族矛盾带来深重的灾难，社会动乱，经济衰退，在较长的一段时间里，人民生活经历了难以忘怀的艰难处境。持续的全面内战成为影响塔吉克斯坦以及中亚地区稳定和安全的重大问题之一。独立后的塔吉克斯坦大致可分为以下两个时期。

（一） 内战时期 （1992 年年初 ～ 1997 年年中）

塔吉克斯坦内战始于 1992 年初。内战双方是以拉赫蒙总统为首的合法政权和以伊斯兰复兴党为核心的联合武装反对派。内战主要表现为地区局部战争——塔（塔吉克斯坦）阿（阿富汗）边境冲突，同时也存在由政府军内部兵变引发的战斗。从 1994 年初到 1997 年，对立双方边打边谈。直到 1997 年 6 月，在国际社会共同努力下内战才结束，塔从此开始走上和平发展道路。

1. 内战的爆发

塔吉克斯坦在独立以前就形成了政治上对立的两大派别。1991 年 8 月 24 日，戈尔巴乔夫宣布解散苏共。这一举动使塔共处境变得十分艰难。塔境内的反共势力组织群众围攻塔共中央大楼，要求对"旧的政权机构进行彻底改组，解散共产党"。8 月 28 日，塔吉克斯坦共产党宣布退出苏共，完全独立。9 月 21 日塔共举行非例行代表大会，决定更名为社会党，宣称是塔共的继承者。在 1991 年 9 月塔吉克斯坦最高苏维埃会议举行期间，反对派在最高苏维埃大楼前集会，要求解散最高苏维埃，进行民主选举。代总统卡·阿·阿斯洛诺夫于 1991 年 9 月 22 日下令停止塔共的活动，没收其财产，首都杜尚别市市长伊克拉莫夫也下令拆除列宁纪念碑……这些决定遭到塔吉克斯坦共产党人和群众的反对，议会否决了代总统和杜尚别市市长的命令，迫使代总统辞职，并任命前塔共第一书记纳比耶夫为代总统，随后，11 月 24 日纳比耶夫经选举当选为总统。1992 年 1 月 18 日，塔吉克斯坦共产党非例行代表大会举行第二阶段会议，大会以压倒多数票取消了 1991 年 9 月第一阶段做出的改名为社会党的决定，恢复共产党的名称。这样一来，塔吉克斯坦国内的政治矛盾迅速激化。

1992 年 5 月初，以伊斯兰复兴党、伊斯兰民主党为代表的势力在反对共产党人继续执政的共同目标下联合起来，建立了救国阵线。4 月 28 日，反对派再次在杜尚别组织数万人示威游行，要求解散议会，改组政府。由于政府拒绝退让，反对派便以武力相威胁。5 月 5 日，反对派组织 10 万人集会，同时组织 2 万名民兵与政府卫队对抗，占领了总统府和国家电视台。双方不断发生武装冲突。在反对派的压力下，政府被迫做出妥协。5 月 11 日，总统发布成立"民族和解政府"的命令，将政府 24 个部长位置中的 8 个分给反对派。伊斯兰复兴党主席伊斯蒙出任政府副总理，国防部部长、广播电视部部长等要职也交给反对派。但妥协并未使反对派罢手，反对派夺得部分政权后，在库尔干秋别等地继续与支持政府的武装民兵发生流血冲突，双方死亡人数达数万人，内战全面爆发。

塔吉克斯坦爆发内战绝非偶然，是国内政治、经济、宗教、民族和地区矛盾激化的结果。塔吉克斯坦独立后，以塔共为支持的合法政府和以伊斯兰复兴党为代表的反对派的主要分歧是国家走世俗化的道路还是走政教合一的道路。1991 年 5 月 17 日正式登记的塔共，主张把塔吉克斯坦建成民主、法治、世俗的国家。1991 年 9 月取得合法地位的伊斯兰复兴党，主张建立政教合一的伊斯兰国家。斗争的核心是政权。塔吉克斯坦是以伊斯兰教为主的国家，穆斯林占全国总人数的 90% 以上。主体民族塔吉克族大多信仰伊斯兰教，宗教影响在这里根深蒂固。独立后，伊斯兰教迅速复兴。伊斯兰复兴党正是利用宗教传统和影响，煽动宗教狂热，以便夺取政权。塔吉克斯坦内战，特别是所谓兵变背后，也有民族矛盾的背景。这主要表现为塔吉克族与乌兹别克族之间的矛盾。塔吉克族居住地区一般较为落后，不少在偏远山区，乌兹别克族居住在较富裕的北部粟特州。在苏联时期中央干部多来自北部，埃·拉赫蒙执政后，中央干部多来自南部的库利亚布州，这种变化引起一些人的不满。

内战给塔吉克斯坦带来极其严重的后果。内战使 15 万多人丧命，100多万人沦为难民。尽管 1997 年后内战基本停止，但有许多避难他国的人至今仍未回国。特别是独立前这里居住着 40 多万俄罗斯人。他们多为技术人员，是厂矿企业、医院学校、科研机关的领导人和骨干力量。内战爆发后，这些人率先离开了塔吉克斯坦，给该国经济、文化事业和人民生活带来无法弥补的损失。

内战造成 100 多亿美元的经济损失，使国民经济濒临全面崩溃。从1992 年起，有一半以上的生产企业处于停产状态。高额财政赤字导致该国财政无法正常运转，通货膨胀加剧。内战使国家把一切精力都用在战争上，而无暇顾及经济。1996 年以前，塔吉克斯坦各项经济指标均连年下滑。塔吉克斯坦是中亚五国中启动经济改革最晚的国家，1996 年才着手向市场经济过渡，而且进展十分缓慢。由于内战和经济危机，教育、科学、文化和医疗卫生事业呈现前所未有的衰退，人民生活水平也因内战急剧下降，苏联时期形成的社会保障体系已无法维持下去。尽管 1994 年 11 月 6 日通过的宪法也做出了对弱势群体实施社会保障的规定，但实际上难以办到，因为贫困者人数太多。失业情况严重，即使有工作，收入也很少。1996 年职工月平均工资为 2805 塔吉克斯坦卢布，1997 年为 4975 塔吉克斯坦卢布，1998 年为 8790 塔吉克斯坦卢布。1993 ~ 1995 年，人均收入在最低生活费标准以下的人大约占全国的 2/3，2000 年后贫困人口有增无减，2008 年后贫困人口比重仍然较高。仅 2011 年，塔吉克斯坦就得到世界各国物资援助约合 8300 万美元。自 2011 年以来贫困人口在逐渐减少，据不完全统计，仍占总人口的 47% 以上。

内战导致政治上形成"诸侯割据"状态，国家政令难以实施。该国还不时发生兵变、叛乱和政治性暗杀事件。社会问题成堆，走私贩毒严重，犯罪案件不断上升。这里一度成为宗教极端势力、民族分裂主义和国际恐怖主义滋生的沃土和活动基地。

2. 拉赫蒙当政

塔吉克斯坦独立后的最初两年国家领导人频繁更换。1991 年 9 月 23 日，代总统阿斯洛诺夫被迫辞职，塔共前中央第一书记拉赫蒙·纳比耶维奇·纳比耶夫出任代总统。11 月 24 日，纳比耶夫当选总统。1992 年 8 月 31 日，反对派军队开进杜尚别，占领了广播电视台和总统府，要求总统立即停职。1992 年 9 月 7 日，纳比耶夫总统被迫宣布辞职，以宗教激进主义势力为骨干的反对派接管了全部政权。反对派支持的阿·伊斯坎达罗夫代行总统职务。然而，占人口 2/3 的粟特州和库利亚布州却不承认民族和解政府和伊斯坎达罗夫代总统。同年 10 月底，由肯贾耶夫和阿卜杜拉希莫夫领导的库利亚布州和吉萨尔地区的民兵武装开进杜尚别，占领了总统府、议会大厦和广播电视台，要求召开最高苏维埃非常会议。11 月 2 日，代总统阿·伊斯坎达罗夫前往莫斯科，与俄罗斯领导人商讨塔吉克斯坦局势问题。11 月 4 日，俄罗斯、塔吉克斯坦、哈萨克斯坦、吉尔吉斯斯坦、乌兹别克斯坦领导人在哈萨克斯坦首都阿拉木图会晤，研究解决塔吉克斯坦危机问题。在俄罗斯等国支持下，1992 年 11 月 16 日，塔吉克斯坦最高苏维埃在粟特州州府苦盏市举行了非常会议，正式通过了新宪法草案。经过激烈争论，解除了阿·伊斯坎达罗夫代总统的职务。同月 19 日，原库利亚布州执委会主席埃·拉赫蒙当选塔吉克斯坦最高苏维埃主席，即国家元首，这成为塔吉克斯坦历史上的转折点。

拉赫蒙于当月组成新政府。1992 年 11 月 28 日，出任塔吉克斯坦部长会议主席的阿卜杜洛贾诺夫组阁完成，新内阁由 20 个部和 7 个国家委员会组成。12 月 12 日，以最高苏维埃主席拉赫蒙和部长会议主席阿卜杜洛贾诺夫为首的新政府进驻首都杜尚别。当局还决定，库利亚布州与库尔干秋别州合并，改称哈特隆州。

1993 年初，拉赫蒙发表了致塔吉克斯坦人民的呼吁书。之后，根据拉赫蒙的倡议，塔签署了一个重要文件——《公民和睦条约》，该条约的目的就是保证和平、统一和社会进步。它的重要意义仅次于宪法，居第二位，国际法专家也强调这一点。

3. 第一部宪法和 1994 年全民公决

在《主权宣言》和《独立声明》两个重要文件的基础上，1992 年 4 月 17 日，塔吉克斯坦最高苏维埃主席团通过新宪法草案。1992 年 11 月 16 日，塔吉克斯坦最高苏维埃第 12 届第 16 次会议正式通过新宪法草案，决定实行议会制，建立民主、法治、世俗国家。1994 年 11 月 6 日塔吉克斯坦通过了独立后的第一部宪法《塔吉克斯坦共和国宪法》。宪法全文共 10 章 100 条。

1994 年 11 月 6 日，塔吉克斯坦就总统选举问题举行全民公决。经全民公决，拉赫蒙以 60% 的选票获胜，当选塔独立后第二任总统。拉赫蒙担任总统后，塔吉克斯坦共和国进入了一个争取实现政治稳定、建立社会调节市场经济体系的重要历史时期。

4. 塔阿边界冲突

以埃·拉赫蒙为首的新政权，对伊斯兰复兴党、民主党等反对派进行了坚决的打击。1994 年 12 月 12 日，埃·拉赫蒙率新政府重返杜尚别。

接着合法政权用武力把反对派驱逐到境外阿富汗北部地区和塔境内的偏僻山区——戈尔诺-巴达赫尚自治州。

伊斯兰复兴党等反对派的首领及其支持者在合法政府打击下逃亡国外，部分隐藏到国内帕米尔山区。1993年3月，反对派在阿富汗北部的塔卢坎成立了流亡政府，同时以伊斯兰复兴党为基础在阿富汗发起伊斯兰复兴运动，成为与合法政权对抗的主要力量。这支力量又被称为塔吉克斯坦联合武装反对派，其主席为萨·阿·努里，副主席为阿·图拉宗佐达。塔反对派在阿富汗设立了电台，并得到阿富汗拉巴尼政府和马苏德军队的支持。他们不断在塔阿边境挑起武装冲突，并经常派人到塔吉克斯坦国内制造恐怖事件。从此，塔对立双方在塔阿边境和塔东南部地区展开了持续不断的战斗，武装冲突规模不断升级，演变为全国性内战。之后，转为局部战争和塔阿边境冲突。

在塔吉克斯坦内战中俄罗斯驻塔军队发挥了重要作用，仅1993年一年，俄边防军就与反对派战斗队员发生了106次冲突。

5. 和谈过程

1994~1997年，塔吉克斯坦内战转入边打边谈阶段。在内战的最初两年对立双方都不想坐在谈判桌旁。俄罗斯做了大量调解工作，俄第一副外长阿塔米申穿梭访问于杜尚别、塔什干、德黑兰和伊斯兰堡之间，先是促使乌兹别克斯坦改变了原来的"不主张杜尚别急于与反对派和谈"的立场，并与反对派在德黑兰举行会晤，商定了塔对立双方会谈的地点和时间。拉赫蒙曾不同意与反对派谈判，但从国内外现实出发，以大局为重，最终同意与反对派首领谈判。在俄罗斯的斡旋下，乌兹别克斯坦、伊朗、阿富汗、巴基斯坦等国先后对塔的态度有明显转变，并为塔吉克斯坦的和谈做出了努力。在联合国组织的支持之下，1994年4月5日，塔对立双方持续了长达3年多的艰苦而紧张的谈判首次在莫斯科进行。为实现塔吉克斯坦人民企盼已久的和平，拉赫蒙总统与联合武装反对派首领努里先后在莫斯科（俄罗斯）、德黑兰（伊朗）、伊斯兰堡（巴基斯坦）、阿什哈巴德（土库曼斯坦）、阿拉木图（哈萨克斯坦）、比什凯克（吉尔吉斯斯坦）、迈谢德（伊朗）和霍斯德赫（阿富汗）进行了六轮艰苦谈判和两次高级会晤。

　　1994 年 6 月和 10 月又先后进行第二轮和第三轮谈判，同年 9 月 17 日，在伊朗首都德黑兰双方达成了 3 个月临时停火协议，10 月，双方又决定将临时停火期限延长至 1995 年 2 月 6 日。实际上，双方均未遵守签署的协议。反对派还明确表示拒绝参加 1994 年 11 月举行的新宪法公决和总统选举，不承认选举结果。1995 年，塔吉克斯坦政府决定加快与反对派和解的进程。但由于双方在权力分配、国家体制问题上分歧较大，谈判没有取得实质性进展。1996 年，在边打边谈当中形势开始有所好转。塔政府军和反对派的武装战斗虽然不断升级，但在国外势力的压力下，从维护国家稳定的大局出发，拉赫蒙总统对反对派做出了不少让步。1996 年 2 月 4 日，拉赫蒙总统下令对反对派武装分子实行大赦。12 月 10 ~ 11 日，拉赫蒙在阿富汗同努里谈判并签署了关于实现停火的议定书。12 月 23 日，拉赫蒙与反对派领导人萨·努里、联合国特使梅列姆在莫斯科签署了关于结束内战的和平协定，还签署了关于民族和解委员会职能的议定书。1997 年 5 月 28 日，塔政府和反对派在德黑兰签署了一项关于停止内战实现民族和解的议定书。该文件规定，塔将重新进行权力组合、解散反对派的武装组织、对从事过内战和政治对抗的人员实行大赦、保证难民返回家园和解除对政治活动的限制。至此，双方谈判取得突破性进展，开始出现和平的曙光。在谈判期间，对立双方的战斗并没有停止。反对派还策划了几起包括劫持联合国驻塔军事观察员、国际红十字会代表、俄罗斯记者在内的绑架事件。在一些地方还发生了塔政府军内部兵变。1997 年 4 月，拉赫蒙总统在苦盏遇刺受伤，据称这一事件的背后也有国内其他反对派的背景。

　　6. 内战结局

　　经过联合国、俄罗斯和伊朗等国的调停，1997 年 6 月 27 日，埃·拉赫蒙总统和联合武装反对派领导人萨·努里以及联合国秘书长特别代表梅列姆在莫斯科签署了《关于在塔吉克斯坦建立和平和民族和睦总协定》（以下简称《总协定》）。《总协定》于 7 月 14 日生效，《总协定》的签订，标志着塔吉克斯坦内战的结束，和平进程的开始。7 月 20 日，双方基本完成了首轮交换战俘的工作。9 月 12 日，埃·拉赫蒙与萨·努里在杜尚别就全面执行双方签署的《关于在塔吉克斯坦建立和平和民族和睦总协定》达成一致意见。9 月 15 日，民族和解委员会正式开始工作。12 月 23 日，双方再次会晤，表示成立联合政府已无障碍，根据双方签署的协议，联合政府中应为反对派提供 14 个副部长级以上的职位，其中包括 1 个副总理和 6 个部长，以及 7 个国家委员会主席职位。伊斯兰复兴党事实上合法化，并被允许参加 1999 年的总统选举。根据协议，对宪法也进行了修改，取消了宪法中关于国家禁止宗教政党存在的规定，使伊斯兰复兴党具有了合法性。

7. 新货币的发行

塔吉克斯坦独立后，与苏联其他共和国长期形成的经济联系中断，有 1/3 ~ 1/2 的工业企业关闭或停产，经济上完全不能自立，国民经济即刻陷入困境。国内通货膨胀，物价飞涨，民不聊生。1994 ~ 1995 年经济形势极其严峻，处于严重的、全面的、深刻的经济危机之中，工农业生产严重衰退，经济发展速度连年以两位数下降，财政极度困难，赤字严重。

1995 年 5 月 10 日，塔吉克斯坦发行新货币——塔吉克斯坦卢布，成为最后一个告别俄罗斯卢布的国家。

（二）进入和平时期（1997 年年中以来）

1. 国内形势出现转机

在联合国及俄罗斯、伊朗等国的斡旋下，拉赫蒙和联合武装反对派领导人努里经过长期艰苦谈判，终于有了突破性进展，出现和平转机。国内局势趋稳，随后，塔吉克斯坦步入脆弱的和平进程，但在政治上地方各自为政，不听从政府指挥，不时发生军事突变、叛乱和政治性暗杀事件，甚至在政府军内部为争权夺利经常发生"兵变"。同时，宗教极端势力、民族分裂主义和国际恐怖主义有融为一体的趋势，它们与走私贩毒联系在一起，成为威胁塔吉克斯坦国内稳定和地区安全的重要因素。

2. 1997 年和平协定

1997 年 6 月 27 日，拉赫蒙总统和联合武装反对派领导人努里及联合国秘书长特别代表梅列姆在莫斯科签署了《关于在塔吉克斯坦建立和平和民族和睦总协定》。该协定规定，伊斯兰复兴党成为合法政党，反对派获得从中央到地方中 30% 的职位；反对派武装被改编进入政府军，部分指挥官进入国家强力部门。具体规定有：自 1997 年 6 月开始交换战俘和政治犯；遣返在阿富汗滞留的难民（应从阿遣返 2 万名难民）；由双方各出 13 名代表组成民族和解委员会，作为总统和议会选举前的临时工作机构，努里任主席，努里将从阿富汗回到杜尚别办公；460 名反对派士兵将随同努里回塔吉克斯坦，反对派武装同政府军合并、改编；向反对派提供从中央到地方各级政府机构中 30% 的职位；重新选举议会和总统。总之，和平协定在当时的积极作用是结束了内战，临时组建了联合政府。但是，这也为此后的武装冲突埋下了隐患。

3. 民族和解委员会

1997 年 2 月 15 日成立了民族和解委员会。反对派联合武装首领努里任民族和解委员会主席，第一副议长多斯季耶夫任副主席。1997 年 9 月 11 日，努里从阿富汗返回杜尚别。9 月 15 日，民族和解委员会正式开始工作。民族和解委员会下设政治、军事、法律和难民 4 个分会，经过 3 个多月的工作，民族和解委员会取得了一定的成绩，双方就反对派在政府部门中的具体职位达成了协议。1998 年 1 月 15 日，反对派以政府在落实双方的协定方面未采取任何行动为由，宣布暂时退出民族和解委员会。此后，政府与反对派经过多次谈判，双方就反对派在政府中拥有 30% 的职位、改编反对派武装、遣返难民等问题达成一致。1998 年 1 月 23 日，通过拉赫蒙总统和努里的会谈，双方化解了矛盾，反对派恢复了在民族和解委员会的工作。截至 1999 年 4 月，拉赫蒙总统已落实 22 名反对派成员入阁担任副部长级以上的职务，还任命了两名反对派成员为政府副总理，其中反对派二号领导人图拉宗佐达出任政府第一副总理。内战期间逃亡阿富汗的难民大部分返回国内，但在改编反对派武装问题上进展缓慢。1999 年 8 月初，努里正式宣布解散反对派武装。8 月 12 日，塔最高法院宣布解除对努里领导的伊斯兰复兴党及其他反对派政党活动的禁令，赋予其日后参与国家政治生活的合法地位。2003 年 3 月 31 日，该委员会结束历史使命，宣布停止活动。

4. 1999 年、2006 年和 2013 年的全民公决和总统大选

1999 年 9 月 26 日，塔吉克斯坦就修改 1994 年 11 月的宪法举行了全民公决，以全民公决方式通过新宪法。公决的结果是，原宪法 27 个条款应该加以修改和补充。其中最重要的更改内容是：总统任期由原来的 5 年、可连任 2 届，改为 7 年、只任 1 届，不能连任；议会由原来的一院制改为上、下两院制，议员职业化；保持世俗国体；允许建立宗教性质政党。

1999 年 11 月 6 日，塔吉克斯坦举行总统大选，共有两位候选人参加选举，结果现任总统拉赫蒙以 96.97% 的绝对优势选票获胜，蝉联塔吉克斯坦总统，任期 7 年。11 月 16 日在首都杜尚别宣誓就职。

2006 年 11 月 6 日，拉赫蒙再度当选塔吉克斯坦总统。

2013 年 11 月 6 日，塔吉克斯坦举行新一届总统选举。11 月 14 日，塔吉克斯坦中央选举委员会公布的最终计票结果显示，现任总统、塔吉克斯坦人民民主党候选人埃·拉赫蒙赢得 315.7 万张选票（84.32%），拉赫蒙第三次成功连任塔吉克斯坦国家总统，任期为七年。

5. 议会选举

2000 年 2 月和 3 月，塔吉克斯坦举行议会下院和上院选举。在下院选举中，人民民主党、共产党、伊斯兰复兴党、民主党、社会主义党、正义党代表以及独立候选人共 331 人参加角逐，总统拉赫蒙领导的人民民主党赢得 63 个议席中的 34 个，共产党和伊斯兰复兴党得票率分别为 20.63% 和 7.48%，因超过 5%，也进入议会。2 月 27 日，塔吉克斯坦举行议会选举，选举结果是赛杜洛·海鲁洛耶夫当选下院议长。3 月 23 日，马赫马德·萨义德·乌拜杜洛耶夫当选上院议长。3 月 31 日，拉赫蒙总统签署命令，宣布从 4 月 1 日起正式停止"民族和解委员会"一切活动。2000 年塔吉克斯坦政府采取了一系列措施，致力于稳定社会政治形势，恢复被战争破坏的经济，发展生产，提高人民生活水平，整顿社会秩序，加快反对派武装的整编和遣散步伐，加大打击贩毒及各种犯罪的力度，保证了政局的基本稳定。但是塔社会不稳定因素依然存在，发生了多起暗杀政坛人物及爆炸等恐怖事件。

　　议会称马吉利西·奥利（Маджлиси Оли），意为最高会议，为两院制职业议会，是国家最高代表机关和立法机构。上院称马吉利西·米利（Маджлиси Милии），意为民族院；下院称马吉利西·纳莫扬达贡（Маджлиси Намояндаго），意为代表会议。上院共有 33 名议员，其中由粟特州（原列宁纳巴德州）、哈特隆州、戈尔诺－巴达赫尚自治州、国家直辖区和杜尚别市地方议会各选 5 名，其余 8 人由总统直接任命，塔前总统为上院法定议员。下院共设 63 个议席，其中 22 个由党派选举产生，41 个按地方选区由选民推选，议员任期 5 年。本届议会上、下两院分别于 2000 年 3 月 23 日和 2 月 27 日选举产生。2005 年、2010 年、2015 年分别进行上、下两院议会选举。塔吉克斯坦议会上院议长为乌拜杜洛耶夫，下院议长为赛杜洛·海鲁洛耶夫。

　　6. 发行新货币

　　2000 年 10 月 30 日塔吉克斯坦再次发行新货币——索莫尼，取代了原有的塔吉克斯坦卢布。1 索莫尼等于 100 迪拉姆。索莫尼纸币面额有 100、50、20、10、5、3、2 和 1。索莫尼硬币面额有 5、3 和 1。迪拉姆的硬币面额有 50、25、20、10 和 5。在各银行点和市场兑换点索莫尼和外币（美元、欧元、卢布和人民币等）均可以进行自由兑换，但不包括迪拉姆硬币零钱。

　　7. 政府采取一系列措施

　　2000 年，塔吉克斯坦政府采取了一系列措施，以稳定社会政治形势，恢复被战争破坏的经济：发展生产，提高人民生活水平；整顿社会秩序；加快反对派武装的整编和遣返工作；加大打击贩毒及各种犯罪的力度。

　　2000 年底，拉赫蒙总统开始通过撤销、合并、重建部分中央部委等办法，对中央和地方政府进行改组，以减少机构重叠，明确权力划分，提高工作效率。政府改组预计 3 年内完成。2001 年，拉赫蒙总统改组政府，强化了对政权的控制。塔境内成规模匪患已基本平定。美国"9·11"事件后，塔积极配合国际反恐行动，加大社会整治力度，各种极端势力活动进一步收敛。然而，塔社会不稳定因素依然存在。

　　2011 年 8 月 9 日，拉赫蒙总统建议对停工企业实行国有化。

8. 隆重庆祝独立 20 周年

2011 年 8 月 30 日，拉赫蒙总统宣布建成世界上最高的旗杆。同年 9 月 6 日，塔吉克斯坦制作 1.4 万平方米巨旗为独立 20 周年献礼。9 月 9 日，塔吉克斯坦隆重庆祝国家独立 20 周年。

9. 2015 年禁止伊斯兰复兴党活动

2015 年 9 月 17 日，塔吉克斯坦最高检察院称，近期塔逮捕的多名伊斯兰复兴党成员均涉嫌参与叛乱。近年来，叛乱副部长在伊斯兰复兴党党首卡比里的指挥下秘密组建了 20 多个小型犯罪团伙。9 月 29 日，塔最高法院通过决定，认定伊斯兰复兴党为恐怖组织，禁止伊斯兰复兴党活动。

第六节　著名历史人物

伊斯梅尔·索莫尼（Исмаил Самани，849 ~ 907）　　萨曼王朝帝国的创建者和奠基人。伊斯梅尔·索莫尼在与其兄纳斯尔的权力斗争中获胜，之后任当时河中地区的总督。经过一系列的战争，索莫尼重新把分裂的中亚地区统一起来，成为河中、呼罗珊、突厥斯坦、伊朗东部和北部至印度河流域的统治者，使萨曼王朝成为一个强大帝国。他制定了完整的国家管理制度，建立了一套中央集权的政权机构，组织了庞大的军队和宫廷卫队。索莫尼注重发展经济和文化。他建立的政治制度、军事制度，不仅使河中地区获得了一定时期的和平，经济、文化艺术得到发展，还为后来萨曼王朝的经济繁荣、国力强盛、文化艺术的空前发展奠定了最重要的基础。索莫尼是最大的封建主，他竭力保护当地封建贵族和大商人的利益。公元 907 年，索莫尼病逝。

阿布阿勃杜洛·鲁达基（Абуаббулло Рудаки，850 ~ 941）　　杰出的学者，人民公认的塔吉克斯坦古典诗鼻祖，是塔吉克 – 波斯文学的奠基人。

鲁达基出生于彭吉肯特地区鲁达克村的一个农民家庭，早年受过很好的经学教育。青年时代，他是民间歌手和乐师。他由于有美妙的声音、诗才和巧妙的竖琴乐器演奏技术而闻名。他不仅被认为是赋诗的巨匠，而且是卓越的演员、乐师和歌手。他被萨曼王朝的纳斯尔二世聘入宫廷，并在那里度过了大半生。在晚年时，鲁达基于公元937年被逐出宫廷，回到故乡，遭受严重贫困，公元941年死于家乡。

鲁达基对塔吉克斯坦诗歌的创作做出了杰出的贡献。他的诗歌特点是结构简洁、语言优美流畅。他一生写了300本诗集，约有130万行诗（流传至今的仅有2000多行诗）。他的诗歌着眼于描述自然风光、歌颂人生乐趣。在他的诗里，几乎没有宗教的内容。其代表著作主要有颂辞《酒颂》、自传体颂诗《老年怨》以及寓言《卡利拉和季姆纳》等。

鲁达基培养了许多青年诗人，例如阿布尔哈桑·沙希德·巴黑耳和穆罗季·布霍罗伊。由于他本人的威望很高，他的诗成为后代塔吉克斯坦诗人学习的典范。

阿布·纳斯尔·法拉比（Абунаср Фараби，约870~950） 著名哲学家。

阿布马沙尔·贾法尔·伊本·穆罕默德·巴耳黑（死于886年） 9世纪著名的天文学家和学者之一。他在47岁时才开始研究数学，后转向天文学，并且撰写了天文学方面的40部著作。

阿布尔·马赫穆德·胡江季 塔吉克斯坦10世纪后半叶的天文学家和数学家，是六分仪的发明人。出生于塔吉克斯坦粟特州苦盏市。他发明的六分仪，是用于确定行星的准确位置和确定出现于行星带中的星座的天文仪器。六分仪是15世纪著名的撒马尔罕兀鲁伯天文台的主要仪器。

阿布巴克尔·纳尔沙希（死于959年） 萨曼王朝时期的著名历史学家。其代表著作有《布哈拉史》，这是一部优秀的史料集，记述了河中地区一些地方，特别是布哈拉的生活状况。

阿布尔克西姆·菲尔多西（Фердоуси，934~1020） 萨曼王朝时期最伟大的诗人之一。生于途思的一个贵族家庭，从小受到良好的教育。除了达里语外，他还流利地掌握阿拉伯语和波斯语。其代表诗篇《帝王纪》，十分鲜明生动地展示了塔吉克斯坦人民的历史画卷，将塔吉克－波斯文学中史诗的创作推到了顶峰。该史诗以完美的叙事诗的方式，记叙了波斯英雄人物和从马其顿国王亚历山大进军起的各种重大历史事件，歌颂

了波斯 – 塔吉克人民反抗外国侵略、争取民族独立的英雄事迹，并巧妙地用爱情故事、谚语和格言对史诗加以修饰。全诗长达 12 万行，具有世界意义。菲尔多西在贫困中度过晚年，于 1020 年死于途思。

阿布·阿利·伊本·西拿（Абуали Ибн Сина，980 ~ 1037） 伊本·西拿的拉丁名是 Авицена（阿维森纳）。他是萨曼王朝时期多才多艺的学者，著名的哲学家、医学家，伟大的自然科学家、数学家、诗人、文学家和政治活动家。

出生于都城布哈拉附近的阿夫申村，他的父母给他起名为"侯赛因"。5 岁时，全家搬到当时中亚的文化中心布哈拉，父亲将他和弟弟送进学校上学，少年时受到良好的全面教育。5 岁在学校里学会了阿拉伯语，10 岁时就能背诵《古兰经》，同时开始自学天文学、数学、逻辑学、医学、地理、物理和神学。后来他的兴趣逐渐转到医学上，16 岁时他已成为有名的医生。17 岁时，由于他治好了萨曼王朝艾米尔努赫·伊本·曼苏尔的病而受宠，被特许进入帝王图书馆博览群书，并在这里度过了一生中的大部分时光，成为当时最渊博的学者之一。由于他的医学知识丰富，医术高超，当时一些著名的医生都不得不向他求教。他非常崇拜柏拉图和亚里士多德，精心研究他们的著作和理论。他还掌握了当时的多门科学，他的才能得到当时中亚著名科学家别鲁尼和巴格达医生阿布尔·法拉季的赏识，并常常被这两位科学家邀请去探讨学术问题。与此同时，他开始招收学生。990 年，布哈拉被突厥人占领，萨曼王朝衰落了。其父阿卜杜洛死后，为逃避追捕，他不得不离开布哈拉，开始了长期的流浪生活。1012 年，他迁居伊朗，住在霍拉桑和哈马丹。在那里，他当过国王的御医和大臣，于 1037 年逝世。由于知识渊博，他被同时代人称为"学者中的公爵"。

伊本·西拿在世界文化史上占有重要地位。据说，伊本·西拿一生著作多达 99 种，其中主要著作有《治疗论》、《拯救论》、《医典》、《知识论》和《指要》等。伊本·西拿是 10 ~ 11 世纪塔吉克斯坦卓越的百科全书式的学者。百科知识方面的著作有《治愈之书》，内容包括逻辑学、博物学、形而上学和数学；他用塔吉克文写的《知识之书》涉及逻辑学、自然科学、哲学、数学和天文学中的问题，这些都是 10～11 世纪的最好文献。其医学著作《医典》，在 12 世纪被译为拉丁文，在长达 6 个世纪（12～17 世纪中叶）中被整个欧洲作为医生的指南和医学院学生的教科书。在中世纪的欧洲，他的名字几乎家喻户晓。《阿尔·卡农》在欧洲用拉丁文和其他文字被刊印了许多次。他在东方和西方都被视为当时最伟大的哲学家之一，他代表着东方逍遥派哲学家最先进的思想。他认为世界永恒，反对伊斯兰教关于创造世界的教条，同时，他还是唯心主义者，承认神的存在，并不得不迁就自己那个时代的偏见，以及数学的象征意义等。但是，这种不可避免的历史局限性，并不能贬低他在塔吉克斯坦历史和世界文化中的地位。

穆哈马德·塔拉加伊·兀鲁伯（Улугбек，1394～1449）　著名学者、天文学家、诗人和哲学家，是古乌兹别克语文学的杰出活动家。

兀鲁伯是阿木尔·帖木儿大帝之孙，是 15 世纪上半叶撒马尔罕及河中地区的统治者。1394 年 3 月 22 日生于苏尔托尼亚（今伊朗境）。

童年时兀鲁伯聪明多智，曾跟祖父阿木尔·帖木儿到过许多国家和城市。帖木儿死后，兀鲁伯的父亲执掌国家大权，他把撒马尔罕附近的大片领地分封给自己的儿子。兀鲁伯 15 岁时成为这片领地的统治者。他在撒马尔罕主持修建了"比比汗"清真寺、阿木尔陵墓、"绍希津达"建筑群。其中哈纳科、穆卡塔清真寺，奇希尔苏丹宫和库鲁努什霍纳宫，都是当时建筑艺术的典范。1417～1420 年修建了规模宏大的经学院，是保存至今的中亚最古老的经学院。在他统治期间，人民生活相对安定，文化非常繁荣，撒马尔罕成为中亚地区的政治、经济和文化中心。兀鲁伯酷爱音乐和绘画。

他当时最突出的成就是在天文学领域。1428 年，兀鲁伯在科学家的协助下，建成了一座大天文台。在这座天文台中，他首次查明了星系的位置。1437 年，兀鲁伯把多年天象观测的结果编制成了天文表，即《兀鲁伯天文表》一书。书中表格是用塔吉克语编制的，过了很长时间才被译成阿拉伯文。这些表格指明了数千个肉眼看不见的星宿的位置，并指出了几乎所有的伊斯兰东方城市的坐标。兀鲁伯的天文表，无论是在东方还是在西方，长期以来是研究星位的参考资料，是研究 15 世纪中叶天文科学发展的最重要的文献。在此书中，他计算出一年的准确时间为 365 天 6 小时 9 分 9.6 秒，这与现代的计算结果非常接近。《兀鲁伯天文表》一书曾在 19 世纪末 20 世纪初被译成多种文字，在英国、法国、美国等国家出版发行。为纪念兀鲁伯在天文学领域的伟大成就，1993 年联合国决定把 1994 年命名为"国际兀鲁伯年"。1449 年兀鲁伯被急于篡夺王位的儿子杀害。

阿卜杜拉赫曼·贾米（Абдурахман Ками，1414～1492）　著名诗人、学者。出生于乃沙不耳附近的贾姆村，在赫拉特完成学业后就在那里继续从事文学和科学研究。他精通诗学、文法、逻辑、希腊和东方哲学、自然科学、数学和天文学，给后代留下了有关各学科的著作 100 多部。在文学创作中，他用遍了塔吉克文学中所有的创作体裁和艺术风格，运用过各种写作技巧，对以后塔吉克文学的发展有着特殊的影响，被认为是整个中世纪塔吉克文学史上著述最丰富的诗人。他创作的七卷叙事诗巨著《海菲特艾乌兰》（《七宝座》）影响深远，他还著有《巴霍里斯顿》、《神灵传》、《古兰经释义》、《赫拉特史》、《论音乐》和《诗歌之书》等非韵文作品，在塔吉克文学和科学史中占有特殊的地位。

贾米的许多著作充满了人道主义思想和对于当权贵族专横恣肆的批判。他在七卷史诗的一卷《希拉德诺曼·伊斯坎达尔》（马其顿国王亚历山大的智慧之书）中描写了空想社会，在那个国家里人人平等、不分贫富、没有压迫和贫困。

米尔佐·阿勃杜尔科季·别季利（1644～1721）　中世纪塔吉克斯坦文学最后的杰出代表之一。他出生和居住在印度，在其著作中表达了一些违反伊斯兰教的泛神论性质的异端思想，他反对印度教徒和伊斯兰教徒之间的宗教仇视。别季利在中亚以及塔吉克人和乌兹别克人中间有众多的拥护者。

阿赫默德·马赫杜姆·多尼什（1827～1897）　启蒙思想家、医生和天文学家。出生于布哈拉的一个贫穷的家庭，由于自己的努力，他成为医生、诗人、音乐家、艺术家、天文学家和书法家。他曾 3 次出任布哈拉艾米尔驻彼得堡大使馆秘书，从而有机会接触并熟悉俄罗斯文化。由于工作环境的限制，他没有和当时一些革命人物和革命思潮接触。他的哲学观点是唯心的，信奉伊本·西拿精神世界的永恒性的学说。他在政治上主张改良，寄希望于受过教育的君主，"说服"君主去实行改良，主张用建立咨询机构的办法限制君主的专制权力。他的主张具有明显的时代和阶级的局限性，但在当时的历史条件下，仍具有进步意义。他把一批具有启蒙思想的知识分子如讽刺诗人沙夫多、沙辛等，团结在一起，他们的辛辣作品，对劳动人民认识统治者的丑恶面目具有启迪作用。

Б. Г. 加富罗夫（Б. Г. Гафулов，1908～1977）　曾任苏联塔吉克斯坦共和国共产党中央委员会第一书记。1956 年起任苏联科学院东方学研究所所长，1968 年当选苏联科学院院士。曾兼任联合国教科文组织下属国际中亚文化研究协会主席。其代表著作是《中亚塔吉克史》（原书名《塔吉克民族简史》），该书出版后，3 次增订，被认为是中亚名著，作者也因此书而享有盛誉。

阿多·哈穆达姆　是一位塔吉克斯坦作家，也是巴基斯坦最高文学奖获得者。他享有"塔吉克斯坦共和国功勋工作者"的荣誉。他是塔吉克斯坦共和国总统的高级顾问，他还是一位记者、剧作家和翻译工作者。

他撰写了几十部剧本、小说和短篇小说集。他的一系列作品在国内外都获得了很高的赞誉。他把很多世界著名作家的作品翻译成了塔吉克文，例如阿齐兹·聂辛、吉·玛纳桑、吉姆勒·布拉多夫、亚历山大·聂万姆彼罗夫等。阿多·哈穆达姆在中国、伊朗、阿富汗、美国、巴基斯坦、波兰和其他一些国家都享有盛名。

第三章

政　治

　　在苏联时期，塔吉克斯坦作为一个加盟共和国执行的是由苏共制定的政治体制，其特征是议行合一、一党制和苏维埃制。塔吉克斯坦作为加盟共和国，权力有限，国家权力主要在联盟中央手中。独立后，该国对政治体制进行了重大改革，由于政局不稳，政体几经变化。独立初期实行单一总统制，1992 年改为议会制，议会主席是国家元首，一切权力由议会主席掌握。1994 年 11 月 6 日通过了第一部宪法，根据新宪法，议会制改为总统制。此后实行总统制、多党制、三权分立制，主要大权掌握在总统手中。之后，1999 年 9 月 26 日、2003 年 6 月 22 日、2016 年 5 月 22 日，塔先后 3 次对宪法进行修改。宪法修改内容主要集中在对总统候选人的规定、议会制由独立初期实行的一院制改为两院制职业议会，以及伊斯兰政党由不合法到合法最后到取缔的变化过程。

第一节　政治体制概述

一　独立前的政治体制

　　独立前的塔吉克斯坦是苏联的加盟共和国之一。根据苏联 1977 年 10 月 7 日颁布的宪法，该共和国实行议行合一的苏维埃制。它的国家机构均按照与联盟中央上下对应、下级服从上级的原则设置。其国家行政，立法、司法机关一律要接受联盟中央有关机关的领导和监督，按全苏和本国法律行事。塔吉克斯坦国家机构属于低于全联盟的二级机构。

与全苏最高苏维埃相对应并隶属其下的塔吉克最高苏维埃，是共和国最高国家权力机关和立法机关，实行一院制，由选举产生，每届任期 5 年。组织和职责与苏联最高苏维埃相仿。常设机构是共和国最高苏维埃主席团。地方各级代表苏维埃，即州、市、区、镇、村人民代表苏维埃，是塔的地方各级国家权力机关。塔吉克斯坦部长会议，即塔共和国政府，是国家权力的最高执行和发布命令机关，由共和国最高苏维埃组建。地方各级政府，即州、市、区、镇、村苏维埃执行委员会，是相应的各级地方国家权力执行机关。法院和检察院是共和国的司法机构。与苏联最高法院相对应的并受其监督的共和国最高法院，是共和国最高审判机关，由共和国最高苏维埃选举产生，每届任期 5 年。地方各级法院的审判员和人民陪审员由选举产生。检察院是塔境内法律遵守和执行情况的最高监督者，共和国检察长由苏联总检察长任命，每届任期 5 年。共和国实行一党制，塔吉克斯坦共产党是执政党。

二 独立后的国体与政体

塔吉克斯坦独立后，从本国实际出发，将国家定为单一制共和国，不再实行苏联时期的联邦制。1994 年 11 月 6 日，塔吉克斯坦通过独立后的第一部宪法《塔吉克斯坦共和国宪法》。新宪法第一章第一条规定，塔吉克斯坦共和国是主权的、民主的、法治的、非宗教的单一制国家。塔吉克斯坦是社会性国家，国家是为了保证每个人的应有生活和自由发展而创造条件的。1999 年 9 月 26 日通过修改后的宪法又明确规定：塔吉克斯坦共和国是民主的、法治的世俗国家。修改后的宪法原则上依然坚持建立世俗国家，政教分离。但一个重要的变化是，允许伊斯兰复兴党存在。2003 年 6 月 22 日再次修改后的宪法，对国体的表述与 1994 年宪法对国体的规定相同。独立以来，塔吉克斯坦在政治转型过程中经历过挫折，在发展道路上经历了重大选择，经过不懈努力和斗争，于 1997 年终于实现了民族和解，建立了政教分离的世俗的民主共和国，逐步完成了以总统制、议会制、多党制和全民公决直选制为特征的国家体制建设。

1990 年 11 月，继苏联改行总统制之后，塔吉克斯坦也开始实行总统制。独立后，由于政局不稳，政体几经变化。独立初期，继续实行总统制。1992 年 11 月 16 日，共和国最高苏维埃第 12 届第 16 次会议通过新宪法草案，决定不再实行总统制，改行议会制。1992 年 11 月 19 日，拉赫蒙任塔最高苏维埃主席（国家元首并领导政府）。1994 年 11 月 6 日，塔吉克斯坦举行全民公决，通过独立后的第一部《塔吉克斯坦共和国宪法》。新宪法明确规定，将议会制改为总统制。共和国实行立法、行政、司法三权分立的总统制。总统是国家元首和政府首脑，由全民直接选举产生。议会实行一院制，为国家最高权力机关，行使最高立法和监督职能。实行总统制后，原来的部长会议改为内阁。内阁为国家最高行政首脑机关，由总理主持，总理则由总统提名并由议会批准任命。总检察院是国家最高检察机关，总检察长由议会选出并由总统任命。最高法院是国家最高司法机关，院长由议会选出并由总统任命。1999 年 9 月 26 日，塔就修改宪法举行了全民公决，公决的结果是，议会由原来的一院制改为上、下两院职业议会制，并将总统的任期由原来的 5 年延长至 7 年。2003 年 6 月 22 日，塔再次就修改宪法举行了全民公决，公决的结果是，现行政体不变，继续实行三权分立的总统制，新任总统每届任期 7 年，可连任一届。2010 年 2 月下旬，塔举行议会下院选举，执政党人民民主党赢得了下院 65 个席位中的 43 个席位，约占议会 66% 的议席。由拉赫蒙总统领导的人民民主党发挥执政党的独特作用。

第二节　宪法

一　制宪过程

1990 年 8 月 24 日，塔吉克斯坦最高苏维埃发表《主权宣言》。《宣言》的宗旨是保障全体公民享有该共和国和苏联宪法以及公认的国际法则所规定的全部权利和自由。1991 年 9 月 9 日发表了《塔吉克斯坦共和国独立声明》，并宣布共和国独立。《独立声明》规定：将把《主权宣言》中阐述的内容载入该国现行法律中；将制定确保塔独立的法律草案；根据

《主权宣言》，贯彻执行塔政府的各项决定。在《主权宣言》和《独立声明》两个重要文件的基础上，1992年4月17日，塔最高苏维埃主席团通过新宪法草案。1992年11月16日，塔最高苏维埃第12届第16次会议正式通过新宪法草案。1994年11月6日通过独立后的第一部宪法《塔吉克斯坦共和国宪法》。后经1999年9月26日、2003年6月22日和2016年5月22日，塔吉克斯坦先后3次对宪法进行修改。3次修改宪法，其目的是进一步加强总统权力。

修改后的宪法首先对总统候选人年龄限制的规定逐步放宽。1994年通过的第一部宪法对总统候选人年龄的规定是凡年满35～65周岁、通晓国语、在本国境内近期居住不少于10年的公民都可被提名为总统候选人。2003年宪法修改取消了总统候选人年龄不得超过65岁的限制。2016年宪法修改降低了对总统候选人最低年龄的限制，由年龄不小于35周岁改为年满30岁，并提出拉赫蒙可以无限次地作为候选人参加总统选举。

其次是延长任期。1994年宪法规定总统任期5年且同一人连续担任总统不得超过两届。1999年宪法规定，总统每届任期延长至7年。2003年宪法规定，总统可连任一届。2016年宪法规定，拉赫蒙可以无限次地作为候选人参加总统选举。

二 现行宪法的立宪原则与基本内容

现行宪法的主要立宪原则有七条。

（1）建立主权、民主、世俗、法治国家，确定以人为本的原则

宪法第1条规定，"塔吉克斯坦共和国是主权的、民主的、法治的、非宗教的单一制国家。塔吉克斯坦是社会性国家，国家是为了保证每个人的应有生活和自由发展创造条件"。宪法第5条规定，"人的权利和自由是至高无上的价值。人的生存、人格和其他合理的权利是不可侵犯的。国家承认、遵守和维护人和公民的权利和自由"。宪法第6条规定，"塔吉克斯坦人民是国家主权的体现者和直接或者通过自己的代表行使国家权力的唯一源泉"。

（2）政治、意识形态多元化

宪法第 8 条规定，"塔吉克斯坦社会生活的发展以政治多元化和意识形态多元化为原则"。宪法还规定，"任何一个党、社会的和宗教的团体、运动或派别的意识形态都不能确定为国家的意识形态。社会团体和政党要在宪法和法律范围内建立和活动"。

（3）宗教与国家分离

宪法第 8 条规定，"宗教组织与国家分离，不得干预国家事务"，"禁止以挑起种族、民族、社会和宗教仇恨为目的，或者煽动暴力推翻宪法制度和组织武装集团的社会团体建立及活动"。

（4）三权分立

宪法第 8 条规定，"国家权力确立立法权、行政权和司法权三权分立原则"。

（5）法律至上

宪法第 10 条规定，"宪法具有最高法律效力，国家和一切国家机关、公职人员、公民及团体都必须遵守和执行共和国宪法和法律"。

（6）奉行爱好和平政策

宪法第 11 条规定，"塔吉克斯坦奉行爱好和平的政策，尊重其他国家的主权和独立，根据国际准则确定本国的外交政策"。

（7）所有制多元化

宪法第 12 条规定，"国家保障经济活动和企业家经营活动自由，包括私人在内的各种形式所有制权利平等，并且依法加以保护"。

塔吉克斯坦现行宪法全文共分十章 100 条。整部宪法包括以下内容：第一章是宪法制度的基础，阐述了塔吉克斯坦立宪原则；第二章规定了塔吉克斯坦公民的权利、自由和基本义务；第三章规定了议会的法律地位、议会的组成与议员的选举和罢免程序、议会的职能、议会与总统和政府的关系；第四章规定了总统的法律地位、职权范围、任职资格、选举与罢免的程序、权利和义务；第五章规定了政府的法律地位、政府的组成和解散的程序、政府的职能、政府成员的权利和义务；第六章规定了地方权力机关的组成、职权范围、任期等；第七章主要关于戈尔诺－巴达赫尚自治州；第八章规定了法院的工作、法官的任职资格等；第九章规定了检察院的工作、检察官的任职资格等；第十章规定了宪法的生效时间和修改程序等。1999 年 9 月 26 日，以全民公决方式通过的新宪法，对 1994 年 11 月的宪法做了修改。新宪法规定：在塔建立世俗、民主、法治国家；实行总统制；总统为国家元首、政府首脑和武装部队的统帅，由全民直接选举产生，每届任期 7 年。新宪法明确规定，宗教党派合法化。2003 年 6 月 22 日全民公决通过的修改后的宪法规定，总统由公民在普遍、平等和直接选举的基础上以无记名投票选举产生，任期 7 年，同一个人连任总统不得超过两届。2016 年宪法规定，拉赫蒙可以无限次地作为候选人参加总统选举。

第三节　总统

一　总统职务的设立与历届总统的选举

1990 年 11 月 29 日，塔吉克斯坦颁布了关于设立共和国总统职位和总统选举程序的法律。1992 年 11 月 16 日，共和国最高苏维埃第 12 届第 16 次会议通过新宪法草案，决定将总统制改为议会制。1994 年 11 月 6 日通过《塔吉克斯坦共和国宪法》，根据新宪法，议会制改为总统制。拉赫蒙当选为总统。1999 年 11 月 26 日经全民公决，拉赫蒙连任总统。2003 年 6 月 22 日修改后的宪法规定，总统由公民在普遍、平等和直接选举的基础上以无记名投票选举产生，任期 7 年，同一个人连续担任总统不得超过两届。

二　总统任职资格、任期与选举程序

宪法规定，凡年满 35 岁以上、通晓国语、在塔吉克斯坦境内近期居住不少于 10 年的公民都可被提名为共和国总统候选人。凡征集到不少于 5% 选民签字同意提名为候选人者均可登记作为总统候选人。总统无权担任其他职务，不得担任代表机关代表，不能从事企业家经

营活动。

1999 年之前，总统的任期为 5 年，连任期不得超过两届。1/2 以上选民参加选举，总统选举即可举行，获得合法选民选举票数超过 1/2 以上的候选人被认为当选。总统选举程序由宪法规定。1999 年 9 月 26 日，塔就修改宪法举行了全民公决，公决的结果是，总统任期为 7 年，只任一届。2003 年 6 月 22 日通过的修改后的宪法第 65 条规定：总统由公民在普遍、平等和直接选举的基础上以无记名投票选举产生，任期 7 年，同一个人连续担任总统不得超过两届。如果 1/2 以上选民参加选举，总统选举即为有效。获得参加投票选举的选民总数 1/2 以上投票赞成的候选人被认为当选。总统选举程序由宪法规定。总统要在上院（马吉利西·米利）和下院（马吉利西·纳莫扬达贡）两院的联席会议上宣誓就职，誓词为："我以总统身份宣誓：维护共和国宪法和法律，保障公民权利和自由、人格和尊严，捍卫塔吉克斯坦领土完整，政治、经济和文化独立，忠诚地为人民服务。"

总统在选出的新总统宣誓通过之后停止行事。

三 总统地位与职权

（一）总统的地位

关于总统的地位，现行宪法第 64 条这样表述：塔吉克斯坦共和国总统是国家元首和执行权力机关（政府）首脑和武装部队统帅。

总统是宪法和法律、公民权利和自由、民族独立、国家统一和领土完整、国家发展和长治久安、国家机关协调一致地发挥作用和互相配合的保证人。

（二）总统的职权

总统的职权包括：确定共和国对内对外政策的基本方针；在国内和国际关系中代表塔吉克斯坦；建立和撤销各部和国家委员会；任命和解除政府总理和其他成员职务，并把该命令提交上院（马吉利西·米利）和下院（马吉利西·纳莫扬达贡）两院的联席会议批准；任命和解除戈尔诺－巴达赫尚自治州、各州、杜尚别市、市和区主席并把上述命令提交相应的人民代表议会批准；废除和中止国家管理机关文件（如果同宪法和法律相抵触）的效力；任命和解除国家银行行长和副行长，并把该命令提交议会下院批准；向议会上院提出选举宪法法院院长、副院长和审判员，最高法院院长、副院长和审判员，最高经济法院院长、副院长和审判员职务候选人和召回他们的建议；经议会上院同意，任命和解除总检察长和副总检察长；组建总统的执行机构；建立和领导安全委员会；建立司法部委员会；根据司法部部长提请，任命和解除军事法院、戈尔诺－巴达赫尚自治州、各州、杜尚别市、市和区法院的审判员；规定上院、下院、地方代表机构的公决和选举时间，签署法令；向议会上院、下院提出确定货币制度的建议；支配准备金；执行对外政策，签署国际条约，并提请议会下院批准；任命和解除驻外国的外交代表机构首长和在国际组织的共和国代表；接受外国驻塔外交代表机构首长的国书；就任塔吉克斯坦武装力量最高统帅，任命和解除塔吉克斯坦武装力量各部队司令员；在国家安全受到实际威胁时宣布戒严，并把该命令提请议会上院和下院两院的联席会议批准；经议会上院和下院同意，为履行塔吉克斯坦的国际义务，在国家职权范围内使用塔吉克斯坦共和国武装力量；宣布共和国全境或者某些地区实行紧急状态，并把该命令提请议会上院和下院批准，同时通报联合国；决定国籍问题；提供政治避难；实施赦免；授予高级军衔、外交人员衔级和其他专门衔级；授予公民国家奖赏、国家奖金和塔吉克斯坦荣誉称号；行使宪法和法律规定的其他职权。

四　总统的解职或罢免

如果总统死亡、辞职或确认他无行为能力完全不能履行总统职权，在新总统选出之前其职权移交议会上院议长，而议会上院议长职权委托第一副主席行使。在这种情况下总统选举应在 3 个月内进行。

根据总统辞职报告，提前停止总统职权问题由议会上院和下院两院联席会议决定，但这一决定需经两院议员多数投票通过，且两院必须单独进行投票。

五　现任总统

塔吉克斯坦现任总统为埃莫马利·沙里波维奇·拉赫蒙（Emomali Sharipovich Rakhmonov, Эмомали Шарипович Рахмонов）。1952 年 10 月 5 日生于库利亚布州（现哈特隆州）丹加拉区丹加拉镇的一个农民家庭。塔吉克族，已婚，育有 9 个子女（7 女 2 子）。1969 年在加里宁纳巴德市中等专业学校毕业后，在库尔干秋别市榨油厂当电工。1971～1974 年在苏军太平洋舰队服役。1982 年毕业于塔吉克国立大学经济系。1985～1987 年从事农业管理工作，在丹加拉区列宁集体农庄担任管委会秘书、工会主席等职。后担任丹加拉区国营农场场长，1990 年被选为塔吉克斯坦最高苏维埃代表，1992 年 11 月初升为库利亚布州人民代表苏维埃执委会主席。1992 年 11 月，当选为塔吉克斯坦共和国最高苏维埃主席，并行使国家元首职权。1994 年 11 月 6 日，当选为共和国独立后第二任总统，并于 11 月 16 日宣誓就职。自 1996 年 1 月起，兼任国家安全委员会主席。1997 年 4 月 30 日遇刺受伤。1999 年 11 月 6 日，在总统大选中，以 96% 的选票获胜，连任总统，任期 7 年。2006 年 11 月 6 日再度连任总统，2013 年 11 月 6 日第三次成功连任总统，本届任期 7 年。自 1994 年以来，经过和联合反对派的艰苦谈判，给塔人民带来渴望已久的和平，得到了塔人民的普遍赞扬。1999 年 12 月 11 日荣获塔吉克斯坦议会授予的"国家英雄"称号。2015 年 12 月 18 日，塔吉克斯坦议会上院通过了下院提交的授予拉赫蒙"民族领袖"称号的法案。议员称，拉赫蒙的功绩卓著，可以同古波斯帝国的缔造者——居鲁士大帝（居鲁士二世）和中亚的萨曼王朝的建立者索莫尼相比。该法案规定，当"民族领袖"结束总统任期后，在制定国家内外政策时也要参考"民族领袖"的意见。离任总统职务后，其享有豁免权，享有交通、住房、社会福利等，还将修建"民族领袖"博物馆、图书馆和档案馆。在政治上，拉赫蒙主张把塔吉克斯坦建成为民主、法治、世俗、政教分离的国家，把非伊斯兰化作为基本国策。他一贯执行的方针是，保证塔吉克斯坦的领土完整和

人民的团结统一，停止国内战争和克服地方主义情绪，反对民族主义。在经济上，主张实行渐进的经济改革，制定了向市场经济过渡的方针和政策。在外交上，奉行"对外开放"和多元、务实与灵活的外交政策，即以稳定国内局势为中心、突出重点的全方位外交政策，力求与世界各国发展平等互利的关系，以求得更多国家政治上的支持和经济援助。拉赫蒙总统酷爱文学艺术，特别醉心于历史小说，喜欢听音乐会。

第四节　议会

一　议会的演变

从 1991 年 9 月 9 日塔吉克斯坦宣告独立到 1999 年 9 月 26 日，该国议会是自苏联时期沿袭下来的一院制最高苏维埃。1999 年 9 月 26 日通过的修改后的新宪法规定，塔吉克斯坦实行两院制职业议会。议会的塔吉克语名称为马吉利西·奥利（Маджлиси Оли），意为最高会议，是塔吉克斯坦共和国最高代表机关和立法机构。上院称马吉利西·米利（Маджлиси Милли），意为民族院，下院称马吉利西·纳莫扬达贡（Маджлиси Намояндагон），意为代表会议。

二　议会的地位与构成

议会称最高会议，是塔吉克斯坦最高权力机关，行使最高立法和监督职能。1999 年 9 月 26 日前，塔吉克斯坦实行一院制议会，代表经选举产生，任期 5 年。常设机构是最高会议主席团。最高会议主席（议长）萨·拉贾博夫于 1995 年 4 月 6 日当选。1999 年 9 月 26 日通过的新宪法规定，塔吉克斯坦实行两院制职业议会。塔吉克斯坦议会上院选举为间接选举，共有 33 名议员。根据议会选举法，25 名议会上院议员由地方议会代表选举产生，即从粟特州、哈特隆州、戈尔诺－巴达赫尚自治州、杜尚别市和国家直辖区各选 5 名，另 8 名参议员

由总统任命。塔首任总统马赫卡莫夫为上院终身议员。下院共设 63
个席位，每届任期 5 年。根据塔吉克斯坦议会选举法，全国共分为 41
个选区，选民直接投票从每个选区选出 1 名议员，另 22 个席位由参
选党派竞争产生，得票率超过 5% 的政党才有资格进入议会，按照得
票数分配席位。从塔吉克斯坦第四次议会（2010 年）、第五次议会
（2015 年）选举结果统计来看，人民民主党获得的席位和得票率均占
绝对优势。塔第四次议会选举结果统计为：人民民主党获得席位 55
个，得票率为 71.69%；共产党、伊斯兰复兴党、经济改革党、农业
党分别获得 2 个席位，得票率分别为 7.22%、7.74%、5.1%、
5.09%；民主党、社会民主党、社会主义党未获得席位，得票率分别
为 0.84%、0.72%、0.47%。第五次议会选举结果统计为：人民民
主党获得席位 51 个，得票率为 62.5%，其他党派变化较大。伊斯兰
复兴党被清除掉，未获得席位，得票率为 1.5%；共产党获得 2 个席
位，得票率为 2.3%；经济改革党和农业党分别获得 3 个和 5 个席位，
得票率为 7.6% 和 11.8%；民主党和社会主义党各获得 1 个席位，得
票率为 1.7% 和 5.5%；社会民主党未获得席位，得票率为 0.5%。从
以上选举结果看，塔通过两院制平衡各方利益，以缓和立法机关与行
政机关的矛盾。

2000 年，上院议长为马赫马德·萨义德·乌拜杜洛耶夫，议会下院
议长是赛杜洛·海鲁洛耶夫。

下院选举依托于专业、有效的秘密投票箱，实行普遍、平等、直
接选举制。下院实行议员常设制和职业化。上院、下院议长和副议长
从议员中选举产生，并且上院的副议长要从戈尔诺－巴达赫尚自治州
的代表中选举产生。下院设 63 个议席，其中 41 个按地方选区由选民选
出，22 个由党派选举中得票率超过 5% 的党派推选，任期 5 年。

现任议会上、下两院分别于 2010 年 3 月 25 日和 2 月 28 日选举产生。
2010 年 3 月，舒·祖胡罗夫当选议会下院议长。塔总统领导的人民民
主党占 43 个议席，共产党、伊斯兰复兴党、农业党和经济改革党分别占有
2 席，无党派人士占 12 个席位。

三 议员的任职资格、选举与罢免程序

凡年满 25 周岁的公民均可参加下院议员的选举。下院议员不得为企业机构代表，不得从事企业经营活动（从事学术与创作工作的除外）。上院议员的竞选资格为年满 35 周岁、具有高等教育的公民。政府官员、在法院和军队任职的人员和参与宪法制定者不得成为上院议员。公民不得同时为上下两院议员。每位塔吉克斯坦前总统均为终身上院议员。

下院议会代表在普遍、平等和直接选举的法律基础上由秘密投票选举产生。上院 3/4 的代表成员则是在戈尔诺－巴达赫尚自治州及其各市和区、各州及其各市和区、杜尚别市及其各区、共和国直属的各市和各区的人民代表的联席会议上通过间接的秘密投票选举产生的。戈尔诺－巴达赫尚自治州、各州、杜尚别市、共和国各直辖市和各直属区在上院的议会中的代表名额相同。上院 1/4 的代表成员由塔吉克斯坦共和国总统任命。

上院的议员人数和下院的议员人数、上下两院议员选举程序和上院议员被罢免程序由宪法规定。

四 议员的权利

宪法规定，上下两院议员享有不可侵犯权。在未犯罪的情况下，议员不接受逮捕、拘留和搜查。不能对上下两院议员的私人活动进行监视，但为保证他人安全的情况下进行的监视除外。

在辞职、无行为能力、被起诉、定居国外以及死亡等情况下，议员将失去权利。

五 议会活动

宪法规定，上下两院议会活动以会议的形式进行。首届上下院议会由塔吉克斯坦总统在当选后的 3 个月内召开。上院议会每年至少召开两次，下院议会每年召开一次。上下两院议会在不少于 2/3 议员出席的情况下被认为有效。在必要的时候，总统可以召开两院间的议会。

上下两院在以下情况下可以举行联席会议，如批准总统的战争状态和紧急状态命令、批准总统任命和解散总理内阁和政府命令、就在塔边境实施以履行国际义务为目的的武力达成一致意见、制定关于国家基本对内对外政策的基本方针的总统咨文、确定选举等。

六 议会两院的职权

上院的主要职能有：确定、修改、撤销国家行政区划；根据总统提议选举和罢免宪法法院院长、副院长，最高法院院长、副院长，总检察长、副总检察长等；行使宪法和法律规定的其他职权。

下院的主要职能有：组建及选举全民公决委员会，就法律草案提请全民公决；批准国家经济和社会发展计划；批准获取和发放国家贷款；批准总统令等；批准和宣布废除国际条约；确定全民公决；规定军人、外交人员的衔级制度和其他专门衔级制度；规定总统的工资；行使宪法和法律规定的其他职权。

下院提出的法律和决议议案采取多数投票通过原则。除国家预算法外，下院通过的法案均要呈交上院。若上院表示异议，下院将对法案予以复议。复议后该法案只有获得 2/3 的下院议员通过，才被认为议会通过。之后，提出国家法律呈交总统签字和公布，若总统不同意该法案或其条文，则需在 15 日内把附有自己异议的法案退回下院复议。若复议后 2/3 的上下院议员均投票赞成该法案，则总统必须在 10 日内签字并颁布该法案。

2015 年 12 月 18 日，塔吉克斯坦议会上院通过了下院提交的授予拉赫蒙"民族领袖"称号的法案。

议会下院拥有对国家预算法的通过和监督国家预算执行的权力。

七 议会两院现任议长

（一）马赫马德·萨义德·乌拜杜洛耶夫

乌拜杜洛耶夫为现任议会上院议长。1952 年 2 月 1 日生于库利亚布州（现哈特隆州）法尔霍尔区基洛夫村。已婚，有 3 个孩子。1970 年、1974 年先后毕业于塔吉克工学院和乌克兰哈尔科夫工学院电气工程专业。自 1974 年起在库利亚布州统计局工作。1979～1983 年任库利亚布市党组织部部长。1983 从事党务工作。1985 年被任命为塔吉克斯坦共和国中央统计局副局长。1986～1988 年任库利亚布州党委工业交通局局长。1988 年在库尔干秋别州统计局任局长。1990 年在库利亚布州人民代表苏维埃执委会任副主席。1992 年在塔吉克斯坦共和国最高苏维埃第 16 次非常会议上被任命为塔吉克斯坦共和国副总理。1994 年任塔吉克斯坦共和国第一副总理。1995～2000 年任塔议会人民代表。1996 年 2 月 4 日，拉赫蒙总统应兵变领导人要求解除他的第一副总理职务，让其兼任杜尚别市市长。2000 年 3 月 23 日，乌拜杜洛耶夫当选为塔吉克斯坦议会上院议长，继续兼任杜尚别市市长。乌拜杜洛耶夫在 2005 年 4 月、2010 年第 4 次代表大会上、2015 年第 5 次代表大会上多次连任上院议长。2017 年 1 月，塔总统拉赫蒙解除乌拜杜洛耶夫兼任杜尚别市市长职务，任命其子接替该职务。由于该议长对塔首都做出巨大贡献，2017 年 1 月 12 日，拉赫蒙总统特授予他一枚一级勋章奖励。

（二）现任议会下院议长舒库尔忠·祖胡罗夫

舒·祖胡罗夫为现任议会下院议长。1954 年 9 月 17 日生于库尔干秋别州喷赤区，塔吉克族。1976 年和 1992 年先后毕业于莫斯科土地规划工程学院和俄罗斯管理学院。1976～1979 年就职于库尔干秋别州农业管理局土地规划处。1979～1986 年先后任塔共青团中央青年农工处教导员、处长和团中央书记。1986 年任塔共青拉巴德区委主席。1990 年任塔国家干部培训委员会主席。1993～1998 年任塔劳动和就业部部长。1994～1997 年兼任塔民族和解委员会委员、民族和解委员会难民问题分委会主席。1998～2005 年先后任塔哈特隆州喷赤区区长和总统办公厅副主任。2005 年当选塔议会下院议员。2006～2010 年任塔劳动和居民社会保障部部长。2010 年 3 月当选塔议会下院议长。

第五节　行政

一　政府的地位及构成

塔吉克斯坦政府是国家权力执行机关。政府由总理、第一副总理、副总理、部长和国家委员会主席组成。

二　政府组建程序与机构设置

由总统任命国家内阁总理，提请议会审议批准。由总理组建政府机构设置，政府机构的人选由总统决定任命。拉赫蒙于 1994 年 11 月 6 日宣誓就任总统后，改组了政府。政府自 1999 年 12 月 20 日开始组建。2000 年 1 月 10 日，拉赫蒙总统发布一部分政府成员任命令。2001 年拉赫蒙总统对政府成员进行了多次调整。上届政府主要成员有：总理阿基尔·盖布拉耶维奇·阿基洛夫（Акил Гайбуллаевич Акилов）、第一副总理马·道拉托夫（М. Давлатов）、副总理穆·阿里马尔丹（М. Алимардон）、副总理和鲁·库尔班诺娃（Р. Курбанова）、外交部部长哈·扎里菲（Х. Зарифи）、国防部部长舍·海鲁洛耶夫（Ш. Хайруллоев）、内务部部长拉·拉希穆（Р. Рахимов）、司法部部长鲁·曼格里耶夫（Р. Менглиев）、经济发展和贸易部部长沙·拉希姆佐达（Ш. Рахимзода）、财政部部长萨·纳日穆迪丹（С. Нажмуддинов）、交通部部长尼·哈基穆（Н. Хакимов）、能源和工业部部长舍·古勒（Ш. Гул）、文化部部长米·阿斯罗里（М. Асрори）、教育部部长努·赛义多夫（Н. Саидов）、卫生部部长努·萨利莫夫（Н. Салимов）、农业和自然保护部部长卡·卡西莫夫（К. Касымов）、劳动和居民社会保障部部长马·马赫马达（М. Махмадаминов）、土壤改良和水利部部长拉·巴巴卡洛（Р. Бобокалонов）、国家安全委员会主席赛·亚提穆（С. Ятимов）、国家投资和国有资产管理委员会主席达·赛义多夫（Д. Саидов）、国家银行行长阿·希林（А. Ширинов）。

现任政府主要成员有：总理柯·拉苏尔佐达（Расудзода Кохир）、第一副总理赛伊德·达夫拉塔鲁（Саид Давлатали）、副总理玛·佐·佐基尔佐达（Зокирзод Махмадтоир Зоир）、副总理阿·伊夫罗希姆（Иброхим Азим）、司法部部长鲁·乌·邵合穆罗德（Шохмурод Руста Ухридинович）、教育科学部部长赛·奴·赛伊德（Саид Нуриддин Саид）、财政部部长阿·卡·库尔波尼耶（Курбониён Абдусалом Карим）、国防部部长塞·米尔佐（Мирзо Шерали）、交通部部长胡·扎·胡多叶尔佐达（Худоёрзода Худоёр Завкибек）、经济发展和贸易部部长涅·图·希可马杜罗佐达（Хикматуддозода Неъма Тулло）、卫生和居民社会保护部部长纳·霍·奥里姆佐达（Одимзода Насим Ходжа）、文化部部长沙·邵·奥鲁木别克佐达（Орумбекзода Шамсиддин Шодибек）、水电部部长乌·优·乌斯曼佐达（Усмонзода Усмонали Юнусали）、工业和新工艺部部长沙·波波佐达（Бобозода Шавкат）、国家安全委员会主席赛·萨·雅基莫夫（Ятимов Саймумин Сатторович）、国家土地管理委员会主席拉·阿合马德佐达（Ахмадзода Раджаббой）、国家投资和资产管理委员会主席法·沙·卡哈尔佐达（Каххорзода Файзиддин Саттор）、劳动移民和居民就业部部长苏·萨·塔果伊佐达（Тагойзода Сумангул Саид）、国家中央银行行长贾·奴尔马赫马德佐达（Нурмахмадзода Джамшед）

三　政府的职权

政府的职权有：在经济、社会和精神领域有效地发挥作用，执行法律、议会决议、总统令和指示；保证国家贷款的发放与回收；将社会经济计划、对其他国家的经济援助、国家预算及国家预算赤字的可能数额和抵补赤字的来源草案等提请最高议会审核。

四　政府的更迭与解散

宪法规定，在政府认为自己没有能力正常发挥作用的情况下，它可向总统提出辞职。政府每个成员都拥有辞职的权利。随着国家新当选总统的上任，上届政府的职权也随即被解除。政府在被解职的情况下，可根据总统的任命，组建新政府。

五 对政府成员的规定

宪法规定，政府成员不得兼任其他职务，不能是代表机关的代表，不能从事企业经营活动。

六 政府总理

前任政府总理阿基尔·盖布拉耶维奇·阿基洛夫 1944 年 2 月 2 日生于塔吉克斯坦北部的粟特州州府苦盏市，塔吉克族，已婚，有 3 个孩子。1967 年毕业于莫斯科建筑工程学院。1960～1976 年在粟特州建筑施工组织、住宅和公用事业机构任职。自 1976 年开始做党务工作。1993 年任塔吉克斯坦共和国建筑部部长。1994～1996 年任塔吉克斯坦政府副总理。1999 年 12 月 20 日出任塔吉克斯坦政府总理，是塔吉克斯坦独立后的第七任总理。

现任总理拉苏尔佐达 1961 年 3 月 8 日出生，曾任塔吉克斯坦开垦及水资源部部长、塔议会上院副议长、粟特州州长等职。2013 年 11 月 23 日出任塔吉克斯坦总理，是塔吉克斯坦独立后的第八任总理。

第六节 司法机构

司法机关包括宪法法院（院长马·马赫穆多夫）、最高法院（院长努·阿卜杜拉耶夫）、最高经济法院（院长阿·戈伊布纳扎罗夫）、军事法院（院长赛·吉约耶夫）、总检察院（总检察长舍·萨利姆扎达）、军事检察院（军事检察长沙·库尔班诺夫）及各地方法院和检察院。

一 法院

（一）法院的地位

《宪法》第 8 章第 84 条规定，司法权是独立的，它维护人的权利与自由，国家、团体和机关的利益、法治和公正。司法机构包括宪法法院、最高法院、总检察院、最高经济法院、军事法院、戈尔诺－巴达赫尚自治州法院、各州和杜尚别市经济法院、戈尔诺－巴达赫尚自治州经济法院、各州和杜尚别市经济法院，由它们行使司法权。审判员任期 10 年。法院的组织和活动程序由宪法性法律规定，禁止成立特别法院。

最高法院是国家最高司法机关，院长由议会选出，并由总统任命。现任最高法院院长是努·阿卜杜拉耶夫。

（二） 宪法法院职权

确定法律，上院和下院的法律文件，总统、政府、最高法院、最高经济法院和其他国家和社会团体的命令和决定以及未发生法律效力的协议等是否符合宪法；解决国家机关间有关管辖范围的争端；执行宪法和法律规定的其他职权。宪法法院的判决是终审判决。

（三） 法院执法原则

禁止成立特别法院。诉讼程序要按双方间辩论和平等原则进行。所有法院审理案件除法律规定的情况外，一律公开进行。法官在其活动中是独立的，只服从宪法和法律，他们的活动不受干涉。诉讼程序使用塔吉克语或当地居民使用的语言，应为没有掌握诉讼程序所使用语言的当事人提供翻译服务。

（四） 法官的任职资格与产生程序

宪法法院由 7 名法官组成，其中 1 名为戈尔诺－巴达赫尚自治州代表。宪法法院法官的条件是年龄在 30 岁至 60 岁，从事法律工作 10 年以上，由选举产生。最高法院、最高经济法院、军事法院和各州法院及杜尚别市法院的法官条件是年龄在 30 岁至 60 岁，从事法律工作 5 年以上，由总统根据司法部部长的提名任命产生。市法院和区法院的法官条件是年龄在 25 岁至 60 岁，从事法律工作 3 年以上，由任命产生。法官任期 5 年。法官不得兼任其他职务，不得是代表机关代表、政党和团体成员，不能从事企业经营活动。法官享有不受侵犯权，法官未经选举或者任命他的机关同意，不受逮捕和追究刑事责任，法官也不受拘留。

二　检察院

总检察院是国家最高司法机关，总检察长由议会选出，并由总统任命。宪法规定，检察院是司法监督机关。

塔司法监督由总检察长及其下属地方检察长进行。总检察长任期 5 年，总检察长领导统一集中的检察机关系统，总检察长向最高议会和总统报告工作。总检察长任命和解除其下属的检察长的职务，检察长任期 5 年。总检察长及其下属的检察长独立行使自己的职权，只服从法律。检察长不得兼任其他职务，不能从事企业经营活动。

现任总检察长是舍·萨利姆扎达。

第七节　地方权力机关与区域自治

一　地位与构成

地方权力机关执行宪法和法律、议会和总统的法令和命令。地方权力机关由代表机关和行政机关组成。

地方权力机关的设置、职权和活动程序由宪法性法律调节。

二　代表机关

由主席主持的人民代表议会是各州、市和区的地方代表权力机关。经地方议会的代表选举产生，任期 5 年。

人民代表议会批准地方预算及其执行情况报告，决定地方经济发展方向、地方税收和依法缴款，规定地方财产管理和占有的方式，行使宪法和法律规定的其他职权。如果地方人民代表议会长期不执行宪法和法律，最高会议（议会）有权解散它并重新选举。

三　行政机关

地方行政权由总统代表——州主席、市主席和区主席行使。

戈尔诺－巴达赫尚自治州、各州、杜尚别市、市和区主席职务由总统任命和解除，并把各职务候选人提交相应的人民代表议会批准。塔吉克斯坦还设有公民大会，是村镇自治机构。

四 戈尔诺－巴达赫尚自治州

戈尔诺－巴达赫尚自治州是塔吉克斯坦不可分割的组成部分，非经人民代表的同意不得改变戈尔诺－巴达赫尚自治州界线。该州人民代表选举不是依据居民人数多少，而是根据法律规定的定额选举产生。该州在社会经济、文化生活方面的职权以及其他职权由宪法性法律规定。

第八节　政党

一 政党制度的演变

在苏联解体前，塔吉克斯坦的政党制度已发生了根本变化。1990 年苏共中央二月全会通过苏共纲领草案放弃了苏联共产党在政治体制中的领导地位，塔吉克斯坦相继涌现了许多政治派别。仅 1991 年 4 月至 1997 年 6 月，在塔正式登记注册的社会组织就有 300 多个，其中包括政党、运动、团体、联合会、组织、同乡会、基金会和协会组织等。共有 8 个合法政党，此外，还有两个被宣布为非法的政党，即伊斯兰复兴党和伊斯兰复兴运动。塔吉克斯坦民族和解后，政党制度又发生了大的变化，即非法的宗教政党已成为合法的政党。1999 年 8 月初，塔吉克斯坦联合武装反对派解散后不久，塔吉克斯坦司法部正式解除对反对派政党活动的禁令。同年 9 月 26 日，以全民公决方式通过的宪法修正案允许建立宗教性质政党，从而为宗教性质政党的产生和发展提供了法律依据。

二 主要政党

（一）人民民主党（Народно－Демократическая Партия）

人民民主党，原名人民党，1994 年 12 月 10 日成立，1997 年 6 月更名为人民民主党。该党起初是议会型政党，赞成塔吉克斯坦宪法，支持现总统。该党纲领是团结全国各族人民，建设民主、法治、世俗的国家，消除社会生活各个领域中的极端主义。主张根据本国特点逐步向市场经济过渡，对外主张维护国家独立及领土完整，同世界各国，尤其是独联体国家及其他邻国发展平等、互利的合作关系。该党原主席为阿·多斯季耶夫。1998 年 4 月拉赫蒙总统当选为该党主席（实际上，拉赫蒙总统此前任成立于 1997 年 7 月 18 日的塔吉克斯坦民族统一与复兴运动的主席，其宗旨是塔吉克斯坦的统一、复兴和繁荣）。塔吉克斯坦议长、副议长、总理、副总理及几乎所有政要均加入了该党。随后塔吉克斯坦内阁大部分成员及地方政府领导人也纷纷加入人民民主党，使其成为执政党。人民民主党的纲领是团结社会健康力量积极参与国家管理，发展以多种所有制为基础的国民经济，改善人民生活，保障公民权利和自由，建设主权、民主、法治、世俗和统一的国家。其优先任务为巩固民族和解，发展民主社会，进行深刻的政治、经济、社会改革，致力于法制和政治文化建设，重视民族精神发展，坚决打击犯罪、恐怖主义和非法贩运毒品，反对政治、文化、地域、民族、种族、地区和宗教等任何形式的极端主义，建立友好、平等和互利关系，维护国家利益，与世界各国和国际组织发展经济、政治、文化合作。现有党员约 13 万人，在全国各大城市、区均建有分支机构。2010 年以来，塔吉克斯坦议会下院共设 63 个席位，2010 年人民民主党占 55 个席位，2015 年占 51 个席位。

（二）共产党（Коммунистическая Партия）

塔共产党于 1924 年成立，在苏联时期是唯一的执政党。实行多党制后，该党于 1991 年 5 月 17 日正式登记。1991 年苏联"八一九"事件后停止活动，同年 9 月 21 日更名为社会党。1992 年 1 月 19 日，塔共举行非例行代表大会，取消了关于党改名为社会党的决定，重新恢复共产党名称。目前是塔吉克斯坦具有广泛影响的一个大党。1996 年 6 月召开第 23 次代表大会，制定新党章，其目标是在自愿基础上团结以自由平等的社会主义和共产主义为目标的社会各阶层代表，创造性地运用马克思列宁主义等社会进步思想成果捍卫广大劳动人民利益。进行旨在巩固国有、集体所有和私有等所有制形式的改革，建立面向社会的市场经济，优先发展能源、交通和高新技术，提高就业率，缩小贫富差距，改善人民生活，保障人的权利、自由和全面发展。尊重社会公平和多样性，保证劳动者平等享有劳动权利和免费教育、免费医疗等社会福利，消灭人剥削人的现象。维护国家主权和独立，积极与国际社会发展互利合作。现有党员 5.55 万余名，在议会下院一直保持占有 2 个议席。塔现政府、议会部分领导人为塔共党员。在州、区、市等地方政府中塔共仍有较大影响。1998 年 5 月，拉赫蒙总统颁布命令，没收塔共财产，由国有资产管理委员会负责清理接收。在 1999 年的总统大选中，塔共全力支持拉赫蒙总统。

塔共现任主席为绍·沙勃多洛夫（Ш. Шабдолов）。

（三）伊斯兰复兴党（Исламская Партия Возрождения）

伊斯兰复兴党是宗教性质的政党，成立于 1990 年 6 月。1990 年初，塔最高苏维埃通过决定禁止该党在塔吉克斯坦境内活动，当时只能处于半地下状态。1991 年 9 月 9 日在塔司法部正式登记。其基本宗旨是建立政教合一的伊斯兰国家，同时主张遵守含有规定国体为世俗制的现行国家宪法。该党确定的主要目标为：维护国家政治、经济、文化的独立性和领土统一与完整，实现持久和平、民族和解及塔各兄弟民族和睦共处，致力于发展伊斯兰民族和全人类的最高价值观，在此基础上复兴塔人民的文化宗教价值观，促进社会民主发展，坚决反对国家干部政策中的"任人唯亲"。该党主要社会基础在农村。塔内战爆发后成为武装联合反对派的核心，于 1993 年 6 月被取缔。其部分领导人逃亡国外，在阿富汗北部成立了流亡政府，总部设在阿富汗境内的塔卢坎。该党得到境外一些势力的支持，形成一支有实力的反政府军。宗教激进主义势力在塔吉克斯坦活跃与该党有很大关系。该党主席为希马特佐达。伊斯兰复兴运动于 1993 年 3 月以伊斯兰复兴党为基础在阿富汗成立，其职责是协调各种反对当时政府的派别和力量。该运动拥有约 6000 人的武装，是与当时政府对抗的主要力量。塔吉克斯坦反政府派别和力量（伊斯兰复兴党和伊斯兰复兴运动）被统称为塔吉克斯坦联合武装反对派。主席为阿·努里，副主席为图拉宗佐达。反对派首领努里和拉赫蒙总统于 1997 年 6 月 27 日签署了《关于在塔吉克斯坦建立和平和民族和睦总协定》。1997 年 9 月 7 日，努里回到杜尚别。该党领导人将以和平方式进入塔政权机构。1999 年 8 月在反对派首领努里宣布放弃武装斗争后，该党活动被解禁。同年 9 月在该党第二次代表大会上，努里当选为主席。原主席希马特佐达（曾任民族和解委员会法律分委会主席）为副主席。2006 年 8 月努里因病去世，原第一副主席穆·卡比里（М. Кабири）当选为该党主席。现有约 4 万名党员，在本届议会下院中占有 2 个席位。

2015 年 9 月 17 日，塔吉克斯坦最高检察院称，近期塔逮捕的多名伊斯兰复兴党成员均涉嫌参与叛乱。近年来，叛乱副部长在伊斯兰复兴党党首卡比里的指挥下秘密组建了 20 多个小型犯罪团伙。在清剿叛军时，政府共缴获了 600 多件武器、1.13 万颗子弹，击毙 25 人，逮捕了 125 人。有 14 名政府军和警察在冲突中死亡。9 月 29 日，塔最高法院通过决定，认定伊斯兰复兴党为恐怖组织，禁止伊斯兰复兴党活动。伊斯兰复兴党转向地下活动。

（四）社会主义党（Социалистическая Партия）

成立于 1996 年 6 月，约有 6000 名党员。该党主张社会平等，保障人权，特别是中下层劳动者的权益，反对人剥削人；促进建立法治国家，加强民主建设，改善国民经济，努力摆脱经济危机，提高人民生活水平；改革人事政策，维护社会公正，打击贪污腐败；尊重塔各民族历史、文化传统，提倡民族团结和共同发展。1999 年 3 月原主席萨·肯贾耶夫遇刺身亡后，舍·肯贾耶夫（Ш. Кенджаев）任代主席。2004 年 8 月，该党分裂为"纳尔季耶夫派"和"加法罗夫派"。亲当局的"加法罗夫派"在司法部获准注册，主席为阿·加法罗夫（А. Гаффаров）。以米·纳尔季耶夫（М. Нарзиев）为代表的"纳尔季耶夫派"迄今未能取得合法地位。2006 年 11 月党主席加法罗夫被推举为候选人参加总统选举。目前有 1.7 万余名党员，在粟特州和哈特隆州设有分支机构。

（五）社会民主党（Социал – Лемократическая Партия）

成立于 1998 年 3 月。党训是"理智、公正、发展"，主张促进社会公平，依法治国，建立强有力的民主法治国家，实行多党制，通过与现政权的建设性合作保障稳定，发展社会民主和进行政治法制改革，尊重和保障人权及自由，强调保障国家管理和干部选拔制度透明度，推行以社会为导向的市场经济，认为宗教机构不宜参政，反对宗教激进主义。主张加强国家和国防安全，为塔民主发展创造良好的国际环境。主席为拉·佐伊罗夫（Р. Зоиров）。目前有 5000 余名党员。

（六）民主党（Демократическая Партия）

成立于 1990 年 8 月 10 日。其宗旨为不分种族、民族、语言和宗教，建立塔吉克斯坦民主社会，保障公民自由及其政治经济权利。其根本任务是通过该党在国家机构中的代表积极参与国家管理，实现国家政治、经济、军事、文化完全独立，促进塔国家统一及民族和解，支持建立多种所有制并存的市场经济。塔吉克斯坦独立初期该党有成员 1.6 万余人（在塔吉克斯坦境内约 1 万人，其余成员分散在独联体各国、阿富汗和伊朗等国家）。1992 年该党同伊斯兰复兴党共同反对政府，该党同伊斯兰复兴党结盟参与了反对当时的纳比耶夫总统的多次示威活动，并起了主要作用，一度进入联合政府。内战开始后被宣布为非法，主要领导人逃亡国外，成为塔现政权的反对派。1994 年 9 月，民主党内部发生分裂：一部分支持政府的人在德黑兰组成新的民主党，于 1995 年 7 月在塔司法部重新登记成为合法政党，被称为"德黑兰派"民主党，主席为阿·阿弗扎利（А. Афзали）；另一部分民主党人在民族和解进程中，也取得合法地位，被称为"阿拉木图派"民主党，该党主席为伊斯坎达罗夫（М. Искандаров）。1999 年塔司法部解除对该党活动的禁令。该党曾参加2005 年 2 月举行的塔议会下院选举但未入围。主席伊斯坎达罗夫在 2005年 10 月被塔最高法院以从事恐怖活动等罪行判处 23 年监禁。副主席拉·瓦利耶夫（Р. Валиев）曾为实际负责人。2006 年 4 月民主党内部成立以索比罗夫（М. Собиров）为首、亲现政权的"祖国"党团，在总统选举期间得到司法部批准，重新登记并承认索为该党合法主席。两派党内权力之争仍在继续，现有成员 6000 余人，现任主席为伊斯莫诺夫（С. Исмонов）。

（七）正义党（Партия Справедливости）

1996 年 3 月在塔吉克斯坦司法部登记。总部设在粟特州（原列宁纳巴德州）卡尼巴达姆市。该党主张团结各族人民，发展经济，提高人民生活水平。该党人数不多，在粟特州、哈特隆州和国家直辖区、市设有分支机构。主席为阿·卡里莫夫（А. Каримов）。

（八）经济改革党（Партия Экономических Реформ）

2005 年 9 月在杜尚别成立，当年 10 月 28 日在塔司法部登记为合法政党。该党主张提高工业在国民经济中的地位，有效利用矿产和能源资源，大力发展中小企业和私营企业，增强塔产品竞争力，实现经济增长，解决地区发展不平衡问题，保障国民享受应有的生活和自由发展。大幅提高干部素质和政府工作效率，反对土地私有化，倡议由国家统筹合理分配使用土地资源。该党现有党员约 2 万人，主要由高等院校教师、经济专家和学者及中小企业家组成。主席为奥·博博耶夫（О. Бобоев）。

（九）农业党（Аграрная Патрия）

2005 年 10 月 1 日在杜尚别成立，同年 11 月 15 日在塔司法部登记为合法政党。该党纲领是建立公民社会，保障社会公正和人权自由，反对地方主义和分裂主义，维护民族团结。主张建立面向社会的市场经济，强调加强国家经济独立性和粮食自给，认为农业应作为国民经济优先领域得到国家全面支持，提高农产品产量和质量，扶持从事农产品加工的中小企业发展，改善农民生活条件。呼吁完善国家土地政策，合理使用土地资源，实现农业可持续发展。目前有党员 3 万人，主要由政府农业部门官员、农业专家和研究人员、农民代表组成，主席为阿·卡拉库洛夫（А. Каракулов）。

三 联合武装反对派首领

赛义德·阿卜杜拉·努里（Саид Абдулло Нури） 原联合武装反对派领导人。1947 年 3 月 5 日生于塔吉克斯坦共青团巴德斯克区桑戈尔村，塔吉克族。从 1992 年 1 月起担任塔吉克斯坦伊斯兰宗教管理局官方报《伊斯兰论坛》主编。是 1991～1992 年反政府集会的积极参与者和指挥者。1992 年伊斯兰复兴党被镇压后，于 1992 年底流亡阿富汗。1993 年 3 月，在阿富汗北部的塔卢坎成立了流亡政府，任领导人。与此同时，他也是伊斯兰复兴运动的首领。此后，统称为联合武装反对派的领导人。1997 年 2 月 15 日，任民族和解委员会主席。同年 6 月 27 日，拉赫蒙总统和努里在莫斯科签署了《关于在塔吉克斯坦建立和平和民族和睦总协定》。1997 年 9 月 11 日，努里从阿富汗返回杜尚别。2006 年 8 月努里因病去世。

第四章

经　济

　　沙俄统治时期，塔吉克斯坦经济极其落后，几乎谈不上有什么工业，农业发展水平很低。苏联时期，塔吉克斯坦共和国在苏联联盟中央的统一领导下实行计划经济体制，生产资料所有制形式为国有制和集体所有制两种公有制形式。这个时期，塔吉克斯坦共和国经济获得较大发展。但由于长期受"劳动分工"的束缚，经济发展畸形，该国主要发展电力工业和采矿业，农业主要发展棉花种植业。其特点是，经济结构单一并且严重失衡，对外依赖性强，粮食和日用消费品不能自给。总的来说，在经济基础与经济实力方面，塔吉克斯坦仍然是最薄弱的加盟共和国之一，同时也是最贫穷、都市化程度最低的加盟共和国之一。独立后，由于内战，经济遭到严重破坏，经济损失总计超过 100 亿美元。由于经济形势持续恶化，社会发展不稳等，塔吉克斯坦经济发展步履维艰。1995年塔吉克斯坦确立了以市场经济为导向的国家经济政策，并推行私有化改革，由计划经济转向市场经济，所有制形式开始多元化，逐步发展私人经济。1997 年停战后，塔吉克斯坦步入和平之路。自 2000 年起，塔国民经济开始走出低谷，呈现恢复性增长。直到 2010 年，塔经济基本上保持着平稳的发展态势。连续多年的通货紧缩局面得到改善，人均收入开始有所增加，各项经济指标均有所回升。内战爆发后，塔有上百万居民沦为难民，并且有一部分人开始在乌兹别克斯坦、阿富汗等国打工，之后在哈萨克斯坦、俄罗斯等国打工。从 2006 年起，塔出现大批劳动移民，主要在俄罗斯打工。国民经济发展日益依赖于在俄罗斯打工的劳动移民往国内汇款，并且由其汇款支撑国内的进口、内需和消费。2008 年，

塔经济形势再次经历严峻考验。2008 年初，塔遭遇罕见雪灾，雪灾给塔造成至少 10 亿美元的经济损失。能源问题再次成为塔经济发展的瓶颈之一。2008 年全球经济危机对塔经济造成一定的冲击和影响，外国投资增幅明显下降。2011 年塔农业获得丰收，经济保持增长态势。2012 年和 2013 年经济发展稳中有升。2015 年 7 月以来，塔遭受泥石流灾害，致使塔财产损失很大。尽管如此，塔宏观经济仍有一定增长。近些年，受俄罗斯和哈萨克斯坦经济下滑，以及塔出口商品国际市场价格疲软、劳动移民侨汇收入大幅减少等因素的影响，塔经济形势总体严峻，因此，塔全面恢复和发展经济任重而道远。

第一节 概述

一 经济发展历程

（一）塔吉克斯坦独立前经济发展简况

沙俄统治时期，塔吉克斯坦的经济极其落后，几乎没有什么像样的工业，只有几家小型棉花加工厂、手工业纺织品加工厂，几处小油田和小型煤矿。当时经济以农牧业为主。1913 年，塔吉克斯坦原油产量仅为 9300 吨，煤产量 2 万吨，发电量 10 万千瓦时。农业方面，谷物播种面积约 44 万公顷，产量 20.2 万吨；小麦播种面积约 33 万公顷，产量 13 万吨；棉花播种面积 3 万公顷，籽棉产量 3 万吨。畜牧业方面，1916 年，有牛 73.9 万头、奶牛 26.9 万头、羊 193 万只。

在苏联时期，塔吉克斯坦的经济获得了较大发展，特别是 20 世纪 60 年代以来，工农业发展明显加快。因为原来的基数较低，所以增长倍数均高于全苏其他共和国。20 世纪 60~80 年代建成了 8 座大型水电站和一系列小型水电站，还有热电站等。电力工业成为工业的支柱产业。同时，有色金属工业、机器制造业、化学工业都得到较快发展。但从以下指标看，如按人均计算的国民收入、工农业产值、基本建设投资、住房保障程度、医疗保健设施、居民收入以及居民食品消费水平等，塔吉克斯坦经济发展

水平在苏联各加盟共和国中仍然是最低的。1990 年，固定资产仅为 200
亿卢布，其中生产性固定资产为 130 亿卢布，占全苏生产性固定资产总额
的 0.7%。在苏联国民生产总值中塔吉克斯坦占 0.9%，工业产值占
0.4%，农业产值占 1%，人均国内生产总值仅为苏联平均水平的一半，
人均消费水平只是全苏消费水平的 48%，人均国民财富仅为其 40%。

（二）塔独立后最初 10 年，国民经济濒临崩溃

塔吉克斯坦独立后，与苏联其他共和国长期形成的经济联系中断，给
经济带来许多料想不到的困难和问题。由于政局不稳，再加上持续多年
的内战和动乱，国民经济濒临崩溃，经济陷入全面危机之中。工业、农
业生产严重衰退，生产连年大幅度下降，经济形势持续恶化。能源、粮
食短缺，物价暴涨，失业率逐年上升。内战给经济带来了灾难性的后
果。专家认为，独立之初许多重要产品的生产能力倒退了 40 ~ 50 年。
为保证国家稳定，满足人民生存需要，国家只能依靠进口才能勉强渡过
难关。长期以来，诸如塔经济结构单一并且严重失衡、通货膨胀居高不
下、人口增长速度过快、贫困等问题长期制约其经济发展。

（三）经济全面危机

塔吉克斯坦独立后，特别是最初几年，经济陷入严重的全面危机之
中。国民经济主要综合指标连年急剧下跌（见表 4 - 1、表 4 - 2）。

表 4 - 1 1991 ~ 1999 年塔吉克斯坦主要社会经济指标（与上年度相比）

单位：%

年份	1991	1992	1993	1994	1995	1996	1997	1998	1999
国内生产总值	—	67.7	83.7	78.7	87.6	83.3	101.7	105.3	103.7
工业生产总值	96.4	75.7	92.2	74.6	86.4	76.1	98.0	108.1	105.0
农业生产总值	96	73	91	90	79	82	104.0	106.5	104.0
基本建设投资	85	58	100.1	57	75	—	—	—	—
商品零售总额	78.8	25.9	78.3	71.2	20.1	—	138	108.2	104.0

资料来源：《1998 年独联体国民经济统计手册》，莫斯科，1999 年俄文版，第 8、262、274
页；《1999 年独联体国民经济统计手册》，莫斯科，2000 年俄文版，第 15、276、277 页；《2000
年塔吉克斯坦年鉴》，杜尚别，2000 年俄文版，第 115 页。

（四）社会生产持续大幅度下降

独立以来，国民经济各部门深陷危机之中，工业、农业生产严重衰退。由于传统经济联系遭到破坏，特别是关税的提高、相互之间贸易的限制，以及运输费用的提高，工业生产暴跌。1992 年与 1991 年相比，工业生产下降 24.3%，在 77 种主要工业产品中有 66 种产品产量下降。其中，下降幅度较大的有：食品工业下降 55%、煤下降 40%、日用消费品下降 35%。此后诸年都出现了大幅下降态势。截至 1996 年底，仍有许多企业虽然未停产，但亏损严重，特别是实行私有化和非国有化的企业情况更差。在 80 种主要工业产品中只有 19 种产量有所增加或与 1995 年持平，43 种产品减产，18 种停产。从 1990 年到 1998 年工业产值减少了 65.4%，相当于 1990 年水平的 34.6%。1997 年工业生产下跌 2%，1996 年下跌 23.9%。农业生产形势更为严峻，1996 年以前农业产值一直在下降，1997 年增长 4%，1998 年增长 6.5%，1999 年增长 4%。同时这一增长的 60% 是靠非国有部门取得的。1997 年全国经济形势略有好转，但由于原材料及能源不足，财政极度困难，赤字严重，资金短缺，企业间三角债严重，通货膨胀居高不下。与 1996 年相比，国内生产总值 1997 年增长 1.7%，1998 年增长 5.3%，1999 年增长 3.7%。工业产值 1998 年增长 8.1%，1999 年增长 5%。但 1999 年的工业产值只相当于 1991 年的 38%，农业产值只相当于 1991 年的 65%。

（五）独立后第二个 10 年，即从 2000 年到 2009 年经济处于恢复性增长期

自 2000 年起，经济开始呈现恢复性增长。2001 年 8 月 17 日，塔吉克斯坦总理阿·阿基洛夫在塔独立 10 周年国家经济研讨会上说："最近 4 年，塔吉克斯坦国内生产总值增长了 20%，其中工业生产增长了 23%，农产品增长了 12.5%。"2002 年以来，经济发展取得了一定成绩，但仍面临着许多亟须解决的复杂问题。2003 年，塔政府制定国家工业发展政策，有效利用国家资源优势，加大生产技术革新力度，逐步提高产品加工水平和产品竞争力。2005 年新一届议会选举之后，通货膨胀率略有下降，预算赤字减少，人民生活逐步好转。但原材料和能源供应不足、资金缺口大、企业间三角债严重等因素，仍制约着塔经济的发展。

表4-2 1991~1999年塔吉克斯坦主要社会经济指标（绝对值）

年份	1991	1992	1993	1994	1995	1996	1997	1998	1999
国内生产总值（亿塔吉克斯坦卢布）	—	—	—	—	698	3085	5184	10252	13450
（亿卢布）	134	645	7071	17865	—	—	—	—	—
工业生产总值（亿塔吉克斯坦卢布）	—	—	—	—	892	2620	3984	5637	8595
（亿卢布）	123	929	7820	20020	—	—	—	—	—
农业生产总值（亿卢布）	21.1	—	—	—	—	—	2423	—	—
基本建设投资（亿塔吉克斯坦卢布）	—	—	—	—	65	266	675	683	1029
（亿卢布）	22	119	1715	4159	2773	—	—	—	—
财政收入与支出									
收入（亿塔吉克斯坦卢布）	—	—	—	—	99	599	675	683	1029
（亿卢布）	60	432	4074	12721	—	—	—	—	—
支出（亿塔吉克斯坦卢布）	—	—	—	—	94	575	1051	1305	1615
（亿卢布）	50	374	3360	9362	—	—	—	—	—
盈余（亿塔吉克斯坦卢布）	—	—	—	—	364	5	24	39	-277
（亿卢布）	10	58	3	710	—	—	—	—	—
商品零售总额（亿塔吉克斯坦卢布）	—	—	—	—	276	1037	1947	4359	5665
（亿卢布）	640	188	2386	5677	11941	—	—	—	—

续表

年份	1991	1992	1993	1994	1995	1996	1997	1998	1999
职工月平均工资（塔吉克斯坦卢布）	—	—	—	—	276	1037	1947	4359	5665
（亿卢布）	640	188	2386	5677	11941	—	—	—	—
失业人数（万人）	—	—	0.7	2.2	3.7	4.57	5.11	5.41	5.0
外国投资额				截至1999年初外国投资额累计:27459.26万美元					
对外贸易总额（亿美元）	7.35	3.53	8.82	10.39	15.59	14.38	14.96	13.73	12.09
出口总额	2.78	1.92	3.50	4.92	7.49	7.70	7.46	6.02	6.10
进口总额	4.57	1.61	5.32	5.47	8.10	6.68	7.50	7.71	5.98
汇率（塔吉克斯坦卢布与美元年均兑换率）	—	—	—	—	293.5:1	328:1	747:1	985:1	1436:1

资料来源：《1998年独联体国民经济统计手册》，莫斯科，1999年俄文版，第262、263、265、266、269页；《1999年独联体国民经济统计手册》，莫斯科，2000年俄文版，第32、38、43、263、265、267页；《2000年塔吉克斯坦年鉴》，杜尚别，2000年俄文版，第128页。

96

2008 年，塔经济形势面临严峻考验。1～2 月，塔遭遇罕见雪灾，为保障居民用电，全国 150 多家工业企业全部停产，工业损失惨重，本次雪灾给塔造成至少 10 亿美元经济损失，能源问题再次成为塔经济发展的瓶颈之一。为了缓解能源紧张，政府采取了一系列紧急措施，包括实行电力消费限额制、上调并统一能源供应价格、提倡能源节约、增加外国能源供应、增加能源领域投资等。之后受全球金融危机的影响，塔工业产量和对外贸易均有不同程度下降。受全球金融危机以及塔提高工业电价等措施影响，2008 年塔外国投资增幅下降。塔在国外务工的劳动力收入是塔经济增长的重要组成部分，据世界银行的报告，塔通过银行正常汇入国内的款项已经占到国内生产总值的 36%。受历史传统及国内经济条件等因素影响，塔有大批劳动移民在俄罗斯工作，俄罗斯成为塔劳动移民的主要国家。2008 年下半年俄罗斯金融危机导致俄国内为劳动移民提供的就业岗位严重下降，塔在俄打工者大量返回国内。数据显示，仅粟特州 9 月到 11 月的三个月中就有超过数万名的在俄打工者返回该州。据塔工业银行资料，塔在外国打工者通过该银行汇回库利亚布的汇款比同期减少了一半。2009 年 1 月，塔劳动移民汇款继续下降 22%。2000～2009 年塔主要社会经济指标指数见表 4-3。

表 4-3　2000～2009 年塔吉克斯坦主要社会
经济指标（与上年度相比，按可比价格）

单位：%

年份	2001	2005	2008	2009	2010
国内生产总值	109.6	106.7	107.9	103.9	106.5
工业生产总值	115.0	107.0	96.5	93.5	109.2
农业生产总值	106.6	101.6	106.1	110.8	106.8
固定资产投资	—	111.5	—	—	112.6
商品零售总额	101	110	110	113	108

资料来源：《2012 年独联体国民经济统计年鉴》，莫斯科，2013 年俄文版，第 25、27、33、42 页；《2013 年独联体国民经济统计年鉴》，莫斯科，2014 年俄文版，第 304 页。

（六）近些年来，塔经济增长较稳定，经济保持增长态势，但从**2015 年开始经济增长呈下滑趋势**

2011 年农业获得丰收，经济保持增长态势。GDP 约为 65.23 亿美元，同比增长 6.7%，农业生产总值为 149.32 亿索莫尼，年通货膨胀率为 9.3%，对外贸易总额为 44.63 亿美元，国家预算赤字/盈余占 GDP 的 2.7%，消费价格指数，与同期相比为 106.1%，粮食产品消费价格指数为 107.5%，服务价格指数为 104.3%，正式注册失业率为 2.4%，失业人数为 5.4 万，贸易差额为 −33.613 亿美元，粮食进口份额占 20.5%，粮食出口份额占 4.4%。

2012 年国内生产总值约为 75.93 亿美元，GDP 同比增长 7.5%，农业生产仍保持增长态势，其生产总值为 164.78 亿索莫尼，对外贸易总额为 46.42 亿美元，截至 2012 年累计吸引外资 22.93 亿美元。

据 2014 年 2 月 7 日塔吉克斯坦国家统计署公报数据，2013 年国民经济各个领域都出现增长，国内生产总值超过 405 亿索莫尼，同比增长 7.4%。工业同比增长 7.3%，建筑业同比增长 17.3%。2013 年前三季度，农业增长 9.3%，外贸增长 4.2%，固定资产投资增长 16.5%，零售贸易增长 17.2%，消费价格指数为 5.6%，月平均工资为 133.8 美元。2013 年上半年外债余额为 21.33 亿美元，占 GDP 的 25.3%。最主要的贷款国家和机构为中国、欧盟、世界银行、亚洲开发银行等。2013 年塔吉克斯坦 GDP 结构构成为：农业占 21.1%、服务业占 15.7%、交通占 13.9%、工业和能源占 13.0%、税收占 12.0%、建筑业占 10.2%。

2013 年塔国外劳工汇回的工资收入为 42 亿美元，是独联体国家中劳动移民汇款占第二位的国家。2012 年为 38 亿美元，约占塔 GDP 的 50%。塔从国外汇回的工资收入已经占 2013 年 GDP 的 49.6%，为世界上最高。据 2014 年 4 月 7 日俄罗斯中央银行统计公报，2013 年塔自俄罗斯劳动移民汇款额为 41.54 亿美元，比上年增加 5.20 亿美元，同比增长 14.3%，占塔 GDP 的 48.8%。

截至 2014 年 1 月 1 日，塔外债总额为 21615 亿美元，占国内生产总值的 25.4% 。自 2013 年 1 月 1 日起，塔新税法颁布实施，2013 年塔税收收入为 58.1 亿索莫尼，约合 12 亿美元，同比增长 1% 。

2014 年 4 月 22 日，塔吉克斯坦总统拉赫蒙在塔议会上宣读了 2013 年度的国情咨文。

《2015 年国家发展战略》和《2013～2015 年生活水平改善战略》是塔吉克斯坦社会经济发展主要指导性文件。主要目的是政府计划通过建立和改造企业、提高就业率、吸引国外投资等。

①为未来七年的发展设定了新的目标。计划到 2021 年使国家经济总量翻一翻，人均国内生产总值增加 1.5 倍。

②努力降低贫困率，预计在 2015 年将贫困率降低到 30% 。

③重视发展农业，提高国家粮食安全水平。2013 年农业产值为 35.69 亿美元。农业对 GDP 的贡献率为 21% 。加强农业基础设施建设，努力提高农民生活水平是农业改革的优先目标。

④深化经济改革，提高能源的供应量。

⑤吸引国外投资等。

11 世纪后，塔吉克民族同时受到波斯文化圈、伊朗语族和非伊朗语族的影响。波斯文化圈以及其辐射到的地区包括河中地区、呼罗珊、花剌子模、巴尔赫、库希斯坦、锡斯坦、加兹尼、塔巴里斯坦、马赞德兰、吉兰、阿塞拜疆、波斯的伊拉克和法尔斯。自此，波斯文明正式复兴并具备完整的文明框架，撒马尔罕·布哈拉也成为近现代波斯语（达里波斯语）的发源地，同时也是波斯语文学诗歌的创作中心。

到了 15～16 世纪，波斯语文学的黄金时代褪去，波斯文化圈也缩小了很多，花剌子模、锡斯坦、加兹尼等地区因为城市与灌溉农业遭到战争的严重破坏，波斯人口大量迁出。

16 世纪后，塔吉克斯坦地区陆续加入了布哈拉汗国、叶尔羌汗国和浩罕汗国。直到 19 世纪部分地区并入俄国。

2015 年 GDP 同比增长 6.1% ，国家预算赤字/盈余占 GDP 的 0.8% ，消费价格指数，与同期相比为 105.8% ，粮食产品消费价格指数为

106.8%，服务价格指数为 103.0%，贸易差额为 -25.450 亿美元，粮食进口份额占 23.1%，粮食出口份额占 4.8%。

2016 年上半年 GDP 同比增长 6.6%，国家预算赤字/盈余占 GDP 的 0.9%，消费价格指数，与同期相比为 105.7%，粮食产品消费价格指数为 104.2%，服务价格指数为 104.3%，索莫尼兑美元汇率 7.8692，正式注册失业率 2.4%，失业人数为 5.43 万，月平均工资为 931.30 索莫尼，贸易差额为 -12.034 亿美元，粮食进口份额占 20.6%，粮食出口份额占 3.8%。贸易总额分别由 0.7% 和 0.4% 增长到 1.0% 和 0.6%。但同时国内长期能源短缺和缺乏支柱产业问题日益突出，外债压力大，其经济发展对外依赖甚重，这些因素长期制约经济的发展。2000～2016 年塔吉克斯坦主要经济指标见表 4-4。

二 经济特征与经济布局

塔吉克斯坦经济落后，主要是原材料供应基地。经济结构单一并且严重失衡，长期制约其经济发展。该国的国情是土地面积小，人口多，农业用地很少，这对发展农业很不利。有色金属资源较丰富，但很难开采。水电资源丰富，但难以开发。塔工业基础较好，但偏重重工业，工业系塔吉克斯坦经济的主导部门。电力工业和铝冶炼是塔的优势产业。主要工业部门有采矿业、电力工业、有色冶金工业、化学工业和机器制造业等。其中，电力工业和有色冶金工业是塔吉克斯坦重点投资的工业部门。农业缺乏资金和技术支持，农业生产以经济作物为主，而且农业以植棉业为主。与民众生活息息相关的轻工业极不发达，诸多生活用品长期依赖进口。该国所需的燃料、油料、轻工业产品、日用消费品和部分粮食及食品都依赖进口。服务业作为衡量国家经济现代化的重要指标，却只占国内生产总值的较小部分。

经济布局极不合理。北部费尔干纳盆地是塔吉克斯坦经济的中心地带。主要工业企业都集中在杜尚别市和苦盏市。

表 4－4　2000～2016 年塔吉克斯坦主要社会经济指标（绝对值）

年份	2000	2005	2010	2011	2012	2013	2014	2015	2016 上半年
国内生产总值（亿塔索莫尼）	17.87	72.07	247.07	300.691	362	400.50	456.066	484.016	219.793
工业总产值（亿塔索莫尼）	14	43	82	79	95	100	105	122	—
农业总产值（亿塔索莫尼）	6.932	27.74	93.91	149.32	164.78	168	210	216	—
固定资产投资（亿塔索莫尼）	1.09	6.83	46.69	49.88	43.42	58	75	91	—
财政收入与支出	—	—	—	—	—	—	—	—	—
收入（亿塔索莫尼）	2.52	14.33	70.24	89.38	96.73	115.44	133.53	160.61	—
支出（亿塔索莫尼）	2.618	14.027	67.126	85.620	91.079	114.334	132.343	156.746	—
盈余（亿塔索莫尼）	—	—	—	—	—	—	—	—	—
商品零售总额（亿塔索莫尼）	5.54	22.05	59.98	74.26	—	—	—	—	—
职工月平均工资（塔索莫尼）	16	84	354	442	556	819.59	819.59	879.21	—
失业人数（万人）	4.3	4.4	4.8	5.4	5.5	5.55	5.55	5.66	5.43
外国投资总额（亿美元）	截至 2012 年累计吸引外资 22.93 亿美元								
对外贸易总额（亿美元）	14.59	22.39	38.52	44.63	46.42	—	—	43.255	—
出口总额	7.84	9.09	11.95	12.57	12.4	—	—	8.906	—
进口总额	6.75	13.3	26.57	32.06	34.02	—	—	32.349	—
汇率（塔索莫尼与美元年均兑换率）	2.20:1	3.12:1	4.40:1	4.88:1	4.9349:1	4.9349:1	5.31:1	6.99:1	7.8692:1

资料来源：《2012 年独联体国民经济统计年鉴》，莫斯科，2013 年俄文版，第 25、27、33、42 页；塔吉克斯坦统计委员会资料；《1991～2015 年独联体国民经济统计年鉴》，莫斯科，2016 年俄文版，第 62、110、122、185、252、256、279、281、282 页。

三　经济体制及其改革

（一）改革方向

独立前实行国家所有制、合作社与集体所有制。在经济成分中，国家所有制占绝对优势。独立初期，继续沿用独立前实行的指令性计划经济体制。随后，塔吉克斯坦决定放弃指令性计划经济体制，建立市场经济体制。对国有财产实行非国有化和私有化，建立以非国有企业为主体的、多种经济成分并存的所有制结构。实行价格和对外贸易自由化。

（二）改革进程

塔吉克斯坦经济改革晚于中亚其他国家。该国实行渐进的经济改革方式。塔吉克斯坦自 1991 年独立后开始进行经济改革，其主要目标是向市场经济过渡。但这一进程很快被内战打乱。1992 年 3 月 10 日，塔吉克斯坦颁布《外国投资法》，此后分别于 1996 年、1997 年和 1999 年做过部分修改和补充。该法是规定外国投资者在塔吉克斯坦共和国投资活动的总法律、经济和社会条例，旨在公正地保护任何所有制形式的外国投资项目的权益和财产，保障在市场经济条件下在塔吉克斯坦共和国国民经济中起有效作用。1992 年 5 月内战爆发，一直持续到 1997 年年中，内战使塔经济遭到严重破坏，也阻碍了经济改革的进程。1994 年底举行的最高苏维埃会议及总统的选举，使塔吉克斯坦进入了一个争取实现政治稳定、建立社会调节市场经济体系的重要历史时期，经济改革也随之进入了非常重要的时期。根据 1994 年 12 月 3 日的总统令（第 8 项），塔确定了如下的改革原则，即"加深经济改革和加速市场经济的转变进程的优先原则"。政府还批准了 1995～2000 年经济改革的新方案，该方案的主要目标是要创造一个以社会发展为导向的、高效及具有竞争力的市场经济。

1995 年 11 月议会通过的经济改革纲要规定，改革的第一阶段（1995～1997）是建立灵活有效的国家经济管理体制，完成小企业私有化，并开始对大型企业进行私有化，实行农业领域的市场改革，为吸引外资创造条件。通过上述措施来克服经济危机。第二阶段（1998～1999）是完成经济结构改造，通过工业、财政和金融方面的市场改革，达到经济上的稳定，建立有效的信贷和税收体制，完成大型企业的私有化。第三阶段（2000～2003）是依靠内部积累和对外开放，实施有效的经济和社会发展纲领。

1995年塔开始实施《深化经济改革和加快向市场关系过渡的紧急措施》和《1995～2000年经济改革纲要》，确立了以市场经济为导向的国家经济政策，并推行私有化改制。1996年开始向市场经济过渡和推行私有化，但进展缓慢。1997年年中，国内局势逐渐趋于稳定，经济形势略有好转，但经济危机依然存在。

1995年5月10日发行本国货币后，政府采取一系列新措施，如放开价格和贸易。该项政策使国家财政状况有所改善，也促进了农业生产的积极性。贸易与外汇领域也实现了开放，取消了配额和许可证及出口税的限制，还取消了申请外汇提交报批的要求。私有经济的发展（即国有资产私有化）、土地改革及农场重建也是积极改革的重要组成部分。政府已实施了一系列综合的法律框架及加速公有企业私有化的行动方案。主要表现为大型企业的合并、小型企业的转变及私有农场的增加。

1996年，塔吉克斯坦开始向市场经济过渡，但进展缓慢。这一年，政府和国家又出台了宏观经济方案，这个项目得到了国际货币基金组织的支持和世界银行的首批援助信贷。

这个方案的启动旨在降低通货膨胀及财政赤字，恢复与信贷方的正常关系及抑制产出和收入的下滑，该方案取得了很大成功。通货膨胀率从1995年的高于2000%下降到1996年的40%，汇率比较稳定，财政赤字也有所下降，工资水平有所上涨，世界银行的援助贷款也支持了这个方案的结构性改革。

自1997年签署和平协议后，1998年首次实现了多年以来的经济增长，增长幅度为2%～3%。塔致力于进一步降低通货膨胀，加速私有化进程（深化经济改革及金融的重组），从而为经济的持续增长打下基础。减少贫困、提高人民生活水平，是塔吉克斯坦改革的最重要目标。

塔政府先后制定并公布了《企业法》、《企业注册法》、《银行法》、《外商投资法》、《对外经济活动法》、《企业和组织利润税法》、《关于国有资产非国有化和私有化法》、《共和国国家私有化财产拍卖规则》、《税收法》、《土地法》、《私有化法》以及《关于建立合资企业意见》等法规文件，为经济改革初步奠定了法律基础。

塔吉克斯坦经济体制改革主要包括以下内容。

在价格方面，独立初期，塔吉克斯坦没有本国货币，继续与俄罗斯使用同一货币——卢布。1992 年 1 月，当俄罗斯放开物价时，塔吉克斯坦的经济受到严重冲击。塔吉克斯坦在被迫放开物价时，采取了一定措施，即对居民生活必需品在某种程度上继续保留价格补贴。但价格放开的幅度仍较大，占零售商品种类的 80% ~ 90%。1995 年 4 月 25 日，塔吉克斯坦总理宣布，除棉花、皮革、化肥外，所有的商品和原料都取消许可证和配额，放开价格，价格由市场供求来调节。

在所有制方面，对国有财产实行非国有化和私有化，建立以非国有企业为主体的多种经济成分并存的所有制结构。从独立初期到 1993 年底，完成以下三项工作：通过了《关于国有资产非国有化和私有化法》的法律文件；对私有化进行了组织准备，在政府建立了资产管理委员会及其地方分支机构；在国民经济各个领域开始推行私有化。到 1995 年底，私有化的商业和工业企业仅占总数的 8.7%，私有化的农业企业仅占 7%。截至 1997 年底已实现私有化的企业有 3100 个，其中工业建筑和运输企业为 222 个，农业企业为 100 个，商业和服务行业企业为 2396 个。截至 2001 年 1 月，塔吉克斯坦国有制企业占主体经济的 27.8%，私有制企业占 47.1%，集体所有制企业占 19.3%，混合所有制的企业和组织占 5.8%。

在农业体制方面，打破旧体制，以命令方式把 5 万公顷土地所有权转让给农民，关闭亏损的国营农场和集体农庄，普遍建立起一些农业专业户。吸收、使用一些见效快的农业经营和管理方式。鼓励家畜饲养，丰富市场。到 1997 年底，私人农场达到 8000 个，拨给私人农场使用的土地面积达 13.9 万公顷。

在外贸体制方面，实行外贸自由化，降低进口税率。1998 年，塔吉克斯坦政府将进口税率从 10% 降到 5%。

在工业方面，确定了改革方针和政策，更多地依靠本国潜力发展对外依赖性不大的企业，发展燃料动力综合体、采掘业和原料资源加工业、有色冶金业和化学工业。

在农业方面，重中之重的任务是保证粮食自给。1995 年取消了农产品生产的国家订购制度和国家对农用肥料、燃料和机械的专营。拉赫蒙为此以命令方式拨出 5 万公顷土地转让给农民作为私有土地。

另外，塔还采取多项措施，为引进外资、恢复生产、发展经济创造条件。在农工综合体方面进行改革，推行有利于鼓励农业发展的措施。1998 年塔吉克斯坦开始实施《1998～2000 年塔吉克斯坦经济中期发展纲要》，逐步向市场经济过渡并推行私有化。消除贫困，恢复基础设施，支持私营企业持续发展。2008 年 8 月 7 日，塔吉克斯坦总统签署命令支持发展中小企业。

四 经 济 发 展 战 略

1995 年 11 月，塔吉克斯坦议会通过了经济改革纲要。该纲要确定粮食和能源两个优先发展的领域首先要实现自给。

2000 年塔吉克斯坦以实现宏观经济稳定为方向，改善经济管理体制，稳定金融秩序。2001 年 8 月 17 日，塔总理阿基洛夫在塔独立 10 周年国家经济研讨会上强调指出，塔政府今后经济战略的主要目标是消除贫困、恢复基础设施、支持私营企业持续发展。

2009 年塔政府大力实施"保障能源独立、摆脱交通困境和确保粮食安全"三大发展战略。2017 年 2 月 18 日，塔吉克斯坦制订了五年中期发展计划（2016～2020）。

为了解决失业问题，塔吉克斯坦政府通过了国家《2016～2017 年促进居民就业计划》，计划提供 30 多万个工作岗位。拉赫蒙总统决定，自 2016 年 7 月 1 日起，提高居民工资收入。公务员上涨 15%，教育文化领域人员涨 20%，残疾人等社保金涨 25%，退休金平均增加 20%，学生补助金涨 30%，最低工资标准上调 60%。

目前，塔吉克斯坦正在制定"2030 年国家发展战略"，该战略在肯定原三大发展战略的同时，提高了对经济发展的要求，从寻求能源独立向有效利用电力转变，从摆脱交通困境向交通中转国转变，从保障粮食安全向人民健康生活转变。对 2030 年前国家发展做出规划，计划到 2030 年前将塔 GDP 提高 2.5 倍，指出，政府工作的重点是确保国家经济多样化，而实现国家能源独立是保障国民经济各领域，尤其是工业领域发展的核心。塔吉克斯坦计划在今后将能源产业置于优先发展地位，将国家预算资金向燃料能源工业倾斜。未来，塔吉克斯坦经济发展的重点仍将是发展工业化、提高原材料加工能力、提高本国制造产品产量、提高国家出口潜能、平衡外贸收支、解决社会就业问题等。

第二节　农业

塔吉克斯坦是高山国家，其特点是人多地少。其国土只有不足 7% 的面积是谷地，适于农业生产，但农业（含种植业、畜牧业、林业和渔业）在国民经济中占有十分重要的地位，农业集中了全国 73% 以上的人口和 64.8% 的劳动力资源。

一　概况

农业是塔吉克斯坦的第二大物质生产部门。农业以植棉业和畜牧业为主。曾是苏联的主要棉花产地之一。该国棉花以单产高、纤维细和质量好而闻名。1989 年棉花产量达到 92.25 万吨，居全苏第三位，仅次于乌兹别克斯坦和土库曼斯坦，产量每公顷 3000 公斤，居全苏第一位，以长绒棉为主。但农业生产结构单一，对外依赖性很大。粮食长期不能自给。

塔吉克斯坦独立后，受战乱的影响，农业生产全面严重衰退，深陷危机之中，农业生产连年下降，并且连年以两位数的幅度下降。国内粮食生产不足全国需求的一半，加上连续多年的地震、泥石流、干旱、雪灾等自然灾害，粮食大多依靠进口和国际人道主义援助。主要农产品、牲畜存栏数和畜产品产量均大幅度减少。粮食人均占有量1991 年为 53 公斤，1992 年为 46 公斤，1993 年为 45 公斤，1994 年为43 公斤，1995 年为 42 公斤，1996 年为 92 公斤，1997 年为 91 公斤，1998 年为 89 公斤，远远不能自给。国家每年不得不进口大量粮食。居民所需植物油和白糖也几乎全部靠进口。为解决粮食严重短缺问题，国家扩大粮食播种面积，减少棉花种植面积。1997 年后粮食产量有所增加，但棉花产量下降幅度较大。

内战停止后，农业形势逐渐好转，农业总产值逐年增长。1996～1999 年，粮食的供求矛盾有所缓解。1997 年，农业总产值为 2423.44亿塔吉克斯坦卢布，比上年增长 3.6%。其中种植业产值为 2139.2 亿塔吉克斯坦卢布，畜牧业产值为 284.24 亿塔吉克斯坦卢布。1999 年的农业产值只相当于 1990 年的 65%。2000～2001 年由于遭受严重旱灾，粮食严重短缺。2000 年农业总产值为 7 亿索莫尼，其中种植业产值为5.714 亿索莫尼，畜牧业产值为 1.218 亿索莫尼，分别占农业总产值的82% 和 18%。2001 年农业总产值为 10.45 亿索莫尼。2005 年农业总产值为 28 亿索莫尼，其中种植业产值和畜牧业产值分别为 20.73 亿索莫尼和 7.01 亿索莫尼。2008 年农业总产值为 78 亿索莫尼，种植业产值和畜牧业产值分别为 58.63 亿索莫尼和 19.44 亿索莫尼。2008 年种植业产值和畜牧业产值分别占农业总产值的 75% 和 25%。2009 年农业总产值为 79 亿索莫尼，种植业产值和畜牧业产值分别为 55.78 亿索莫尼和 23.25 亿索莫尼。2010 年为 94 亿索莫尼，种植业产值和畜牧业产值分别为 66.17 亿索莫尼和 27.74 亿索莫尼。2010 年种植业产值和畜牧业产值分别占农业总产值的 70% 和 30%。2011 年农业获得丰收，总产值为 148.53 亿索莫尼，与上年相比，增长 58%，种植业产值和畜牧业产值分别为 108.94 亿索莫尼和 39.58 亿索莫尼，与上年相比，分别增长 64.6% 和 42.7%。近几年来，农业生产一直保持增长的态势。2012年农业总产值为 164.78 亿索莫尼（约合 33.4 亿美元），比上年增长10.4%，其中种植业产值为 118.36 亿索莫尼，同比增长 10.6%，畜牧业产值为 46.41 亿索莫尼，同比增长 9.7%。2013 年农业总产值为 168

亿索莫尼（约合 34 亿美元），2014 年为 210 亿索莫尼（约合 40 亿美元），2015 年为 216 亿索莫尼（约合 31 亿美元）。但农用机械和技术的缺乏已严重制约着塔农业的发展，只有 59% 的农用拖拉机可以使用。影响塔农业发展的资金和技术等问题仍未得到有效解决。

塔吉克斯坦经济改革推行非国有化和私有化后，在农业领域私有化发展迅速。2000 年，农业企业占 34%，私人农庄农场占 66%。2005 年，农业企业和私人农庄农场分别占 15% 和 85%。2008 年和 2009 年，农业企业和私人农庄农场分别占 8% 和 92%。2010 年，农业企业和私人农庄农场分别占 9% 和 91%。

塔农业分为个体经济、集体农庄和公有经济。塔农业私有化改造之后，个体经济已逐渐占据塔农牧业的主要地位。农业企业 1996 年有 4192 家，1997 年有 5110 家，1998 年有 5999 家，1999 年有 6535 家。2001 年注册的个体经济（农庄和农场）数量为 1.23 万家，2006 年为 2.31 万家，2009 年为 3.08 万家，2010 年为 3.8 万家，2011 年为 5.14 万家，2012 年为 5.83 万家。

二　种植业

在农业中，种植业占有重要地位。种植业部门少，农作物结构单一。粮食作物主要有小麦、黑麦、水稻、大麦、燕麦和玉米等。粮食产量由 1960 年的 27.4 万吨增加到 1983 年创纪录的 39.4 万吨。1991 年粮食作物播种面积为 23.2 万公顷，占耕地面积的 28%，粮食产量仅为 30.4 万吨。经济作物播种面积为 31 万公顷，占耕地面积的 31%，其中籽棉产量为 81.4 万吨；蔬菜、瓜类作物为 5.3 万公顷，占 6%，其中蔬菜产量为 62.8 万吨；饲料作物为 22.7 万公顷，占 27%。

农业生产结构单一，生产的粮食与国家的需要相去甚远。国家每年要进口大量粮食，而外汇又紧缺。1995 年制定的经济改革纲要，对农业的改革确定了具体方针和措施，拨出了 5 万公顷土地转让给私人耕作。除建立包括私有制在内的多种所有制形式外，1995 年取消了农产品生产的国家订购制度和国家对农用肥料、燃料和机械的专营。国家对生产结构做了调整，增加了粮食作物播种面积，减少了棉花种植面积。1996 年，粮食作物面积增加到 38.4 万公顷，占耕地面积的 48%；经济作物 24 万公顷，占 30%；蔬菜、瓜类作物 4.3 万公顷，占 5%；饲料作物 12.9 万公顷，占 16%。

　　为增加粮食生产，国家不得不扩大粮食作物播种面积。粮食产量有了明显增加。1991 年粮食产量为 30.4 万吨，1995 年粮食产量只有 24.9 万吨，1999 年粮食产量增加到 47.51 万吨。在国家政策扶持下，粮食产量有了明显提高，2000 年粮食产量为 54.3 万吨，2005 年为 92.6 万吨，2010 年为 124.8 万吨，2011 年为 108.7 万吨，2012 年为 120.7 万吨，2013 年为 136.4 万吨，2014 年为 129 万吨，2015 年为 139.3 万吨。由于粮食仍然不能自给，在这种情况下，国家每年仍需要进口粮食。

　　植棉业是种植业中的主导部门，在塔吉克斯坦农业中占举足轻重的地位。塔以种植优质细纤维棉花为主。棉花作为最主要的经济作物，其产值占农业产值的 60%，也是创汇的主要来源。从 20 世纪 30 年代起，苏联政府推行农业集体化和大力提倡种植棉花，在塔西南部地区的瓦赫什和卡菲尔尼甘两河流域大量种植棉花。1987 年籽棉最高总产量达 87.2 万吨，人均棉花产量 57.8 公斤。塔独立后，棉花产量连年大幅度减少，1991 年籽棉产量为 82.7 万吨，1995 年锐减到 41.2 万吨，1996 年仅为 31.8 万吨，仅相当于历史高产水平 1987 年产量的约 1/3。1999 年减少到 31.66 万吨。2000 年为 33.54 万吨，2005 年棉花获得丰收，籽棉产量为 44.0 万吨，2008 年又减少到 35.3 万吨。由于自然灾害的影响，2010 年籽棉产量为独立后的最低产量 31.1 万吨。2011 年籽棉获得丰收，产量为 41.7 万吨。虽然籽棉产量只是 1991 年产量的一半，但因市场上棉花走俏，价格上涨，成为塔创汇重要来源之一，给塔农业带来一个亮点。2012 年国际市场棉花价格下降，棉花产量也随之减少。

　　此外，塔还种植蔬菜、水果等。

　　1991～2015 年塔吉克斯坦主要农产品产量见表 4 - 5。

表4-5　1991~2015年塔吉克斯坦主要农产品产量

单位：万吨

年份	1991	2000	2005	2010	2011	2012	2013	2014	2015
粮食	30.4	54.3	92.6	124.8	108.7	120.7	136.4	129.3	139.3
籽棉	82.7	33.54	44.0	31.1	41.7	41.7	—	—	—
马铃薯	18.1	30.3	55.5	76.0	86.3	99.1	111.6	85.4	88.7
蔬菜	62.8	35.5	71.9	114.3	124.2	134.2	149.1	154.9	166.8
水果、干果	17.7	16.6	14.6	22.3	26.0	30.9	32.4	33.6	29.9
葡萄	12.1	10.87	9.1	12.4	15.5	15.5	—	—	—

资料来源：《1998年独联体国民经济统计年鉴》，莫斯科，1999年俄文版，第502页；《2001年独联体国民经济统计年鉴》，莫斯科，2002年俄文版，第502页；《1991~2015年独联体国民经济统计年鉴》，莫斯科，2016年俄文版，第166~168页。

据联合国粮食及农业组织数据，塔吉克斯坦小麦的产量2005年为61.8万吨，2006年为64万吨，2007年为66.2万吨，2008年为67.9万吨，2009年为93.8万吨，2010年为85.75万吨，2011年为72.7万吨，2012年为72万吨。

由于缺乏加工、包装及储藏设施，加工后的农产品的出口受到很大限制。

三　畜牧业

畜牧业是塔农业中的重要部门，它不仅为居民提供肉、奶、蛋等必需的食品，而且各类畜产品（包括毛、皮和羽绒等）也是食品工业、轻工业及医疗工业的重要原料。畜牧业以养牛业和养羊业为主，还有养猪业、养马业和养禽业等。养牛业和养羊业是畜牧业的传统部门，主要提供肉、奶、皮等畜产品。塔吉克斯坦独立以来，由于农业生产衰退、饲料严重不足，牲畜存栏头数、主要畜产品产量连年下降，羊、猪、禽类以及肉、奶、蛋下降的幅度都很大。2000年以后形势逐渐好转，牛存栏头数为106.2万（其中奶牛55.2万）、猪存栏头数为60万、山羊和绵羊存栏数为220万、家禽110万。2005年牛存栏头数为137.2万（其中奶牛72

万）、猪存栏头数为 60 万、山羊和绵羊存栏数为 305.4 万、家禽 250 万。
2009 年牛存栏头数为 180 万（其中奶牛 93.3 万）、猪存栏头数为 50 万、
山羊和绵羊存栏数为 414.7 万、家禽 368.3。2010 年牛存栏头数为 189.7 万
（其中奶牛 98.5 万）、猪存栏头数为 50 万、山羊和绵羊存栏数为 439.4 万、家
禽 440.3 万。2011 年牛存栏头数为 201.5 万（其中奶牛 103.7 万）、猪存栏头
数为 70 万、山羊和绵羊存栏数为 461.9 万、家禽 470 万。1991 ~ 2015 年塔吉
克斯坦的牲畜存栏数和畜产品产量见表 4 - 6。

表 4 - 6　1991 ~ 2015 年塔吉克斯坦牲畜存栏数和畜产品产量

年份	1991	2000	2005	2010	2011	2012	2013	2014	2015
牛（万头）	139.1	106.2	137.2	189.7	201.5	204.5	210	210	220
其中奶牛（万头）	58.6	55.2	72.0	98.5	103.7	104.5	110	110	110
猪（百万头）	128.2	0.6	0.6	0.5	0.7	0.5	0.5	0.5	0.5
绵羊、山羊（万只）	335.5	220	305.4	439.4	461.9	473.8	490	500	520
禽类（万只）	660	110	250	440	470	490	500	530	—
肉类（屠宰重万吨）	8.6	1.74	1.98	2.71	2.77	8.1	8.7	9.9	10.9
奶（万吨）	58.7	31.0	53.3	66.1	69.6	77.8	82.8	85.5	88.9
蛋（亿个）	4.55	0.23	0.99	2.32	2.55	2.92	3.44	3.50	3.57
毛（实物重量万吨）	0.44	0.21	0.44	0.58	0.61	—	—	—	—

资料来源：《1998 年独联体国民经济统计年鉴》，莫斯科，1999 年俄文版，第 506 页；《1991 ~ 2015 年独联体国民经济统计年鉴》，莫斯科，2016 年俄文版，第 174 ~ 177、180、183 页。

四　存在的问题

塔吉克斯坦独立后，农业生产基本条件不断地恶化，农业发展存在的
问题很多，短时间难以解决。

（一）粗放经营导致经济效益低

塔吉克斯坦独立后，农业耕作一直是粗放式的，集约化程度很低，
化肥、农药得不到及时供应，农作物和棉花产量都很低。以棉花采收为
例，由于缺少机械设备，绝大部分棉花采收都要靠手工完成，一是费
时，二是效率太低。经过一套复杂的工序，棉农仅能获得棉花产品总值
的 5%，每卖 1 公斤棉花收入仅为 20 塔吉克斯坦卢布，而正常价格每公

斤应为 60～70 塔吉克斯坦卢布。粗放经营导致低效益，不利于刺激棉农的积极性。农业领域改革不见成效，塔吉克斯坦经济就很难有实质性的好转。塔吉克斯坦的国情是农业用地面积少，要改变目前粮食、肉类、食品不能自给的状况，必须发展农业科学技术，尽快完成由粗放经营向集约化经营的转变。

（二）经济结构过于单一，对外依赖性太强

长期以来，塔吉克斯坦经济结构单一，国家财政预算严重依赖棉花出口。为了解决吃饭问题，1995 年开始缩减棉花种植面积，扩大粮食作物种植面积。棉花出口减少，而对其他产品和原料出口失控，减少了外汇收入和销售税收，造成国家预算赤字上升、货币供应量增加和通货膨胀。塔对外的经济依赖性太强，许多商品依靠进口，包括粮食等，但是外汇储备又严重不足。如何调整和优化农业经济结构，发展农业科技和优势产业，提高产量，同时发展农林牧副渔等多种经营，成为摆在政府面前的一道难题。

（三）牲畜品种差，草场利用率低

塔吉克斯坦的牲畜品种差，肉、毛、奶的单位产出量都比较低。因此，提高草场的利用率，改善牲畜品种和饲养技术，发展草食型、节粮型畜牧业，都是重要的环节。大力增加对农业科研的投入，稳定农业科研队伍，是塔政府亟须解决的问题。

（四）农业投入少，生产设备老化

在农业方面，长期以来缺乏资金和技术支持。农业生产设备老化，生产技术落后，农业生产方式（特别是棉花从栽培到采收）仍主要靠手工完成。劳动生产率低、效益低，是阻碍农业生产发展的重要因素。

第三节　工业

一　概况

工业是国民经济的主导部门，在经济结构中占有很大比重。工业以采矿、电力和轻工业为主。1990 年塔吉克斯坦全国工业企业共有 2474 家，工业产值占国内生产总值的一半以上。1991 年全国有 400 多家大型工业企业，包括铝产品、烧碱、漂白粉、液态氯、尿素、变压器、纺织机械、冰箱、管道配件、水泥、炸药和电缆产品等生产企业，有汞锑矿、萤石、铝锌精矿、黄金、白银、锶、稀土元素以及铀采矿企业。独立后，由于原来的经济联系中断，许多工业企业陷入瘫痪，工业部门产值连年全面大幅度下跌。1995 年工业企业减少到 1179 家，1996 年 1308 家（有 70% 以上的工业企业停产或亏损），1997 年 1604 家，1998 年 1632 家，1999 年再次减少到 1317 家。1990 年工业企业生产人员有 22 万人，1999 年已经减少到 9.7 万人。1995 年工业产值大约占国内生产总值的 30%，主要工业产品产量大幅度下降，工业企业严重亏损。1996 年亏损额为 2900 万塔吉克斯坦卢布（按绝对值），1997 年亏损额为 8.15 亿塔吉克斯坦卢布，1998 年工业总产值为 1997 年的 108.1%，但亏损额仍达 10.79 亿塔吉克斯坦卢布，1999 年为 8700 万塔吉克斯坦卢布。

塔吉克斯坦独立以来，与独立之前相比，总的来看，工业生产还相去甚远。如果全部工业部门产值指数以 1990 年为 100% 的话，1991 年全部工业总产值为 1990 年的 96.4%，1992 年为 73%，1995 年为 43.4%，1996 年为 33.0%，1997 年为 32.3%，1998 年为 35.0%，1999 年仅相当于 1990 年的 37%。

2000 年工业总产值为 14 亿索莫尼，工业生产开始明显好转。2001 年工业总产值为 18.8 亿索莫尼。除化工和石化行业（下降 16%）外，其他工业部门产值均比上年有不同程度的增长，食品工业增长速度最快，增长了 51%。2005 年工业总产值为 43 亿索莫尼。2010 年，工业总产值为 82 亿索莫尼。2011 年，工业总产值为 76 亿索莫尼。其中采掘、加工和水电气生产各占 12.8%、67.2% 和 20%。塔基础工业部门食品和纺织业分别占 28.3% 和 18.5%。采掘业增长较快，同比增长 36%。有色冶金业是塔重要产业，受能源供应不足及电价上涨等因素影响较大，出现萎缩，同比下降 15.8%。2012 年塔工业总产值为 97.98 亿索莫尼。其中采掘业占 12.7%、水电气生产占 17.7%、加工

业占 69.6%。采掘业增长较快，同比增长 24%。皮制品加工和制鞋业增长 49.4%。2013 年工业总产值为 100 亿索莫尼，2014 年为 105 亿索莫尼，2015 年为 122 亿索莫尼。

二 电力工业

苏联时期，塔吉克斯坦电力工业获得较快的发展。电力工业以水电为主，已建成了 8 座大型水电站。例如，20 世纪 60 年代在锡尔河上建成的凯拉库姆水电站（装机容量为 12.6 万千瓦）、在瓦赫什河上建成的戈洛夫水电站（装机容量为 21 万千瓦）、中亚地区最大的水电站——努雷克水电站（装机容量为 300 万千瓦）、拜帕津水电站（装机容量为 60 万千瓦）、帕米尔水电站（装机容量为 2 万千瓦）、霍罗格水电站、卡来胡姆水电站、万奇水电站、克苏斯水电站以及正在建设的罗贡水电站（装机容量由最初的 89 万千瓦增加到 360 万千瓦）。这些水电站构成塔吉克斯坦电力的基础。大坝高达 300 多米的努雷克水电站，年发电量为 112 亿千瓦时，在塔吉克斯坦国民经济中占有举足轻重的地位。热电站有杜尚别热电站（装机容量为 22.5 万千瓦）和亚万热电站（装机容量为 18 万千瓦）。此外，还建成了几座小型水电站和几座装机容量在 20 万千瓦以上的火电站。塔吉克斯坦具有生产廉价电力的巨大潜力。20 世纪 90 年代初，塔吉克斯坦总发电量比 50 年代初约增长 100 倍。

独立后，塔吉克斯坦电力工业成为国民经济的支柱产业，是工业中的优势产业。1994 年投入使用生产能力为 7000 千瓦时的电站，1997 年投入使用生产能力为 9000 千瓦时的电站，2006 年投入使用生产能力为 17800 千瓦时的电站，2007 年投入使用生产能力为 312000 千瓦时的电站。

电力成为塔主要传统出口产品。塔水电蕴藏量为 3000 亿千瓦时，因此开发水电的前景十分可观。独立以来，该国发电量下降幅度与其他工业产品产量相比相对较小，多余电力可以向周边国家出口赚取外汇。2003 年 1~3 月共出口电力价值 1110 万美元，主要向邻国乌兹别克斯坦出口。电力产值 1999 年约为 1 亿索莫尼，2000 年为 8976 万索莫尼，2001 年为

9048 万索莫尼。

2012 年塔出口电能 6.667 亿千瓦时，比 2011 年增长了 1.5 倍。2012 年塔完成了瓦尔佐布 1 号水电站的现代化改造工作，努雷克、凯拉库姆和萨尔班水电站的改建工作正在进行，架设了新的输电线，对现有的输电线进行了更新。另外，发电能力为 100 兆瓦的杜尚别 2 号热电站一期工程于 2012 年开始建设。截至 2013 年初塔小型水电站总共有 181 个，总功率超过 15000 千瓦，其中一半都位于国家直辖区（90 个，总功率将近 6000 千瓦），粟特州有 58 个（5300 千瓦），戈尔诺 - 巴达赫尚自治州有 20 个（3200 多千瓦），哈特隆州有 13 个（686.4 千瓦）。这些水电站中目前运行的约有 118 个（10600 千瓦），其余的 63 个（将近 4500 千瓦）尚未运行。其中粟特州运行的水电站有 55 个，国家直辖区有 45 个，戈尔诺 - 巴达赫尚自治州有 12 个，哈特隆州有 6 个。

1990 年发电量为 181 亿千瓦时，1991 年发电量为 176 亿千瓦时（人均占有量 3192 千瓦时），1992～1994 年发电量分别为 168 亿千瓦时、177 亿千瓦时和 170 亿千瓦时，1995～1998 年发电量分别为 148 亿千瓦时、150 亿千瓦时、140 亿千瓦时和 144 亿千瓦时，1999 年为 158 亿千瓦时，2000 年为 142 亿千瓦时，2005 年为 171 亿千瓦时，2010 年为 164 亿千瓦时，2011 年为 162 亿千瓦时，2012 年为 170 亿千瓦时。2013 年发电量为 171 亿千瓦时，2014 年发电量为 165 亿千瓦时，2015 年发电量为 171 亿千瓦时。

三 能源工业

能源工业主要是指开采煤炭、石油和天然气。能源资源主要分布在费尔干纳盆地。塔煤炭有褐煤、岩煤、焦炭和无烟煤等，探明储量共计 46 亿吨。焦炭质量及储量都属中亚之最，品位高达 80%，燃烧值高于 38.07 千焦，煤炭含硫量小，为 0.1%～2%，储量 14 亿吨，是精炼优质金属不可缺少的燃料，主要分布在艾尼区。塔吉克斯坦无烟煤质量等级排名世界第二，储量 515 万吨。煤炭储量不少，但开采规模不大，且产量锐减。独立以来，能源工业部门生产下滑最为严重（见表 4 - 7）。

表 4 - 7　1991～2015 年塔吉克斯坦主要能源产品年产量

年份	1991	2000	2005	2010	2011	2012	2013	2014	2015
发电量(亿千瓦时)	176	142	171	164	162	170	171	165	171
石油(万吨)	10	2	2	3	3	3	3	2	2
天然气(亿立方米)	1	0.4	0.3	0.2	0.2	0.1	0.04	0.03	0.04
煤炭(万吨)	30	2	10	20	20	40	50	90	100

资料来源：《1998 年独联体国民经济统计手册》，莫斯科，1999 年俄文版，第 55～58、60、62、64～65、68 页；《1999 年独联体国民经济统计手册》，莫斯科，2000 年俄文版，第 111～113、117、119～120、123 页；《1991～2015 年独联体国民经济统计年鉴》，莫斯科，2016 年俄文版，第 124、127、131、133 页。

从表 4 - 7 可以明显看出，塔独立后的能源工业生产中，近几年煤炭生产大幅度增加，2013 年煤炭产量增加到 50 万吨，2014 年煤炭产量达到 90 万吨，2015 年增加到 100 万吨。能源工业中石油和天然气生产始终没有扭转产量锐减的局面。长期以来，塔吉克斯坦石油、天然气严重匮乏，只能依赖进口。能源瓶颈严重制约塔的经济发展。

四　采矿业

塔吉克斯坦已探明 400 多种矿产，其中 100 多种有工业开采价值，有 50 种已被开采利用。

主要矿产还包括煤、锑、铋、铜、黄金、锶、铁、铝、锰、汞、钼、镍、银、锡、钨、铅、锌、重晶石、云母、硼、明矾石、铝土矿、霞石、正长石、白云石、萤石、磷灰石、滑石粉、顽辉石、镁橄榄石、石墨、水晶、石盐、磷钙土、石英、白云岩、石灰岩、岩盐、石棉、宝石和装饰石材等。该国的红宝石享誉全球。

铀矿储量居独联体国家首位，占世界铀矿蕴藏量的 14%。

（一）煤矿

在煤炭储量方面，塔吉克斯坦在中亚占有显著的位置。塔煤田主要集中在古生代和侏罗纪沉积层中。已经探明 28 处石煤的产地和分布，以及 1 处褐煤产地，其中 13 处具有开采价值。仅 7 处产地的储量就达 10 亿吨

（最大煤田舒拉勃煤田，储量 1.42 亿吨，还有西部的泛 - 雅戈诺勃地堑的斯卡耶、克什士特 - 扎乌拉斯卡耶、右晋斯卡耶、达什古坦斯卡耶、那扎拉伊罗夫斯卡耶和古拉杰京斯卡耶）。最大的褐煤矿产地是舒拉勃煤田。硬煤矿藏主要分布在中部和东南部，最大的硬煤矿是凡亚格诺布。东部巴达赫尚地区有两处煤炭产地（古拉杰京斯卡耶和拉乌诺乌斯卡耶）。塔吉克斯坦有 9 处泥煤产地，吉萨尔地区的储量就达 50 万吨。

（二）金属矿藏

塔境内共发现 4 个金矿带和 18 个远景产金区。目前，28 处产地，蕴藏量达 429 吨。在吉拉乌、塔罗拉和其他地区开采、加工黄金。主要产地有中部的泽拉夫尚河谷，占储量的 89%。在南部哈特隆州也有黄金产地，如达瓦兹矿床和兰古尔砂矿床。一些金矿石为综合性矿石，含金、铜、铋。在卡拉马扎尔、塔吉克斯坦中部和帕米尔发现银矿床。在东卡拉马扎尔矿床的多金属矿石，铜、铋矿石和钨、金矿石中作为伴生元素的银具有工业意义。稀有金属集中在塔吉克斯坦中部和东南部。铁分布在北部、库拉马山南坡和帕米尔一带。铁矿探明储量为 6000 万吨。钨分布在北部和中部。钨矿石大都含多种金属成分，如铜、钼、锌等。铅、锌主要集中在卡拉马扎尔矿，储量和开采量在塔吉克斯坦最大。在塔吉克斯坦北部发现2000 多处铅锌矿产地，目前有 8 个产地已投产，而且西部、西南部均有产地。铜主要分布在达尔瓦兹山的西南支脉中，塔吉克斯坦北部的多金属矿中也含有铜。铋矿床分布在卡拉马扎尔、塔吉克斯坦中部和帕米尔。锡矿产地位于塔吉克斯坦中部和帕米尔地区，在帕米尔地区发现 70 多处产地。汞、锑矿床主要集中在泽拉夫尚 - 吉萨尔汞锑带中，有 40 多个矿产地，最大的矿床为加夫诺克矿床。帕米尔也发现了汞、锑矿。钼集中在莫戈尔托山脉、塔吉克斯坦中部和帕米尔的矽卡岩矿床中，其中南扬吉坎钼矿床、乔鲁赫 - 达伊罗恩的钼钨矿床具有工业意义。在塔吉克斯坦中部和帕米尔发现了铝土矿。

（三）非金属矿藏

唯一的硼矿石工业矿床在帕米尔。岩盐大多分布在塔西南部和费尔干纳盆地的西部和东帕米尔，探明储量为 40 亿吨，预测储量超过 1000 亿吨。萤石主要集中在塔吉克斯坦的北部和中部，即在卡拉马扎尔和吉萨尔山脉的南坡，在帕米尔和其他许多地区也发现萤石矿床。磷灰石分布在塔中部和北部，储量 1.12 亿吨。石棉集中在塔吉克斯坦的东南部。彩石和宝石集中在帕米尔山和达瓦兹山，主要有斜硅镁石、镁橄榄石、贵尖晶石、红宝石、方柱石和石榴石。此外，还发现有黄玉、红电气石、多电气石和海蓝宝石等矿物。

有色冶金工业在塔国民经济中占有举足轻重的地位，是工业的主导部门。塔有色冶金工业以开采矿产资源为主。已探明的有色金属种类很多。在费尔干纳盆地已发现多种金属矿床，如钨、镍、铜、金、银、铝、铅、锌等有色金属；在中部山区已探明有金、钨、汞、镍等矿藏；在帕米尔地区已探明有金、钨、镍等矿藏。现已开采的主要有金、锑、汞、钨、镍、铝、铀等矿藏。仅泽拉夫尚谷地就有 6 个锑矿矿区，占中亚总储量的 80%。塔的铅、锌储量居中亚地区第二位。有色冶金企业主要有：塔吉克里加尔铝厂（于 1975 年建成投产），年产铝 7 万吨；安佐勃采选联合企业，主要生产梯、汞等产品；塔英黄金开采合资企业（1996 年生产 3 吨黄金）。此外，还有铝锌精矿、白银、锶、稀土元素加工企业和铀选矿企业。

有色冶金工业在国民经济中占有举足轻重的地位。但是，独立后，有色冶金工业部门生产很不景气。其中一个重要原因是，塔没有生产铝所需的原料——铝矾土，每年耗费大量资金从国外进口，原料供应受到一定的限制。

五　轻工业和食品工业

塔吉克斯坦独立前，轻工业和食品工业在工业中占有重要地位，是塔传统优势行业，也是优先发展领域。其产值占该国工业总产值的 2/3，就业人数占工业部门就业人数的一半。该国有着丰富、价格低廉、优质的原材料，如棉花、蚕茧、生皮、烟草、水果、蔬菜等，为发展轻工业、食品工业提供了有利条件。

塔吉克斯坦独立后，轻工业和食品工业严重衰退。当前存在的主要问题是设备陈旧老化、技术落后。因此，塔政府已将进行现代化技术改造、更新现有设备作为首要任务。若能引进外资的话，在果蔬生产和加工、油脂加工、瓶装水生产、葡萄酒酿造等领域，将会有很好的发展前景。

轻工业包括轧棉、缲丝和纺织等。轻工业产品中除棉织品、丝织品外，还生产陶瓷器皿、家用电器及各种日用品等。塔吉克斯坦总共有 17 家轧棉厂，可加工该国所产全部籽棉。有几家大型纺织联合企业，其中包括中亚最大的制毯企业之一的凯拉库姆制毯联合企业，以及塔吉克斯坦与中国合资兴建的"利斯达"地毯联合企业。塔吉克斯坦还有两家大型丝绸生产企业、数十家缝纫生产企业。杜尚别、苦盏、凯拉库姆等是轻纺工业基地。杜尚别纺织联合企业主要生产棉织品，苦盏丝织联合企业利用当地原料蚕茧生产丝织品，凯拉库姆制毯联合企业主要生产地毯和地毯类制品。独立后轻工业生产急剧下降。

食品工业是一个最老的工业部门，包括轧油、酿造、水果蔬菜加工、糖果点心、烟草、香料和烤制面包等行业，其中以水果蔬菜罐头、葡萄加工和酿酒为主。独立后食品工业产值逐年大幅度下降，如果食品工业部门产值指数以 1991 年为 100% 的话，1992 年下降到 63%，1995 年下降到 30%，1997 年和 1998 年分别相当于 1991 年的 21% 和 25%。1999 年食品工业产值为 1.42 亿索莫尼。

1991 年肉类产量（工业加工）为 3.85 万吨，人均肉类产量为 7 公斤，动物油产量为 4700 吨，人均为 0.9 公斤。植物油产量为 7.61 万吨，人均为 13.8 公斤。

2010 年肉类产量为 2.71 万吨，人均肉类产量为 3.7 公斤，动物油产量为 20 吨，人均为 0.003 公斤，植物油产量为 1.41 万吨，人均为 1.9 公斤，奶类产品产量为 0.41 万吨，人均为 0.5 公斤。

2011 年肉类产量为 2.77 万吨，人均肉类产量为 3.6 公斤，动物油产量为 20 吨，人均为 0.002 公斤，植物油产量为 1.51 万吨，人均为 2.0 公斤，奶类产品产量为 0.44 万吨，人均为 0.6 公斤。

2012 年肉类产量为 2.63 万吨，人均肉类产量为 3.3 公斤，动物油产量为 20 吨，人均为 0.002 公斤，植物油产量为 1.95 万吨，人均为 2.5 公斤，奶类产品产量为 0.47 万吨，人均为 0.6 公斤。

2013 年肉类产量为 2.74 万吨，人均肉类产量为 3.4 公斤，动物油产

量为 30 吨，人均为 0.003 公斤，植物油产量为 1.95 万吨，人均为 2.5 公斤，奶类产品产量为 0.47 万吨，人均为 0.6 公斤。

第四节　建筑业

建筑业的兴衰是国家经济状况的重要标志之一。

塔吉克斯坦独立后，由于内战和国民经济深陷危机，建筑业是国民经济各部门中遭受重创最严重的部门。独立最初几年，即 1991～1994 年，建筑业完全陷入瘫痪状态。建筑企业陷入了前所未有的困境。1996 年建筑业共有企业 1538 家，1997 年为 1616 家，1998 年为 1679 家，1999 年为 1741 家。国家对建筑业固定资产投资很少，建民宅主要依靠民企和私人投资。到 2010 年国家对固定资产投资才开始有所增加，近几年投资明显大一些。能源基础设施和交通基础设施有所改善。杜尚别新建项目多一些，有新建的中学、大学，以及一些民宅大楼等。

固定资产投资　2000 年固定资产投资总额为 1.09 亿索莫尼，2005 年固定资产投资总额为 6.83 亿索莫尼，2010 年固定资产投资总额为 46.69 亿索莫尼，2011 年固定资产投资总额为 49.88 亿索莫尼，2012 年固定资产投资总额为 43.42 亿索莫尼，2013 年为 58 亿索莫尼，2014 年为 75 亿索莫尼，2015 年为 91 亿索莫尼。从固定资产投资额指数看，与上年相比，1992 年固定资产投资额指数为 58%，2005 年为 111.5%，2010 年为 112.6%，2011 年为 102.8%，2012 年为 76.7%，2013 年为 114.1%，2014 年为 25.3%，2015 年为 121.2%。

交付使用的住房面积　1995 年交付使用的住房面积为 14.75 万平方米，1996 年为 16.77 万平方米，1997 年为 26.5 万平方米，1998 年为 22.65 万平方米，1999 年为 22.49 万平方米。其中，1995 年国家投资交付使用的住房面积为 6.46 万平方米，1996 年为 2.17 万平方米，1997 年为 1.80 万平方米，1998 年为 0.20 万平方米，1999 年为 1.95 万平方米，2001 年交付使用的住房面积为 30 万平方米，2005 年为 50 万平方米，2008 年和 2009 年均为 80 万平方米，2010 年为 100 万平方米，2011 年为

80 平方米。居民投资交付使用的住房面积 1995～1999 年分别为 7.75 万平方米、14.29 万平方米、24.64 万平方米、22.38 万平方米、20.19 万平方米。集体农庄和跨集体农庄投资交付使用的住房面积 1995 年为 400 平方米，1996 年为 100 平方米，1997 年为 600 平方米。其他组织投资交付使用的住房面积 1995 年为 400 平方米，1996 年为 300 平方米，1998 年为 700 平方米，1999 年为 3500 平方米。1995～1999 年建设住房分别为 2400 套、3400 套、4900 套、4100 套、4500 套。2000 年为 20 万平方米，2005 年为 50 万平方米，2010 年为 100 万平方米，2011 年和 2012 年均为 90 万平方米。2013 年和 2014 年均为 110 万平方米，2015 年为 120 万平方米。

交付使用的学龄前机构可容纳儿童数 2000 年为 0 个，2005 年为 50 个，2010 年为 0 个，2011 年为 200 个，2012 年为 300 个，2013 年为 100 个，2014 年为 1300 个，2015 年为 400 个。

交付使用的普通教育学校可容纳的学生数 2005 年为 14600 个，2010 年为 18700 个，2011 年为 24800 个，2012 年为 17900 个，2013 年为 17300 个，2014 年为 15100 个，2015 年为 10500 个。

交付使用的医院床位数 2000 年为 200 张床位，2005 年为 300 张床位，2010 年为 100 张床位，2011 年和 2012 年均为 200 张床位，2013 年为 500 张床位，2014 年为 200 张床位，2015 年为 100 张床位。

交付使用的门诊部可容纳的患者数 2000 年为 400 人，2005 年为 700 人，2010 年为 200 人，2011 年为 900 人，2012 年为 700 人，2013 年为 2100 人，2014 年和 2015 年均为 700 人。

第五节 交通运输业与邮电通信业

一 交通运输业

塔吉克斯坦是一个典型的内陆国家，境内 1/2 以上的国土面积是海拔 3000 米以上的山地和高原，交通极不便利。由于缺乏资金更换车辆和设备，城市公共交通状况较差。交通运输主要靠公路运输，铁路运输很不发达，航空运输量有限。塔吉克斯坦独立以来，由于遭受战争的破坏，以及国民经济生产下降的影响，运输业资金短缺，各种运输的货运量和客运量连年急剧下降。2005 年起，客运量有明显增长。总的来说，独立以来，交通运输业发展很艰难。2012 年，塔在交通建设方面取得重大成就。10 月 27 日耗资 43201 亿索莫尼的"沙赫里斯坦"隧道竣工，这是塔国内的一大盛事。"沙赫里斯坦"隧道打通了地质情况极为复杂，且被高山阻隔的南北地区。该隧道全长 5253 米，海拔最高处达 3000 米，是中亚目前最长的隧道，对国家社会经济发展具有重大的战略意义。隧道的开通带来许多便利。从杜尚别到苦盏原需 10～15 个小时，而现在只需 3～4 个小时。隧道的开通不仅是政府为民生谋福的一个重大举措，而且也是中塔两国友好合作重大成果的体现。"沙赫里斯坦"隧道是目前中国在海外建设的单体最长隧道。

（一）公路运输

塔吉克斯坦交通以公路为主，占全国运输总量的 87.7%。1991～1993 年公路全长为 1.35 万公里，其中 1.25 万公里为硬面公路。境内公路基本成网。独立后，由于修路、护路工作跟不上，1992 年硬面公路减少到 1.24 万公里。1997 年公路全长为 1.37 万公里。1998 年公路全长减少到 1.36 万公里，硬面公路增加到 1.29 万公里。同年塔政府批准了关于修筑穆尔加布至库利姆的公路方案，它将与卡拉科罗姆公路连接。这条公路竣工后，塔吉克斯坦就可以直接通向印度洋海口。库洛布（曾用名库利亚布）－卡拉伊胡姆－霍罗格－库勒买－喀喇昆仑的这条公路常被喻为生命之路。这条公路对塔吉克斯坦和整个中亚地区经济发展的作用不可估量，因为这条路经喀喇昆仑公路通往中国边境、巴基斯坦、印度及其他亚洲国家，从而开辟了通向大洋洲的出海口，可通向各大港口。除此之外，这条路还是连接亚洲和欧洲路程最短的路。它将极大地促进塔吉克斯坦同世界各国的经济、贸易和文化往来，发展塔的旅游业。2001～2015 年公路总长为 1.3616 万公里。① 2012 年公路总长 1.3747 万公里。

---

① 《1991～2015 独联体国民经济统计年鉴》俄文版，莫斯科，第 206 页。

独立后，除公共汽车数量在 1998 年有较大幅度增加外，各种机动车辆逐年减少。

1992 年底，有载重汽车 1.2 万辆，1995 年减少到 0.97 万辆，2000 年增加到 5.33 万辆，2012 年减少到 3.54 万辆，2013 年为 3.63 万辆，2014 年为 3.69 万辆，2015 年为 3.94 万辆。

1991 年载重汽车的运输货运总量（不含管道运输）为 7980 万吨，1995 年为 2140 万吨，2000 年为 1870 万吨，2005 年为 3090 万吨，2010 年为 5020 万吨，2011 年为 5070 万吨，2012 年为 5200 万吨，2013 年为 5220 万吨，2014 年为 5440 万吨，2015 年为 5640 万吨。

载重汽车的运输总量指数情况，如果 1991 年指数为 100% 的话，1992 年为 41%，1995 年为 12%，2000 年为 11%，2005 年为 16%，2010～2011 年为 27%，2012～2013 年为 28%，2014 年为 29%，2015 年为 30%。

各种运输的客运量（亿人次）1991 年为 4.644 亿人次，1995 年减少到 1.194 亿人次，2000 年增加到 1.386 亿人次，2005 年为 3.768 亿人次，2010 年为 5.116 亿人次，2011 年为 4.844 亿人次，2012 年为 4.760 亿人次，2013 年为 5.151 亿人次，2014 年为 5.374 亿人次，2015 年为 5.546 亿人次。

各种运输的客运量指数，如果 1991 年指数为 100% 的话，1995 年为 26%，2000 年为 25%，2005 年为 63%，2010 年为 85%，2011 年为 81%，2012 年为 79%，2013 年为 86%，2014 年为 89%，2015 年为 92%。

汽车运输的货运量和客运量逐年急剧减少。2000 年货运量为 560 万吨、客运量为 1.071 亿人次，2005 年分别为 1880 万吨、3.573 亿人次，2010 年分别为 3970 万吨、4.987 亿人次，2011 年分别为 4150 万吨、4.713 亿人次。

（二）铁路运输

截至 2014 年，铁路总长 950.7 公里，使用长度为 616.7 公里，其中 114 公里已超期服役。2012 年货运量为 840.96 万吨，同比减少 9.2%，客运量为 56.67 万人次，同比减少 3.9%。1991～1998 年，铁路全长未变，总长 500 公里。1999 年，库尔干秋别至库利亚布（现称库洛布）铁路开始运营。截至 2000 年铁路总长为 918 公里。2015 年初，铁路长为 598 公里。1991 年货运量为 640 万吨、客运量为 110 万人次，1992 年分别为 160 万吨、100 万人次，1993 年分别为 270 万吨、120 万人次，1994 年分别为 150 万吨、60 万人次，1995 年分别为 90 万吨、60 万人次，1996 年分别为 60 万吨、50 万人次，1997 年分别为 60 万吨、60 万人次，1998 年分别为 60 万吨、70 万人次，1999 年分别为 90.3 万吨、64.87 万人次，2000 年分别为 1310 万吨、100 万人次，2005 年分别为 1210 万吨、70 万人次，2010 年分别为 1040 万吨、60 万人次，2011 年分别为 930 万人次。

（三）航空运输

塔吉克斯坦独立初期，首都杜尚别与沙迦（阿联酋）、新德里（印度）、卡拉奇（巴基斯坦）、马什哈德（伊朗）、慕尼黑（德国）等城市有国际航班，还有至莫斯科（俄罗斯）、阿拉木图（哈萨克斯坦）、比什凯克（吉尔吉斯斯坦）、阿什哈巴德（土库曼斯坦）、叶卡捷琳堡、新西伯利亚等城市的航线。已开通杜尚别至乌鲁木齐包机航线。国内有从首都杜尚别至苦盏、霍罗格、库洛布、万奇、彭吉肯特等的航线。由于内战影响，有些航线曾停运。1996 年首都杜尚别与迪拜、卡拉奇、伊斯坦布尔、马什哈德等城市重新开辟了空中航线。1996 年航空货运量为 790 万吨。1997 年，航空货运量为 820 万吨，比上年同期增长 3.8%，客运量为 17.93 万人次，比上年同期增长 3.4%。1999 年航空货运量为 2154 吨，同比下降 47%，客运量为 17.18 万人次，同比下降 27.5%。2000 年航空货运量为 1990 吨，同比下降 77%，客运量为 17.85 万人次，同比增长 3.9%。2001 年航空货运量为 2396 吨，同比增长 20%，客运量为 29.23 万人次，同比增长 63.8%。当时全国有杜尚别和苦盏两个国际机场。1996 年 10 月 18 日，杜尚别机场完成了新的跑道建设，可起降波音 747 型飞机。2012 年塔主要机场有杜尚别机场、苦盏机场、库洛布机场。塔与迪拜（阿联酋）、马什哈德（伊朗）、新德里（印度）、喀布尔（阿富汗)、伊斯坦布尔(土耳其)、法兰克福(德国)、里加(拉脱维亚)、乌鲁木齐(中国)等城市有国际航班,还有至莫斯科、圣彼得堡、阿拉木图、比什凯克、叶卡捷琳堡、新西伯利亚等地区的国际航线。国内有杜尚别至苦盏、霍罗格、库洛布、彭吉肯特等城市的航班等。2005 年航空货运量 370 万吨、客运量为 50 万人次,2010 年分别为 220 万吨、80 万人次,2011 年分别为 260 万吨、80 万人次。2012 年航空货运量为 248.7 万吨,同比下降 4.3%,客运量为 97.58 万人次,同比增长 22%。

二 邮电通信业

在苏联时期,塔吉克斯坦邮电通信事业得到了较大发展,邮电通信设施增多,服务水平有了显著提高。广大农村、山区都有了邮电通信网点。城市拥有载波、电传、自动电话等现代化通信工具。1990 年全国有邮电通信企业及其分支机构 802 个,全国电话机总数为 29 万部,其中住宅电话为 17.5 万部。独立后,邮电通信业和国民经济其他部门一样,呈现严重衰退现象。

通信业十分落后,主要表现在以下几方面。①通信设施严重老化。现有电话网络 23 万条线,采用 20 世纪 70 ~ 80 年代以苏联纵横制交换机为主的模拟交换设备,部分则是更为落后的步进制交换机,农村有些甚至还在使用人工交换机。目前,塔国内电话普及率低,每百人不足 5 部。②技术人员严重缺乏。过去一直依赖于俄罗斯的技术和人才,本国技术人才严重不足,技术水平低且经验不足。③资金、技术缺乏,更新改造缓慢。数字移动通信 GSM 业务刚刚起步,现有两家公司经营此业务,但用户数量十分有限。寻求国际资本,加强国际合作势在必行。塔政府已采取积极措施发展电信业。2000 年,塔吉克斯坦通信部成立了法律工作小组,与德国通信咨询公司合作,完善通信领域法律和法规。新制定的《电信法》规范了运营商的活动,同时将竞争机制和鼓励外国投资以立法形式引入电信业。制订了国家通信网改造规划,与欧行、亚行、世行等国际金融机构以及德国、日本、韩国等国政府及世界著名通信公司广泛接触,洽谈融资和改造事宜。目前已初步拟订了全国

通信网改造规划，共需资金 7000 多万美元。改造内容主要包括杜尚别市电话网改造、国家一般用途电话网电缆系统改造、国家无线电中继线路网改造、建立国家数据交换系统。

1991～2015 年塔吉克斯坦邮电通信业情况见表 4 – 8。

表 4 – 8　1991～2015 年塔吉克斯坦邮电通信业情况

年份	1991	1995	2000	2005	2010	2011	2015
邮电通信企业总数(个)	785	737	—	—	—	—	—
全国电话机总数(万部)	27.7	25.9	21.9	27.1	29.2	28.9	26.8
其中住宅电话机总数(万部)	18.2	18.7	17.3	22.6	25.2	25.0	22.9
全年共发送:	—	—	—	—	—	—	—
报刊(亿份)	2.609	0.048	0.031	0.094	0.127	0.124	
信件(万件)	4710	250	40	50	110	90	
邮包(万件)	114.9	1.20	0.2	0.6	0.2	0.1	
汇款(万次)	810	330	1	1	7	3	
电报(万次)	280	50	20	10	10	10	
国际电话(万次)	1310	770	0.52	1.35	0.61	0.56	
电传机(台)	—	46					

资料来源:《1998 年独联体国民经济统计年鉴》，莫斯科，1997 年俄文版，第 510 页;《2013 年独联体国民经济统计年鉴》，莫斯科，2013 年俄文版，第 499 页;《1991～2015 年独联体国民经济统计年鉴》，莫斯科，2016 年俄文版，第 218 页。

近些年来，通信技术发展速度很快。2001 年初，塔吉克斯坦互联网用户为（其中包括手机上网用户）1200 人，2005 年为 13.5 万人，2010 年为 490 万人，2015 年为 799.9 万人。2001 年，每 100 人中有 0.02 个用户，2005 年增加到 2.0 个用户，2010 年为 65.8 个用户，2011 年为 77.9 个用户，2012 年为 80.9 个用户，2013 年为 81.5 个用户，2014 年为 91.8 个用户，2015 年为 95.1 个用户。

据塔 2014 年 5 月 9 日的《亚洲快讯》，截至 2014 年初，塔吉克斯坦互联网用户为 380 万人，其中包括手机上网用户。塔每 100 人中有固定网电话 5 部，移动电话 76 部，其中互联网用户为 48 人。

第六节 商业与旅游业

一 商业

塔吉克斯坦商业有国营、私营、合作社制、合资、股份和租赁制等多种形式。独立后，由于通货膨胀等原因，塔商品零售额一度锐减。全国商品零售总额指数下降。其中，1992 年同比下降 74.1%，1993 年下降 21.3%，1994 年下降 28.4%，1995 年下降 80.2%，1996 年下降 0.9%。1997 年以来，除 2000 年，其他诸年均出现幅度不等的增长，其中 1997 年同比增长 9.0%，1998 年增长 8.2%，1999 年增长 4.0%，2001 年增长 1.6%，2002 年增长 17.4%。但从总的形势看，塔的商品零售市场尚没有根本摆脱严重萧条的困难局面。

2000 年商品零售总额为 5.54 亿索莫尼，2005 年为 22.0 亿索莫尼，2010 年为 59.98 亿索莫尼，2011 年为 70.43 亿索莫尼，2012 年为 90.01 亿索莫尼，2013 年为 110.31 亿索莫尼，2014 年为 120.82 亿索莫尼，2015 年为 140.36 亿索莫尼。

塔吉克斯坦独立后，商品零售总额在独联体国家总数中占的比重一直都很低，1991 年占 0.7%，2000 年占 0.3%，2001～2013 年均占 0.2%，2014 年占 0.3%，2015 年占 0.4%。如果以 1991 年商品零售总额指数为 100% 的话，2000 年则为 11%，2005 年为 23%，2010 年为 36%，2011 年为 39%，2012 年为 45%，2013 年为 54%，2014 年为 57%，2015 年为 60%。

二 旅游业

塔吉克斯坦位于"古丝绸之路"的交会点，以其特殊的地理位置、丰富的历史文化遗产和独特的自然资源为旅游业的发展提供了机会。2000 多年前的"古丝绸之路"就经过塔吉克斯坦的彭吉肯特、乌拉秋别和苦盏等城镇。

独立前，塔吉克斯坦同其他加盟共和国一样，人们把外出旅游度假看作一大社会福利。通常，人们都有组织、按"计划"地到疗养地度假。塔吉克斯坦独立后，旅游业受战乱等多方面的影响发展十分缓慢。

（一）旅游资源

塔吉克斯坦作为古丝绸之路上的一颗璀璨明珠，有着丰富的旅游资源。塔全年有 250 天沐浴在阳光里。塔吉克斯坦有不少古城、宗教城、珍贵的古迹闻名于世界。塔有独一无二的山川地貌以及可供休闲的自然资源，这些都为发展旅游事业提供了有利的条件，而其自然风光和历史文化遗产又决定了该国在国际旅游服务市场上具有自己独特的旅游景点。

（二）旅游项目

主要发展的旅游项目有登山，生态旅游，历史考古，狩猎游和通过利用含有丰富氡元素的泉水、泥浆沐浴并利用矿物质和热量资源来进行的医疗保健等。

（三）旅游政策

国家经贸部一直在不断支持旅游业的发展，并将其视为己任。政府和私人企业也优先考虑投资旅游业。

为了能把塔吉克斯坦旅游项目推广到国际市场，政府部门制订了中期和长期项目规划，重点发展健康旅游。该项目规划的实施不仅会恢复现有的旅游设施，还要增加一些新的旅游配套设备，建设新的旅馆、饭店、山林小居，并设立文娱中心，完善体育设施，建造符合国际标准的国家绿色公园。但不可否认的是，这些项目规划的有效实施都需要广泛吸引外商直接投资。

（四）目前旅游业存在的问题

目前，对发展旅游业不利的条件也很突出。一方面，目前，塔吉克斯坦仍没有培训旅游方面专门人才的完整体系，而且旅游基础设施，包括大部分的休闲疗养场所都不符合现代化的要求，从而影响了整个旅游事业的发展。特别是由于资金严重匮乏，不能大力发展旅游基础设施，如宾馆、饭店、休闲场所和疗养中心等，只能提倡和鼓励依靠私人积极参与，引导发掘国内外目前暂时未涉及此领域的潜在投资者，鼓励他们大力介入发展旅游事业。另一方面，赴塔吉克斯坦旅游，无论是购买机票，还是住宾馆、酒店，价格都很昂贵。上述条件直接影响了旅游事业的发展。因此，在塔吉克斯坦，短时间内这"无烟工业"一时还"火不起来"。

（五）旅游基础设施

游客可通过三种方式赴塔旅游：航空、铁路、公路。

①航空。塔吉克斯坦国内航空公司仅有一家，即国家航空公司，主要民用机场三个，都是国际机场，即杜尚别机场、胡占德机场和库洛布机场。目前塔吉克斯坦开辟的主要航线包括以下一些。至独联体国家的定期国际航班：杜尚别至俄罗斯、哈萨克斯坦、吉尔吉斯斯坦等国；至独联体以外国家的定期或不定期国际航班：杜尚别至土耳其、德国、伊朗、阿联酋、印度、巴勒斯坦、中国（杜尚别－乌鲁木齐，包机，不定期）、阿富汗等国。国内则主要有杜尚别－胡占德定期航班，还有杜尚别与其他城市的不定期航班。

②铁路。塔吉克斯坦全国铁路总长 1000 公里，由三个独立的区段组成：北方区段，位于粟特州；中央区段，位于吉萨尔盆地；南方区段，位于哈特隆州。本国铁路区段间的相互连接只能通过乌兹别克斯坦和土库曼斯坦境内铁路线实现。

③公路。塔吉克斯坦境内公路全长约 3 万公里，公路密度为 0.194 公里/平方米。塔吉克斯坦汽车公路中国道占 4789 公里，地级公路占 8965 公里，这些公路基本上都是 60～70 年代苏联时期国家财政拨款修建的。塔吉克斯坦路面状况为：沥青混凝土路 3768 公里，砾石沥青路 6380 公里，碎石路 2539 公里，土路 928 公里，此外还有一些农庄内部道路约 16000 公里。

首都杜尚别规模不大，但住宿的选择还是很多的。全市 32 家酒店中五星级酒店有 3 家：杜尚别喜来登酒店、杜尚别塞雷纳酒店、杜尚别凯悦酒店。四星级酒店有 4 家：双子酒店、亚洲大酒店、阿特拉斯酒店和泰姬宫酒店。其余还有 25 家二、三星级酒店。

第七节　财政与金融

一　财政状况

独立后，塔吉克斯坦国家财政很快陷入困境，财政赤字不断攀升。1991 年，塔吉克斯坦财政赤字占国内生产总值的 16.4%，1992 年增加到 30%，1993 年占 24.7%。高额赤字导致财政无法正常运转，生产处于停滞状态，严重影响经济的发展。仅 1994～1995 年，塔吉克斯坦欠俄罗斯的贷款就大约为 64 亿塔卢布（1 美元兑换 735 塔吉克斯坦卢布）。财政预算收支状况与实际完成的数字差距太大。1997 年财政状况依旧困难重重。全年预算收入为 919.12 亿卢布，实际完成 833.13 亿卢布，预算支出为 1089.44 亿卢布，实际完成 879.61 亿卢布，赤字为 46.5 亿卢布。1999 年预算收入 2133 亿塔吉克斯坦卢布，预算支出 2370 亿塔吉克斯坦卢布，赤字为 237 亿塔吉克斯坦卢布。2000 年预算收入为 6.743 亿索莫尼（1 美元兑换 3.09 索莫尼），预算支出为 2.598 亿索莫尼，余额为 0.12 亿索莫尼。2001 年预算收入为 3.811 亿索莫尼，预算支出为 3.798 亿索莫尼，余额为 0.013 亿索莫尼。

2000 年，塔吉克斯坦成功发行了本国货币——索莫尼。这首先稳定了国内货币。财政状况也逐步得到缓解。

2013 年 9 月 8 日，塔吉克斯坦 2014 年国家财政预算完成制定并递交政府审议。

二　税收制度

塔吉克斯坦独立以来，进口关税做过多次调整。初期进口关税比较简单划一，易于操作，实行的是单一税率即 0 和 5%。自 1997 年 3 月 1 日起，塔政府决定对进入塔境内的商品实行统一关税，税率为 10%。对享受塔临时优惠方案的发展中国家，给予进口关税减半的待遇，中国可享受关税减半的待遇。此外，塔对部分进口商品征收消费税，对独联体国家和非独联体国家实行差别待遇，从非独联体国家进口的部分商品（如烟、酒、石油产品、裘皮服装、首饰、玻璃器皿、办公用品及汽车等）征收消费税，税率在20%～200%不等。自1996年3月1日起，取消了所有商品的出口关税。

　　税收十分困难。税率高达收入的30%～50%。塔吉克斯坦的税法是1994年通过的，有以下税种：增值税、某些商品的消费税、银行利息税、保险业务利息税、货币兑换业务税、有价证券业务税、企业利润税、个人所得税、运输车辆所有人税。企业和组织的利润税率是企业和组织为40%，外国法人为32%，货币兑换单位和经纪人事务所、中介企业和商业企业为60%。此外，外国法人还应缴纳15%的从所在合作企业股息和提成中所得的利润税，20%的著作权、使用权和出租权税，6%的货物运输利润税。外国法人同样应缴纳20%的增值税、3%的年度养路费。塔吉克斯坦公民、外国人和无国籍者，均应缴纳所得税，其幅度为从最低工资收入者的10%到高收入者的40%。外国人还应缴纳与其在塔国内生活相关的一切附加收入所得税。

　　从事车辆运输，无论是自然人或法人，均应缴纳运输车辆所有人税。税额为每马力缴纳其最低工资的0.25%～0.50%。公民还应缴纳财产（房屋、住宅、别墅和船舶等）税，税额为财产价值的0.1%（《个人财产税法》）。出售某些商品，如酒类、烟草、珠宝、地毯、毛皮、棉花纤维和铝矿等，应征收消费税。

　　自1999年1月1日起，塔吉克斯坦实行由议会通过的《新税典》。《新税典》包括两种类型的税：国家税和地方税。国家税有14种：个人所得税、法人利润税、增值税、消费税、社会基金税、土地使用税、资源利用税、企业财产税、交通运输工具税、道路使用税、小规模企业税、销售税（棉花和铝）、海关税、国家税。地方税有三种：零售税、个人财产（不动产）税、公共交通运输工具税。

　　个人所得税　纳税人是本国公民和在塔吉克斯坦连续居住超过182天的外国公民。税率为：没超过最低收入（2000塔吉克斯坦卢布）的不缴税，最低收入14倍以内的部分缴纳10%，最低收入14倍至21

塔吉克斯坦

倍的部分缴纳15%，最低收入21倍至28倍的部分缴纳20%，最低收入28倍至43倍的部分缴纳25%，最低收入43倍以上的部分缴纳30%。

法人利润税　纳税人是本国和外国的企业。税率为30%。

增值税　纳税人为已登记和应登记缴纳增值税的人、应税商品进口商、提供劳务和服务的未登记的非常驻人员。税率为20%。

消费税　纳税人是在塔吉克斯坦境内生产或进口应税商品的所有法人和自然人。税率为：非烟酒饮料、酒精饮料、醋0.07～2.0美元/升，香烟0.5美元/1000支，烟草0.09美元/公斤，燃油、润滑油及其类似材料石油类20美元/吨，柴油6.60美元/吨，汽油0.05美元/升，轮胎10%，小轿车10%。

社会基金税　纳税人为雇主（承包人）、受雇者、在塔吉克斯坦境内从事经营活动者。税率为：承包人（雇主）25%、受雇者1%、在塔境内从事经营活动者20%。

土地使用税　纳税人是土地使用者。税率为37.5～75索莫尼/平方米。

资源利用税　纳税人为资源使用者。低于或等于原矿种利润的20%不纳税；超过20%、低于或等于22%的，税率为4%；超过22%、低于或等于24%的，税率为8%；超过24%、低于或等于26%的，税率为12%；超过26%、低于或等于28%的，税率为18%；超过28%、低于或等于30%的，税率为24%；超过30%的，税率为30%。

企业财产税　纳税人是在塔境内独立核算的各企业、分支机构、外国企业。税率为0.5%～25%。

交通运输工具（机动车辆）税　纳税人是在塔境内所有拥有交通运输工具者。各类交通运输工具（机动车辆）每马力每年（1马力/年）应缴纳的税率为：摩托车1%，小轿车2%，12座位以下面包车2.5%，13～30座位的面包车3.0%，30座位以上的大客车3.5%，货车及其他运输车辆4%～5.5%。

道路使用税　纳税人是各企业、在银行开设账户独立核算的各分支机构和从事经营活动的外国驻塔常设机构。税率为 2%。

小规模企业税 纳税人是除了生产缴纳消费品税的企业、投资机构、保险机构、投资基金组织、有价证券市场的职业人员以外，未缴纳增值税的小规模企业。税率为 10%。

销售税（棉花和铝） 纳税人是在塔吉克斯坦境内、外市场中销售棉花和铝的法人和自然人。销售税（棉花和铝）税率是根据交易所确定的价格缴纳：棉花 23%、铝 4%。该项税规定用外汇支付。

零售税 纳税人是企业及个体经营者。其税率不高于 5%。

个人财产（不动产）税 纳税人是不动产的所有者以及不动产的使用人。其税率不高于 1%。

公共交通运输工具税 纳税人与社会基金纳税人相同。其税率不高于 2%。

塔吉克斯坦政府对《新税典》做了如下说明。①棉花和铝的销售税必须用外汇支付。②将在 2000～2001 年逐步降低棉花和铝的销售税税率，并争取在 2002 年将销售税改为增值税。③自 1999 年 7 月 1 日起，无论法人或个体经营者，在银行开户时，均需出具税务部门的证明。自然人从 2000 年 1 月 1 日起实行此规定。④在本典生效前注册的合资企业，可根据国家《外国投资法》，自登记之日起 10 年内，或在税收方面的其他法律规定的期限内，按原注册时的规定纳税，或自 1999 年 1 月 1 日起按本税典纳税。

2007 年 4 月，塔政府颁布新税法，其税收体系包括两种：国家税和地方税。国家税有 16 种：个人所得税、法人税、增值税、消费税、社会税、土地税、矿藏开采税、公路使用税、简化系统税、农产品统一税、关税、国家税、棉纤和原铝销售税、企业收入最低税、加工品税、其他国家强制税。地方税有 4 种：不动产税、交通工具税、零售税、其他地方强制税。

个人所得税 年收入低于 2400 索莫尼不缴税。年收入 2400～3600 索莫尼税率为 8%，超过 3600 索莫尼税率为 13%。

自然人收入不征收所得税包括：非塔吉克斯坦公民的外交和领事工作

收入，雇用国外常驻代表及在塔吉克斯坦逗留在一年内少于 90 天的外国人的收入，礼品或遗产价值，在竞赛及比赛中获得奖品的价值，退休金、奖学金和补助金，再保险，预算物质帮助，不动产销售收入，动产销售收入，国家奖金，保险金，个人养蜂售蜜收入，住宅附近土产销售收入，军人供给，献血收入，国债和彩票赢取的收入，国家预算发放的社会救济，工伤赔偿金，特殊用途制服的价值，强制险的保险金，法庭判给的损害赔偿金。

法人利润税年收入低于 60 万索莫尼不缴税，超过 60 万索莫尼的企业税率为 25%。

免征利润税的包括：宗教、慈善、预算类组织机构，国际商业机构，非商业机构划拨款项、财产、会费、捐款及资助，塔吉克斯坦国家银行及其机构，侨民企业分红，残疾人企业，2 年内投资总额为 50 万美元、3 年内投资总额为 50 万～200 万美元、4 年内投资总额为 200 万～500 万美元、5 年内投资总额超过 500 万美元的生产领域新兴企业。

国外常驻代表收入的税款扣除国外常驻代表在塔吉克斯坦的所得收入税率按：红利和利息为 12%；符合风险保险协议的保险金为 4%；有关国际运输的通信、运输服务收入（海运费除外）为 4%，海运收入为 6%；工资收入为 8%～13%；侨民支付相关费用的收入为 15%。外国法人常驻机构赢利税为其净利润的 8%。

增值税：低于 20 万索莫尼不缴税，税率为 20%。

塔吉克斯坦新税法于 2013 年 1 月 1 日起生效，税收项目数量由 21 种减少到 10 种，零售税额的 3% 已完全取消。据预测，新税法生效后，塔税收带来的财政收入将减少约 1.7 亿美元。同年 2 月 1 日，塔吉克斯坦实行新的车辆进口政策，即对法人和私人进口车辆实行统一规定，进口车辆生产时间不得超过五年。无论是法人还是私人进口车辆均要缴纳 18% 的增值税、5% 的进口关税、10% 的消费税。同时，取消有关简化车辆进口手续的相关规定。在执行新税法过程中，税务部门遇到一些问题，因而多次对税法进行修改和补充。2013 年塔税收收入为 58.1 亿索莫尼，约合 12 亿美元，同比增长 1%，但增值税、销售税及社会税未能完成计划。

三 银行业

塔吉克斯坦金融体系分为两类：银行机构和证券市场。至今尚未建立保险公司。银行机构包括中央银行和 16 家商业银行，商业银行包括 6 家外资银行。商业银行主要有东方银行、沙尔克银行、塔吉克商业银行、塔吉克外经银行等。

截至 2012 年底，国家主要银行有国家银行、农业投资银行、东方银行、外经银行、储蓄银行等。

塔吉克斯坦金融市场化较低。塔由于银行系统薄弱，贷款利率与中亚其他国家相比较，可算最高的。2015 年，塔吉克斯坦本国货币贷款利率为 24%～36%，外币贷款利率为 20.44%，在 2015 年世界银行报告"获得信贷容易度"排名中，塔在 185 个国家中排到 118 位，同年该国信贷投放占 GDP 比重仅为 20.8%，可见，信贷对经济发展的支持力度较小。

塔吉克斯坦信贷投放占 GDP 的比重：2009 年为 18.36%，2010 年为 7.64%，2011 年为 13.80%，2012 年为 14.63%，2013 年为 19.41%，2014 年为 19.49%，2015 年为 20.23%。

在塔吉克斯坦的大多数交易都是通过美元进行的。塔财政又来自国际金融组织和许多国家的额外财政补给，以其支撑着收入与支出间的平衡。2000 年塔外债与国内生产总值的比率为 108.2%。截至 2002 年 1 月，塔吉克斯坦外汇储备约为 1.56 亿美元，外债为 9.7 亿美元。从 2005 年起塔外债额未超过塔国家债务管理战略所确定的不超过国内生产总值 40% 的这一极限值。塔吉克斯坦外债负债率较高。长期以来，塔外债负债率均超过国际公认的 20% 负债率安全线。2015 年塔外债负债率为 7.8%。2016 年塔外债负债率上升到 32.7%。塔吉克斯坦外债负债率 2007 年为 40.4%，2008 年为 31.8%，2009 年为 33.4%，2010 年为 34.5%，2011 年为 34.4%，2012 年为 32.23%，2013 年为 25.28%，2014 年为 22.72%，2015 年为 27.8%。塔外债余额 2009 年为 16.92 亿美元，2010

年为 19.11 亿美元，2011 年为 21.59 亿美元，2012 年为 21.73 亿美元，2013 年为 21.49 亿美元，2014 年为 21 亿美元，2015 年为 21.83 亿美元，2016 年为 23 亿美元。因此，塔偿债压力较大，存在偿债风险。塔长期以来国际外汇储备不能覆盖其外债。据塔财政部统计，2016 年塔外债为 23 亿美元，占本国 GDP 的 32.7%，其国际储备仅有 6.3 亿美元，外债是其储备的 3.6 倍，偿债的压力非常大。自 2013 年起，中国已连续 3 年成为塔第一大债权国。截至 2016 年底，中国对塔外债总额已高达 9.8 亿美元，占比为 43.1%。最近几年是塔换代高峰期，中国应该考虑到塔的债务风险问题。截至 2011 年底，塔吉克斯坦黄金外汇储备为 8.02 亿美元，外债累计 21.24 亿美元，占 GDP 的 32.8%。2012 年底，黄金外汇储备为 8.78 亿美元，外债累计 21.69 亿美元，占 GDP 的 28.5%。2012 年塔银行存款为 47 亿索莫尼（约合 10 亿美元），同比增加 5.4%。其中本国货币存款占比 30.8%，外币存款占比 69.2%；本国货币平均利率为 16%，外币平均利率为 13.6%。2012 年塔发放各类贷款总额为 68 亿索莫尼（约合 14 亿美元），同比增长 4.6%，其中 52.5% 的贷款发放给了从事生产活动的企业主。截至 2012 年底，贷款余额为 53 亿索莫尼（约合 11 亿美元）。其中本国货币贷款占比 40.2%，外币贷款占比 59.8%。本国货币平均贷款利率为 21.4%，外币平均贷款利率为 24.5%；黄金外汇储备为 9.72 亿美元，比 2011 年增长 1.7 亿美元，黄金储备超过 11 吨。塔黄金外汇现主要存放在塔国家银行、瑞士银行和美国银行中。2013 年塔外债额保持稳定并呈现减少的趋势。2014 年 1 月，塔吉克斯坦黄金储备超过了 400 吨。受俄罗斯卢布及哈萨克斯坦坚戈贬值的影响，自 2014 年 2 月初开始，塔吉克斯坦索莫尼对美元汇率出现逐渐贬值现象，而且存在进一步贬值的风险。2015 年底，塔吉克斯坦采取限制居民兑换外汇的办法，塔国家银行决定关停所有非银行系统的兑换点，规定外汇交易只能在银行系统的分支机构和借贷机构总部进行。

塔吉克斯坦中央银行指出："本国货币贬值，即汇率疲软通常具有两面性。一方面，它将刺激国内的生产和出口，限制进口，进而改善外贸平衡，在一定程度上增加名义财政收入等；另一方面，主要的顾虑在于进口商品和服务的价格有可能上涨，本国货币的购买力因而下降，居民的索莫尼存款与外汇相比出现贬值。应当指出的是，目前仅有面粉和糖等个别进口商品的价格出现了变化。预计，这种趋势将不会是长期的和经常性的。随着外部汇率压力的减轻，和往年一样形势将会逐步稳定下来并回归正常的轨道。"

塔吉克斯坦中央银行并不排除在"进口替代产品的国内生产增加，外部因素对经济的影响减弱，居民对本国货币的信任度提高，美元化程度下降"的情况下向"自由浮动汇率"过渡的可能性。

自 2014 年 1 月 1 日到 12 月 1 日，塔吉克斯坦中央银行在银行间外汇市场上向贷款机构出售外汇 8.913 亿美元，在现汇市场上出售 1.067 亿美元。这些措施使外汇的供需保持了平衡，保障了市场的稳定，进而也保障了汇率的稳定。塔中央银行称："这些做法并未导致中央银行外汇储备总额减少，因为它主要是借助国内及国外外汇市场每天的业务盈余进行的。中央银行将长期在外汇市场上买卖外汇以平抑对外汇需求的过分波动，保证国内市场的稳定和流动性。中央银行具备所有的机制和必要的手段。"

塔吉克斯坦中央银行外汇储备年平均增长速度为 10% ~ 12%。截止到 2014 年 11 月 1 日，塔吉克斯坦外汇储备总额为 12 亿美元。塔 2014 年国家财政预算完成制定并递交政府审议，2014 年，除赠款外塔国家财政预算收入将达 22 亿美元。

四 外汇管理制度

塔吉克斯坦于 1995 年 5 月 10 日发行本国货币——塔吉克斯坦卢布，并于当年 11 月 4 日颁布了《外汇调解和外汇管制法》，1999 年 3 月，对此法进行了修订和补充，使其与国际通行规则接轨，规定塔卢布同美元可自由兑换。

根据塔吉克斯坦外汇法的规定，本地居民在本国境内可以使用外汇自由结算，非本地居民在塔境内获得和使用外汇的办法由塔国家银行根据塔吉克斯坦法律做出规定。

塔有外汇业务权的授权银行能与英国、德国、美国、瑞士、荷兰、阿

联酋、日本等国的银行进行包括转汇在内的外汇业务。中塔两国银行没有直接的业务结算关系，通常通过第三国银行办理外汇的转汇及信用证等业务。

从 2000 年 4 月开始，将随身携带外汇出境数额由原来的 500 美元以内调整到 2000 美元以内。若在 2000 美元以内，可不经申报自由携带出境。若超过 2000 美元，应向海关申报并提供授权银行或国家银行出具的证明。

任何国籍的人员均可将外汇现金带入塔吉克斯坦境内，数额不限，但需要申报。若以后欲将外汇再携带出境，则可书面申报并办理海关手续。携带外汇出境的方法和数额：根据海关委员会的规定，携带等值为 2000 美元的外汇出境，不需要办理书面申报；如带出外汇数额超过 2000 美元，则需要书面申报并向海关出示证明此笔外汇来源合法的文件，并且出示入境时填写的外汇现金申报单和塔国家银行或授权的银行出具的带出外汇批准证明。

携带票面金额以外汇计的支付单据（包括旅行支票、汇票）出境时，其数额不受限制。

入境旅客携带的物品价值不超过 1000 美元、总重量不超过 50 公斤时，不需要支付关税和商品税，需缴纳消费税的商品如烟、酒等除外；如所带商品超过上述规定，则旅客应在报关时办理海关手续，海关向其收取关税和商品税，并且采取经济措施。

五　货币

1995 年 5 月 10 日，塔吉克斯坦发行新货币——塔吉克斯坦卢布，简称塔卢布。塔政府决定，塔卢布是塔境内流通的唯一合法货币。新货币发行时的兑换率为 1 塔卢布等于 100 俄罗斯卢布（1995 年 5 月 10 日）。之后，新货币逐年大幅度贬值。

2000 年 10 月 30 日，塔吉克斯坦再次发行新货币——索莫尼，取代了原有的塔吉克斯坦卢布。1 索莫尼等于 100 迪拉姆。索莫尼纸币面额有 100、50、20、10、5、3、2 和 1。索莫尼硬币面额有 5、3 和 1。迪拉姆的硬币面额有 50、25、20、10、5、3、2、1。在各银行点和市场兑换点索莫尼和外币（美元、欧元、俄罗斯卢布和人民币等）均可以进行自由兑换，但不包括迪拉姆硬币零钱。塔吉克斯坦索莫尼与美元的兑换率 2000 年为 2.2∶1，2005 年为 3.20∶1，2010 年为 4.40∶1，2011 年为 4.88∶1，2012 年为 4.93∶1，2014 年为 5.31∶1，2015 年为 6.99∶1，2017 年塔吉克斯坦索莫尼与美元的兑换率为 8.7∶1。

第八节　对外经济关系

一　概述

苏联时期，塔吉克斯坦共和国的对外经济联系主要在苏联的加盟共和国之间进行。这个时期，塔的外贸权集中于联盟中央。塔吉克斯坦共和国经济上对外依赖程度很高。共和国所需的大部分工业生产原材料、轻工业品和日用消费品均需要从其他共和国调入。直到 1989 年，塔才获得了直接外贸权，但 80% 以上的产品仍然在苏联各加盟共和国之间交换，而且输入大于输出。向其他加盟共和国提供的产品主要有电力、煤炭（6 万吨左右）、石油（6 万吨左右）和籽棉（4 万吨左右）。

独立后，塔吉克斯坦开始独立自主地从事对外经济活动。独立初期，面临重重困难。首先，内外交困，已有的经济联系中断，内战使国内经济深陷危机，导致可供出口的货源少。其次，基础设施落后、亟须配备熟悉对外贸易的人才，国家需要根据本国具体情况，制定对外经济活动的政策、法规等。对此，塔吉克斯坦政府做了大量的工作。

独立以来，塔吉克斯坦作为主权国家积极开展同世界其他国家的贸易，独立的最初 10 年，虽然贸易额比较少，但对外贸易形势和国内其他部门相比，要好得多，获得较大发展。但总的来说，还是进口多，出口少，尤其是对独联体国家更是逆差大。

二　对外贸易

（一）对外贸易概况

塔吉克斯坦所有对外经贸活动都由塔经济和贸易部（简称经贸部）

负责管理。经贸部的主要职能是协调管理国民经济各个领域的活动、制定外资政策和法规、对外宣传投资环境、向外国投资者提供咨询和指导、推荐具体项目等，重大引资项目会同财政部共同论证后提交政府审定。此外，财政部还负责审核外资企业的经济技术论证，监督外资企业的投资基金到位情况，审核外资企业的投资额、形式、期限和效益等，向外资企业出具财务鉴定，就外资企业破产提出建议。外资企业的注册登记是经财政部出具财务登记和司法部审核同意后在国家公证处进行。

除棉花和铝的出口价格和外汇收入分别由国家轧棉工业管理总局和塔吉克铝厂分别监控外，其他商品均放开经营，企业、个人只要进行有关登记，便可从事对外经济活动。2001年1月11日塔政府发布第445号《关于组建塔吉克斯坦共和国经济和贸易部》总统令。根据此令，它将原有的外经部——经济和对外经济联络部与内贸部合同贸易委员会合并，组成新的经济管理部门——经贸部。经贸部下设对外经济和贸易政策总局，该总局下设的外贸、旅游及交易所事务管理局负责具体管理外经贸事宜。

1995年6月27日，塔政府颁布第261号《关于塔吉克斯坦共和国对外贸易自由化》总统令。该总统令规定，自1995年7月1日起，取消所有商品的配额和许可证限制，棉花和铝锭除外。此令发布后，塔政府在外贸管理机制上也进行了相应调整，将外经部下设的"配额和许可证管理局"改为"外贸协调及合同登记管理局"。此后，外贸管制中的重要手段之一，即配额和许可证制度在塔已成为历史。但具有战略意义的物资（铀）和对国家经济有重要影响的商品如电、矿肥、天然气的进出口要经政府审批。塔吉克斯坦政府对棉花和铝两种主要商品的政策根据国内市场需求与生产经常调整。目前，铝可以经过国家交易所出口。

1997年在塔经济和对外经济关系部正式登记注册的外贸企业和组织有749个，它们是从事进出口贸易的主体。

1998年底，塔吉克斯坦已同世界其他74个国家和地区有贸易往来。塔吉克斯坦主要贸易伙伴是俄罗斯，双边贸易超过了10亿美元，其后依次是哈萨克斯坦（7.99亿美元）、中国（6.69亿美元）、土耳其（6亿美元）、阿富汗（2.32亿美元）、伊朗（2.17亿美元）。

（二）进出口商品种类

出口商品有铝和铝制品、棉花、电力、宝石、水泥、棉纱、地毯和地毯类制品、葡萄酒、毛和皮革原料、农产品、土特产品、烟草及其制品、有色金属精矿、矿肥、石棉水泥制品、机器设备及配件等。

近些年来，塔出口商品主要有原铝和铝制品、皮棉、贵金属和少量农产品等。

进口商品有能源、石油产品、矿石、矿渣和灰粉、车辆及其配件、机械设备、建材设备和配件、印刷设备、化肥、粮食、面粉、食用油、植物油、白糖、服装、日用消费品、纺织品、其他工业原材料等，此外还有食品、精密仪器、运输工具、生铁、钢材、木材、化纤、药品、医疗器械等。近几年塔进口的主要产品为运输设备、粮食以及食品等。

表 4 - 9　2000～2015 年塔吉克斯坦对外贸易情况

单位：亿美元

年份	2000	2005	2010	2011	2012	2013	2014	2015
贸易总额	14.59	22.39	38.52	44.63	46.42	52.84	53.16	43.26
其中:出口额	7.84	9.09	11.95	12.57	12.40	—	—	8.901
向独联体国家	3.74	1.78	1.61	1.80	2.23	—	—	2.267
向世界其他国家	4.10	7.31	10.34	10.77	10.17	—	—	6.639
进口额	6.75	13.30	26.57	32.06	34.02	—	—	34.349
从独联体国家	5.60	8.64	15.63	18.37	18.34	—	—	18.184
从世界其他国家	1.15	4.66	10.94	13.69	15.68	—	—	16.165
同独联体国家差额	-1.86	-6.86	-14.02	-16.57	-16.11	—	—	-15.91
同世界其他国家差额	2.95	2.65	-0.60	-2.92	-5.51	—	—	-9.576

注：2012 年贸易总额数字仅包括 1～11 月。

资料来源：《1998 年独联体国民经济统计手册》，莫斯科，1999 年俄文版，第 269 页；《2013 年独联体国民经济统计年鉴》，莫斯科，2014 年俄文版，第 299 页；《1991～2015 年独联体国民经济统计年鉴》，莫斯科，2016 年俄文版，第 301 页。

1992 年塔对外贸易总额为 3.53 亿美元。其中出口额为 1.92 亿美元，向独联体国家的出口额为 0.84 亿美元，向世界其他国家的出口额为 1.08 亿美元。进口额为 1.61 亿美元，从独联体国家的进口额为 1.22 亿美元，从世界其他国家的进口额为 0.39 亿美元。同独联体国家的贸易逆差为 0.38 亿美元。

1995 年塔对外贸易总额为 15.59 亿美元。其中出口额为 7.49 亿美元，向独联体国家的出口额为 2.52 亿美元，向世界其他国家的出口额为 4.97 亿美元。进口额为 8.10 亿美元，从独联体国家的进口额为 4.78 亿美元，从世界其他国家的进口额为 3.32 亿美元。同独联体国家的贸易逆差为 2.26 亿美元。

1998 年塔对外贸易总额为 13.73 亿美元。其中出口额为 6.02 亿美元，向独联体国家的出口额为 2.08 亿美元，向世界其他国家的出口额为 3.94 亿美元。进口额为 7.71 亿美元，从独联体国家的进口额为 5.06 亿美元，从世界其他国家的进口额为 2.65 亿美元。同独联体国家的贸易逆差为 2.98 亿美元。

1999 年塔吉克斯坦外贸总额为 13.525 亿美元。其中，出口占 51%，即 6.887 亿美元；进口占 49%，即 6.638 亿美元。

2000 年塔吉克斯坦对外贸易总额为 14.59 亿美元。其中，出口占 54%，即 7.84 亿美元，向独联体国家的出口额为 3.74 亿美元，向世界其他国家的出口额为 4.10 亿美元。进口占 46%，即 6.75 亿美元，从独联体国家的进口额为 5.60 亿美元，从世界其他国家的进口额为 1.15 亿美元，同独联体国家的贸易逆差为 1.86 亿美元。同世界其他国家的贸易顺差为 2.95 亿美元。2000 年塔吉克斯坦铝的出口额为 4.336 亿美元，棉花的出口额为 0.918 亿美元，还出口电力、宝石和金属等。

2001 年塔外贸进出口总额为 13.339 亿美元。其中，出口额为 6.515 亿美元，进口额为 6.824 亿美元，贸易逆差为 3100 万美元。由于主要出口产品铝和棉花受国际价格大幅下滑的影响，塔进出口总额同比下降 8% 左右。与独联体国家贸易额占全年进出口总额的 55.78%，同比下降 20%。其中进口额为 5.327 亿美元，出口额为 2.114 亿美元，贸易逆差为

3.213 亿美元。与其他国家贸易额占进出口总额的 44.22%，同比增长 12%。其中进口额为 1.497 亿美元，出口额为 4.401 亿美元，贸易顺差为 2.904 亿美元。

2001 年主要出口产品的贸易额为：铝 3.984 亿美元，同比下降 8.1%；棉花 7150 万美元，同比下降 22.1%；电力 7850 万美元，同比下降 14.7%。主要进口产品的贸易额为：电力 9400 万美元；天然气 2590 万美元，同比下降 26.6%；其他产品还有铝生产原料、食品、化肥、石油产品和机电设备等。

2002 年塔对外贸易总额为 14.539 亿美元，同比增长 9% 左右，实际贸易额增加 1.149 亿美元。其中出口额 7.36 亿美元，同比增长 12%；进口额 7.179 亿美元，同比增长 5.2%。贸易顺差为 1810 万美元。

2010 年塔对外贸易总额为 38.52 亿美元。其中出口额为 11.95 亿美元，向独联体国家的出口额为 1.61 亿美元，向世界其他国家的出口额为 10.34 亿美元。进口额为 26.57 亿美元，从独联体国家的进口额为 15.63 亿美元，从世界其他国家的进口额为 10.94 亿美元。同独联体国家的贸易逆差为 14.02 亿美元，同世界其他国家的贸易逆差为 0.60 亿美元。

2011 年塔对外贸易总额为 44.63 亿美元。其中出口额为 12.57 亿美元，向独联体国家的出口额为 1.80 亿美元，向世界其他国家的出口额为 10.77 亿美元；进口额为 32.06 亿美元，从独联体国家的进口额为 18.37 亿美元，从世界其他国家的进口额为 13.69 亿美元。同独联体国家的贸易逆差为 16.57 亿美元，同世界其他国家的贸易逆差为 2.92 亿美元。

2012 年塔对外贸易总额为 46.42 亿美元。其中出口额为 12.40 亿美元，向独联体国家的出口额为 2.23 亿美元，向世界其他国家的出口额为 10.17 亿美元；进口额为 34.02 亿美元，从独联体国家的进口额为 18.34 亿美元，从世界其他国家的进口额为 15.68 亿美元。同独联体国家的贸易逆差为 16.11 亿美元，同世界其他国家的贸易逆差为 5.51 亿美元。截至 2012 年累计吸引外资 22.93 亿美元。

2014 年塔对外贸易总额为 53.16 亿美元。贸易逆差为 33.613 亿美元，粮食进口份额占 20.5%，粮食出口份额占 4.4%。

2015 年塔对外贸易总额为 43.26 亿美元。贸易逆差为 25.450 亿美元，粮食进口份额占 23.1%，粮食出口份额占 4.8%（见表 4-9）。

（三）主要贸易伙伴

独联体中的主要贸易伙伴是乌兹别克斯坦、俄罗斯、哈萨克斯坦、阿塞拜疆、土库曼斯坦。1998 年，在塔吉克斯坦向独联体国家的出口额中，阿塞拜疆占 0.9%，白俄罗斯占 1.0%，哈萨克斯坦占 4.9%，吉尔吉斯斯坦占 3.1%，俄罗斯占 23.6%，土库曼斯坦占 5.3%，乌兹别克斯坦占 61%；在塔吉克斯坦从独联体国家的进口额中，阿塞拜疆占 0.4%，白俄罗斯占 1.4%，哈萨克斯坦占 11.0%，吉尔吉斯斯坦占 0.9%，摩尔多瓦占 0.4%，俄罗斯占 19.3%，土库曼斯坦占 7.2%，乌兹别克斯坦占 55.5%。在独联体以外的国家中，荷兰、土耳其、瑞士、匈牙利、伊朗、意大利、印度、希腊、比利时、中国、阿联酋是塔主要贸易伙伴国。1995 年塔吉克斯坦大量向西欧出口纺织纤维，销往 28 个国家。1997 年在世界其他国家中的主要贸易伙伴是荷兰、列支敦士登、瑞士、比利时、中国和匈牙利。

根据塔海关统计数据，2012 年与中国的贸易额为 6.69 亿美元，其中对华出口为 1.81 亿美元，进口为 4.88 亿美元。塔出口商品主要是非贵重金属及其制品，占出口总额的 40.9%，进口以交通工具、机械设备、矿产品及化工产品为主，分别占进口总额的 26.6%、20.2% 和 12.6%。主要贸易伙伴国是俄罗斯（10.68 亿美元）、哈萨克斯坦（7.06 亿美元）、中国（6.69 亿美元）、土耳其（6.05 亿美元）和阿富汗（2.32 亿美元）。

2013 年塔电能出口 9.7 亿千瓦时，占塔当年发电量的 5%，出口产值为 3360 万美元。塔出口电力的 99.2% 输往阿富汗，0.8% 出口吉尔吉斯斯坦。2013 年进口额为 41.21 亿美元，贸易逆差为 28.58 亿美元。同年塔石油产品进口 38.3 万吨，约合 3.94 亿美元，比 2012 年增加 1.08 万吨，同比增长 2.9%。其中柴油进口 14.78 万吨，约合 1.48 亿美元，平均价格为 1000 美元/吨；汽油 13.78 万吨，约合 1.32 亿美元，平均价格为 956 美元/吨。自 2013 年 11 月 20 日起，俄罗斯开始对塔减免石油产品关税，塔油价随之有所下调，汽油价格下降 20% 左右。同年塔小麦及面粉进口 23.24 万吨，约合 9870 万美元。2013 年塔吉克斯坦主要出口贸易伙伴有土耳其（占比 40.7%）、俄罗斯（占比 10.6%）、伊朗（占比 9.9%）、阿富汗（占比 8.7%）、中国和哈萨克斯坦（均占比 7.4%）。塔吉克斯坦主要进口贸易伙伴有俄罗斯（占比 22%）、哈萨克斯坦（占比 15.2%）、中国（占比 14.5%）、立陶宛（占比 5.4%）、美国（占比 4.7%）、吉尔吉斯斯坦和土耳其（均占比 4.4%）。

2013 年塔吉克斯坦的第一大贸易伙伴是俄罗斯，第二大贸易伙伴是哈萨克斯坦，第三大贸易伙伴是中国。

（四）主要出口商品

铝及铝制品大部分向独联体以外国家出口。1992 年销往独联体以外国家的铝为 4.9 万吨，1993 年增加到 27.1 万吨。1994 年向独联体国家出口 0.75 万吨，销往独联体以外国家 23.4 万吨。1995 年向独联体国家出口 2.7 万吨，销往独联体以外国家 20.4 万吨。1997 年铝及铝制品出口占出口总额的 33%。

塔向世界 24 个国家出口皮棉。1992 年出口皮棉 5 万吨，其中，向独联体国家出口 3.7 万吨，向世界其他国家出口 1.3 万吨。1993 年出口 5.5 万吨，其中，向独联体国家出口 2 万吨，向世界其他国家出口 3.5 万吨。1994 年出口 2.7 万吨，向独联体国家出口 1.6 万吨，向世界其他国家出口 1.1 万吨。1995 年出口 12.1 万吨，向独联体国家出口 4 万吨，向世界其他国家出口 8.1 万吨。

1997 年，棉花出口占出口总额的 26%，燃料出口占出口总额的 24%，宝石和半宝石出口占出口总额的 4%，水果和蔬菜出口占出口总额的 3%。

2013 年主要出口产品为铝和铝制品（占 56%），棉花（占 14%），矿石、矿渣等（占 11.6%）。塔农产品出口明显增长。出口的种类有豆类（12.13 万吨）、瓜子（741 吨）、大米（864 吨）、新鲜水果（1.51 万吨）、干果（8.8 万吨）。

（五）主要进口商品

1997 年，燃料进口占进口总额的 41%，矿石、矿渣和灰粉进口占进口总额的 14%，设备和配件进口占进口总额的 9%，印刷设备进口占进口总额的 6%，此外还有日用品等。

1994 年进口粮食为 65.5 万吨，其中，从独联体国家进口 29.4 万吨，从独联体以外国家进口 36.1 万吨。1995 年进口粮食为 39.1 万吨，其中，从独联体国家进口 32.1 万吨，从独联体以外国家进口 7.0 万吨。1996 年进口粮食减少为 16.2 万吨。

1992 年从独联体国家进口植物油 0.14 万吨。1993 年从独联体国家进口植物油 0.24 万吨。1994 年进口植物油 0.83 万吨，其中，从独联体国家进口 0.04 万吨，从独联体以外国家进口 0.79 万吨。1995 年从独联体国家进口植物油 0.04 万吨。1996 年进口植物油 0.36 万吨。

1992 年进口白糖 1.36 万吨，其中，从独联体国家进口 0.56 万吨，从独联体以外国家进口 0.80 万吨。1993 年进口白糖 0.64 万吨，其中，从独联体国家进口 0.02 万吨，从独联体以外国家进口 0.62 万吨。1994 年进口白糖 1.06 万吨，其中，从独联体国家进口 0.18 万吨，从独联体以外国家进口 0.88 万吨。1995 年进口白糖 0.53 万吨，其中从独联体国家进口 0.25 万吨，从独联体以外国家进口 0.28 万吨。1996 年进口白糖 0.33 万吨。

2013 年进口小麦及面粉 87.26 万吨，约合 3.07 亿美元，其中小麦 64.02 万吨，约合 2.08 亿美元，面粉 23.24 万吨，约合 9870 万美元。

三 对外经济技术合作

(一) 吸引外资政策

塔吉克斯坦独立以来，积极开展对外经济技术合作，寻求并努力开辟引进外资的途径，兴办合资企业和独资企业。为了大量吸引外资，引进外国的先进技术、生产工艺和管理经验以及确保外资企业在塔吉克斯坦的合法权益和财产，1992 年 3 月 10 日，塔最高苏维埃通过了《塔吉克斯坦共和国外国投资法》。该法颁布后，分别于 1996 年、1997 年和 1999 年做过部分修改和补充。该法主要内容，一是鼓励外国投资流入及对其一系列优惠政策，二是对向塔投资或在塔境内创办外资企业的有关事宜做了规定。

除此之外，塔吉克斯坦为吸引外资制定的法律还有《外经活动法》《国家私有化法》等。为保护双边投资，避免双重征税，塔与许多国家签署了鼓励和相互保护投资协议，这些国家包括俄罗斯、吉尔吉斯斯坦、哈萨克斯坦、伊朗、印度、中国、科威特、阿联酋、巴基斯坦、斯洛伐克、美国、土耳其、捷克、韩国和越南等。

为更好地为外国投资者服务，塔吉克斯坦政府组建了专门从事外国投资保险、寻找投资者和吸引外资投入国民经济各领域事务的机构。旨在为投资者提供各种商业风险保险，塔政府成立了"塔吉克投资保险公司"。制定了针对本国企业、组织和公民参与投资活动的《关于塔吉克斯坦共和国投资基金条例》。在世界银行资助下组建了"塔吉克社会投资基金"。为推动本国企业吸引外资成立了"塔吉克国际金融－经济和人道主义组织联络局"。为吸引外资发展农工综合体各行业，塔、俄、德有关公司创建了"索莫尼国际投资公司"。

根据塔吉克斯坦国家投资规划，外商直接投资将基本上用于水电站建设、矿产开采和加工、棉花加工（制成品部分出口）、葡萄果园综合体、柑橘类作物生产、矿肥生产、有市场需求的民用品生产、农工综合体领域企业的改建和技术改造、建立先进的科学密集型工业行业、交通基础设施建设以及发展通信系统。

塔吉克斯坦政府确认优先投资和发展的领域，明确具体的投资项目。首先，把恢复和发展教育、医疗卫生事业放在优先投资领域的首位；其次，恢复交通、能源、水利和供水系统领域的基础设施；最后，扶持市场开发和私营经济发展。此外，还希望在以下领域开展国际合作：棉纤维加工，以山野药材为原料的制药工业，日用品生产，原料加工，大型岩盐矿场的开发，农产品的加工和销售，贸易，蓄电池生产，天然与合成染料和清漆生产，银、锌、金、铅等矿产开发。此外，还希望在科学、技术、环保等领域开展国际合作。

为了扩大吸引外资，塔政府对外资企业提供了一系列优惠。对外国投资者为向所创办的企业的法定基金投资而运进塔境内的财产免征关税和进口关税。外资企业有权不办许可证进口用于生产业务活动的产品；外资占注册法定基金总额30%或30%以上的外资企业可不办许可证，有权出口其自产产品。外资企业的外籍职工带进的自用财物也免征关税和进口关税。

（二）引进外资和外援

在吸引外资方面，塔吉克斯坦虽然做了很大努力，但成效不大。1993年，俄罗斯提供48亿卢布贷款，白俄罗斯允诺提供50亿卢布贷款，欧共体提供660万美元贷款，美国提供1800万美元贷款（美国共向塔吉克斯坦提供资金援助近1亿美元），中国提供3000万元人民币商品贷款和2500万美元贷款。

截至1997年初，合资企业累计接受的外国投资总额为9349.35万美元（其中，累计接受的直接投资总额为9260.22万美元，其他投资累计额为89.13万美元）。1997年接受的外国投资为326.60万美元（包括直接投资156.60万美元，其他各种投资170万美元）。截至1998年初，合资企业累计接受的国外投资总额为1.6426亿美元（其中，累计接受的直接投资为1.567亿美元，其他投资额累计756万美元）。1998年接受的外国投资为1.4046亿美元（包括直接投资1.156亿美元，其他各种投资2486.3万美元）。截至1999年初，合资企业累计接受外国投资总额为2.75亿美元（其中，累计接受的直接投资为1.818亿美元，其他投资额累计9320万美元）。1999年接受的外国投资为657.86万美元（包括接受直接投资606.05万美元，其他各种投资51.81万美元）。

截至1999年初，塔吉克斯坦累计吸引外国直接投资总额为1.8182亿美元，其他投资为9063万美元。1999年，俄罗斯向塔累计直接投资为35.99万美元。乌兹别克斯坦向塔累计投资为7600万美元。世界其他国家向塔累计直接投资为1.8146亿美元，其他投资为1463万美元。其中，奥地利累计直接投资为159.75万美元，其他投资累计170万美元；英国累计直接投资为7903.6万美元，其他投资为728.40万美元；越南累计直接投资为42.5万美元；德国累计直接投资为561.40万美元；意大利累计直接投资为3946.81万美元；印度累计直接投资为36.14万美元；韩国累计直接投资为5340万美元；塞浦路斯累计直接投资为89.10万美元；加拿大累计直接投资为 73.48 万美元，其他投资为 3.20 万美元；中国累计直接投资为 284.3 万美元；美国累计直接投资为 63.65 万美元；土耳其累计直接投资为 51.62 万美元，其他投资为 6.71 万美元；瑞士 1999 年直接投资为 27.02 万美元。

1999 年各部门引进外资情况：金属开采和加工占 72.2%、商业占 9.4%、饮料生产占 7.3%、其他部门占 5%、教育部门占 3.3%、产品生产占 2.8%。

截至 1999 年，塔吉克斯坦协议外资企业法定基金总计 3.75 亿美元，实际外商直接投资额约 1.82 亿美元。来自欧美和亚洲的 14 个国家占外商直接投资总额的 96%，按投资额大小顺序，这些国家分别是意大利、英国、韩国、美国、卢森堡、俄罗斯、瑞士、奥地利、阿联酋、加拿大、中国、土耳其、越南和德国。其中，俄罗斯、美国在塔的合资和独资企业数量最多，分别为 49 家和 27 家；其次是阿富汗、土耳其、伊朗，这三国在塔创办的外资企业都在 10 家以上。

从投资额度来看，轻工业的外资企业在外资企业法定基金总额中占 44.5%，其他依次为食品工业、建筑业、采矿业、农产品生产和加工业。服务与贸易领域的外资企业数量最多，共计 105 家，占外资企业总数的 1/3，但其只占外资企业法定基金总额的 3.2%。而外资企业数量多的行业外商投资额并不多，如贵金属开采加工业（采矿业）合资企业总计 6 家，占外资企业法定基金总额的 12%。1999 年，共有 57 家外资企业从事进出口贸易业务，贸易额达 4500 万美元，占当年对外贸易总额的 3.33%，其中出口额为 3300 万美元，进口额为 1200 万美元。

外资企业涉及国民经济许多行业，包括贵金属开采加工，棉花种植和加工，农产品加工，民用品、食品、酒类和饮料生产，还涉及餐饮业、文教组织、广告和信息服务业。外资企业行业分布情况是：服务与贸易行业 110 家、农业及加工业 40 家、轻工业 36 家、食品工业 35 家、其他工业行业 34 家、电信业 20 家、建筑业 20 家、采矿业 6 家。

由于受自然经济地理环境的限制，外资企业分布很不均匀。外资企业主要集中在首都杜尚别市和北部的粟特州，其次是在共和国中部国家直辖区的各个区和南部哈特隆州，而落后的东部戈尔诺－巴达赫尚自治州至今没有外资企业。

在接受外援方面，1995 年中国向塔吉克斯坦提供了价值 150 万元人民币的人道主义援助物资。1996 年塔吉克斯坦接受了来自 35 个国家近 14.7 万吨的援助物资。1997 年塔吉克斯坦接受外国援助物资 11.8 万吨，其中独联体国家援助量占 27%，主要援助者为外国政府、国际组织等，主要援助物资有小麦（占 36%）、面粉（占 41%）和各种食品等。

2001 年塔接受 38 个国家价值 8720 万美元的人道主义援助，援助国主要为美国（占援助总量的 35.4%）、拉脱维亚（23.3%）、德国（13.7%）、哈萨克斯坦（6.4%）、吉尔吉斯斯坦（2.5%）以及俄罗斯和乌兹别克斯坦，主要援助物资有食品、建筑材料、化肥、医疗设备、运输工具和石油产品等。

2011 年向塔提供人道主义援助的国家有 41 个，共援助物资 25515 吨，约合 8638.2 万美元，其中面粉 2272 吨（114.7 万美元）、植物油 769 吨（135.0 万美元）、药品（6408.6 万美元）、服装和鞋（237.8 万美元），此外还有食品、医疗设备、电子仪器、电脑及其配件等。提供物资最多的是美国（占援助总额的 70.6%），其次是俄罗斯（6.3%）、丹麦（5.3%）、中国（3.8%）、荷兰（1.7%）、奥地利和德国（均为 1.6%）、拉脱维亚（1.1%）、韩国和伊朗（均为 1.1%）、哈萨克斯坦（均为 0.6%）等。

2012 年向塔提供人道主义援助的国家有 45 个，共援助物资 21203.8 吨，约合 7552.2 万美元，其中面粉 13678 吨（707.8 万美元）、植物油 657.7 吨（104.6 万美元）、药品（3475.9 万美元）、服装和鞋（307.4 万美元），此外还有食品、医疗设备、电子仪器、电脑及其配件等。提供物资最多的是美国（占援助总额的 46.4%），其次是俄罗斯（10.4%）、中国（10.2%）、荷兰（5.01%）、哈萨克斯坦（3.5%）、拉脱维亚（3.1%）、埃及（2.8%）、韩国（2.6%）、德国（2.2%）、伊朗（2.1%）、法国（1.9%）、丹麦（1.4%）等。

2012 年塔吉克斯坦吸引外资额为 3.91 亿美元，累计吸引外资 22.93 亿美元。外资主要投入领域是公路修复、能源开发及贵金属矿开采和加工、食品加工业、发展中小企业等。目前塔吸引外资的重点领域是水电站建设、公路修复及隧道建设、通信网改造、矿产资源开采和加工、农产品加工等。在塔投资的主要国家有俄罗斯、哈萨克斯坦、英国、荷兰和中国等。

中塔两国的贸易额从 1992 年的 275 万美元增加到 2015 年的 18.47 亿美元。2016 年，中国成为塔吉克斯坦第一大贸易伙伴，两国正式启动本币互换，开通首都直航，包括隧道和公路修建、采矿业、农业、通信业和安全等领域的民间交往和地区合作惠及两国人民。

2015 年 1 月 16 日，据塔吉克斯坦统计署数据，2014 年塔吉克斯坦共获得 42 个国家总价值为 5780 万美元的人道主义援助，其中美国占56.5%、荷兰占 9.4%、俄罗斯占 7.8%、中国占 5.8%。

2015 年塔吉克斯坦吸引外资额为 2.27 亿美元，截至 2015 年底吸引外资额为 21.12 亿美元。外国投资主要用于地质勘探、公路修建、能源开发、矿山开采、通信、建筑、工业和农业领域方面。2016 年 1~9 月，吸引外国投资额为 6.95 亿美元，其中 3.54 亿美元为直接投资，同比增长15%。

2016 年 1~7 月塔吉克斯坦共收到总额约为 2620 万美元的人道主义援助。据统计部门介绍，6 月到达塔吉克斯坦的人道主义援助总额约为 270万美元。援助总量超过 12700 吨，2016 年 1~7 月共收到来自 48 个国家的援助。人道主义援助捐赠国主要有中国（26.4%）、俄罗斯（19.8%）、印度（9.5%）、巴基斯坦（5.2%）、塞尔维亚（5.1%）、白俄罗斯（4%）、哈萨克斯坦（3.6%）、丹麦（3.4%）、土耳其（3.2%）、德国（3%）、韩国（2.6%）、瑞士（2.3%）、阿塞拜疆（1.5%）、荷兰和美国（均占 1.5%）、法国和泰国（均占 1.3%）、伊朗（1.1%）以及其他国家。2016 年与 2015 年相比，向塔吉克斯坦提供援助的国家数量增加了 14 个。

自 2015 年 7 月以来，夏季持续高温导致冰川融化，塔多地发生严重泥石流灾害，造成人员伤亡和较大财产损失。

近年来，塔不断加深对外经济交往。积极参加独联体、伊斯兰会议组织和欧亚经济共同体等国际和地区性机构活动，还努力寻求与欧盟开展经济合作。塔通过国际货币基金组织、世界银行、欧洲复兴开发银行、亚洲开发银行、伊斯兰发展银行等国际金融机构获得优惠贷款、无偿技术援助，以恢复被内战破坏的国民经济。塔十分重视发展与包括俄罗斯在内的独联体各国的友好合作关系，并全力拓展国际活动空间，为在恶劣环境下恢复本国经济创造条件。在东亚和东南亚，塔将发展与中国的睦邻友好关系放在优先位置。努力改善与乌兹别克斯坦和哈萨克斯坦等中亚国家的关系，排除外部对塔的疑虑，增强外国对塔的信心。

根据塔官方资料，目前塔吸引外资所遇到的阻力是政府机构官僚主义作风严重、效率低下、行政干预过多、工作环节烦琐、办事拖拉。这些问题直接影响了国家引资政策的实施。

对此，塔吉克斯坦采取了改善税收和国际贸易领域调控等措施，以及使用电子报关等贸易便利化措施，积极吸引外资。

(三) 合资企业

国内局势不稳，严重影响了该国的对外经济技术合作。1991 年在塔吉克斯坦注册登记的合资企业有 100 多家，实际运作的只有 32 家，投资额仅为 111.5 万美元。1992 年合资企业减少到 19 家，1993 年有 43 家，1994 年合资企业减少到 15 家。截至 1996 年，总共建立了各类合资企业（包括公司和商行）250 多家，其中约 70% 是生产企业。例如，同英国合办的"泽拉夫尚"联合公司，一年可生产出 2.5 吨高质量的黄金；同美国合办的生产皮件制品的合资企业和棉花加工厂；同韩国合资的"卡欧扑 - 塔吉克斯坦杰克斯塔伊尔兹"纺织厂；同中国合建的"利斯达"棉纺厂。1995 年 7 月，塔同加拿大签订了一项关于合作开采金银矿的协定，还有同俄罗斯合资经营的有色金属开采和精炼企业等。据塔财政部提供的统计资料，截止到 2001 年 1 月 1 日，正式注册登记并实际运营的外资企业共计 326 家，合资企业占外资企业总数的 2/3。外资企业的外方来自包括独联体国家在内的世界上 42 个国家的公司、企业。经营状况较好、有一定规模的大型外资企业有塔美英纯净水生产企业"奥比 - 祖洛尔"、塔意纺织公司、塔韩纺织品公司、塔印制药公司等。

目前著名公司有以下一些。

塔吉克铁路公司，成立于 1929 年，资本额为 3296 万美元。

塔吉克能源国家股份公司，成立于 1957 年，资本额为 1.5 亿美元。

塔吉克国家电力公司，成立于 1963 年，注册资本为 1.5 亿美元。负责人是尼亚佐夫。公司地址：杜尚别市索莫尼街 64 号。

塔吉克铝厂，成立于 1975 年，资本额为 330 亿塔吉克斯坦卢布。该厂为独联体第三大铝厂，1975 年建成投产，近几年年产量近 40 万吨，其中 60% 为纯铝，40% 为特殊用途铝。工厂占地 10 平方公里，共有 12 个主厂房，其工艺和设备均为法国、意大利等欧洲国家的设计师设计制造。产品主要销往荷兰、俄罗斯、土耳其和伊朗。厂址：图尔孙扎德市。

塔吉克电信公司，组建于 1996 年，属国家控股公司，资本额为 1541.61 万美元。负责人是卡尤莫夫。公司地址：杜尚别市鲁达基大街 A54。

塔吉克国家航空公司，塔唯一国有航空公司，成立于 1992 年，于 2004 年改组。2008 年 10 月塔航重组成 6 家公司，塔航保留，另设 5 家股份制公司。

塔英合资"泽拉夫尚"公司，成立于 1994 年，资本额为 2400 万美元。负责人是阿利别可夫。主要经营金矿开采业务。公司地址：彭吉肯特市索戈吉延村。

2013 年塔国外劳工汇回的工资收入为 42 亿美元，是独联体国家中劳动移民汇款占第二位的国家。2012 年为 38 亿美元，约占塔 GDP 的 50%。塔从国外汇回的工资收入已经占 2013 年 GDP 的 49.6%，为世界上最高。据 2014 年 4 月 7 日俄罗斯中央银行统计公报，2013 年塔自俄罗斯劳动移民汇款额为 41.54 亿美元，比上年增加 5.20 亿美元，同比增长 14.3%，占塔 GDP 的 48.8%。

截至 2014 年 1 月 1 日，塔外债总额为 21615 亿美元，占国内生产总值的 25.4%。自 2013 年 1 月 1 日起，塔新税法颁布实施，2013 年塔税收收入为 58.1 亿索莫尼，约合 12 亿美元，同比增长 1%。

第五章

军　事

　　塔吉克斯坦独立前没有军队，独立后在组建军队方面均晚于独联体其他国家。1992 年初组建军队，在军事实力方面是独联体最弱的国家之一，从这个意义上确切地说，塔完全没有独立的条件，因为国家刚独立，国内就开始战乱，而且内战长达近 6 年，对内控制不了局势，对外没有防御能力，在军事方面完全依赖于俄罗斯。不仅如此，塔吉克斯坦在组建军队后，竟然放弃俄罗斯驻塔吉克斯坦军队的管理权。俄罗斯驻塔吉克斯坦军队由俄罗斯管理，俄罗斯驻塔吉克斯坦军队全部费用由俄罗斯支付。

　　独立以来，塔吉克斯坦完全依赖于俄罗斯驻塔军队承担边防守卫任务。

一　独立前与独立初的军事简况

　　苏联时期，塔吉克斯坦与其他加盟共和国一样，没有独立的武装力量，没有军队。该共和国归中亚军区管辖。中亚军区组建于 1969 年 6 月 24 日。辖区包括哈萨克斯坦、吉尔吉斯斯坦、塔吉克斯坦三国。军区司令部设在阿拉木图市。苏联解体时，驻扎在各加盟共和国的苏联军队和武器装备都归驻在国所有。塔吉克斯坦因承担不起军队的巨额开支，放弃了军队的管理权，当时塔吉克斯坦境内的 2.5 万名驻军仍归俄罗斯管理，其费用由俄罗斯支付。塔吉克斯坦独立初期，没有本国的武装部队。对外没有防御能力，对内不具有完全控制国家的力量。塔吉克斯坦军事上完全依赖于俄罗斯，其边界主要由俄罗斯驻塔边防军和独联体集体维和部队守卫。以俄军第 201 摩步师为主组成的独联体集体维和部队，在稳定塔吉克斯坦国内局势和维持社会秩序方面曾发挥重要作用。

塔吉克斯坦

二　独立后的军事现状

（一）国防体制与军队领导人

宪法规定，总统为武装力量统帅。国防部是最高军事行政机关。武装力量由正规军和准军事部队组成。最高军事指挥机构为武装力量参谋部。总统通过国防部和武装力量参谋部对全国武装力量实施领导和指挥。现任总统拉赫蒙兼武装力量统帅。国防部部长为舍·海鲁洛耶夫中将，武装力量参谋长为巴巴贾诺夫。

（二）建军过程

塔吉克斯坦建军较晚。1992 年 1 月 6 日，塔成立国防委员会，原塔边防军副司令兼参谋长尼亚佐夫担任该委员会主席。12 月底，塔最高苏维埃宣布，在人民阵线和拥护合法政府的军事分队的基础上组建本国军队。1993 年 1 月 10 日，塔吉克斯坦议会主席拉赫蒙签署命令，正式组建国防部，并任命希什良尼科夫上校（后晋升为少将）为国防部部长。塔吉克斯坦武装力量于 1993 年 2 月 23 日组建，军队是在人民阵线的基础上建立的。根据塔总统的命令和议会的决定，塔吉克斯坦组建一支规模不大、机动能力较强的职业化军队，总兵力大约有 1.22 万人。分三个军种：陆军、空军和防空部队。建军工作分三个阶段进行，2000 年前组建完毕。

（三）军事实力

塔吉克斯坦军队由陆军、机动部队、空军防空军三个军种组成，总兵力约为 1.5 万人。

陆军　约 9000 人，编为 1 个师、4 个旅（有 3 个摩托化步兵旅和 1 个训练旅）、1 个炮兵旅、1 个特种旅、1 个特种分队、6 个独立营和若干独立保障分队。已组建边防军，隶属于国家安全委员会。

重武器装备有主战坦克 T – 72 型 40 辆、步兵战车 BMP – 1/2 型 85 辆、装甲输送车 BTR – 60/ – 70/ – 80 型 40 辆、122 毫米牵引炮 12 门、122 毫米迫击炮 12 门、地空导弹 SA – 2/ – 3 型 20 部。

空军防空军　约 1200 人，防空军编为 1 个混编直升机大队、1 个防空导弹团和 1 个防空雷达团。

武器装备：图-134型运输机1架，米-24型直升机4~5架，米-8/17型直升机12~14架。

准军事部队有1200人，包括边防军（2个边防总队）、内卫军（2个内卫团、1个民警团、2个独立教导营、1个摩托化步兵营）、总统卫队（1个快速反应旅），还有总统卫队特种团及隶属于国家安全委员会和内务部的2个团。

机动部队编为1个空降突击旅和多个独立作战与支持保障分队。此外，塔强力部门中的边防总局隶属国家安全委员会，总兵力约为1.7万人。国民卫队直接隶属总统，总兵力约为5000人。根据塔俄军事合作协议，俄在塔部署第201军事基地，总兵力约为7500人。塔吉克斯坦边界主要由俄罗斯驻塔边防军和塔吉克斯坦边防军共同守卫，俄罗斯第201师负责塔吉克斯坦重要设施的守卫。

每年军费要耗掉国家预算的43%，约占塔吉克斯坦国民收入的50%。

（四）驻塔吉克斯坦的独联体集体维和部队

俄罗斯第201摩托步兵师下设3个摩托化步兵团（第101摩步团在杜尚别、第122摩步团在亚万、第191摩步团在库尔干秋别）、坦克团和防空火箭团。此外，俄国防部下设的防空军总司令部部署1个雷达旅和1个防空火箭团在杜尚别。

根据塔吉克斯坦对立双方达成的协议和独联体内的有关决议，塔吉克斯坦与阿富汗长1000多公里的边界主要依靠俄边防军（2.1万人）承担边防守卫任务。1993年哈萨克斯坦、乌兹别克斯坦、吉尔吉斯斯坦各派1个营组成独联体集体维和部队在塔吉克斯坦驻扎并协助俄第201师守卫塔吉克斯坦边界。维和部队司令为久科夫。乌兹别克斯坦、吉尔吉斯斯坦士兵于1996年后先后撤回国内。2001年2月2日，哈萨克斯坦也撤回了驻塔吉克斯坦维和部队。此后，塔吉克斯坦完全依赖于俄罗斯驻塔军队承担边防守卫任务。

三　对外军事关系

（一）俄罗斯与塔吉克斯坦国家的安全和稳定

俄罗斯在维护塔吉克斯坦国家安全方面发挥着重要作用。在塔内战中

俄罗斯始终站在合法政府一边，俄驻塔第 201 摩托化步兵师（约 1.5 万人）是支持合法政府和抵御外来侵犯的重要力量。苏联解体后不久，俄罗斯就声称，塔吉克斯坦南部边界为独联体的边界，俄罗斯有责任保护。1992 年 10 月 9 日，俄罗斯与中亚五国元首发表声明，他们不能对兄弟的塔吉克斯坦人民的命运漠不关心，准备向他们提供包括维持和平部队在内的全面帮助。11 月 2 日，塔吉克斯坦代总统伊斯坎达罗夫前往莫斯科与盖达尔代总理商讨稳定塔吉克斯坦政局的途径。同年底，拉赫蒙政府在俄军帮助下，把宗教激进主义势力驱逐出境，赶到塔吉克斯坦偏远的山区，控制了塔吉克斯坦的局势。俄罗斯还积极推动运用和平手段结束内战。俄罗斯在支持塔合法当局的前提下，致力于充当内战对立双方的调停者，为使塔交战双方能坐到谈判桌旁，俄罗斯做了大量调解工作。1995 年初，俄罗斯派维和部队进驻塔吉克斯坦。俄第 201 摩托化步兵师就作为维持和平的主要力量驻守在杜尚别和塔阿边境地区。该师师长阿舒罗夫同时也担任塔吉克斯坦国务委员会副主席职务。同年 4 月 12 日，俄罗斯国家杜马就塔吉克斯坦和阿富汗边界局势发表声明，谴责塔吉克斯坦反对派在塔阿边境挑起冲突。在塔吉克斯坦敌对双方长期对抗的情况下，由于俄罗斯大力进行斡旋和联合国等有关各方的促进，塔吉克斯坦民族和解取得重大突破。1997 年 6 月 27 日，塔吉克斯坦总统拉赫蒙和联合武装反对派首领努里在莫斯科签署了《关于在塔吉克斯坦实现和平和民族和睦总协定》。从此，塔吉克斯坦步入和平进程。当塔吉克斯坦走上和平道路之后，俄边防军仍然继续留驻塔境内，协助塔吉克斯坦边防委员会保卫塔边境安全。塔吉克斯坦作为独联体《集体安全条约》的成员国，迄今仍在俄罗斯的军事保护之下。2000 年 8 月塔总统拉赫蒙与俄总统普京会晤，着重讨论了中亚地区形势和联合打击宗教极端主义和国际恐怖主义等问题。2011 年 11 月 24 日，塔国防部部长海鲁洛耶夫访俄，会见俄国防部部长谢尔久科夫，讨论两国军事合作。双方签署了两国防务部门 2012 年合作计划。

（二）同俄罗斯的军事合作

独立后，塔吉克斯坦与俄罗斯就军事合作问题进行数次接触和谈判。俄罗斯驻塔吉克斯坦第 201 师担负着保障塔局势稳定的任务。苏联解体后，俄罗斯试图重整苏联空间内的安全联盟。1992 年俄罗斯等 6 国签订了独联体《集体安全条约》，2002 年改组为集体安全条约组织，是北约之外最强的军事同盟。目前该组织有 6 国，包括俄罗斯、白俄罗斯、亚美尼亚、吉尔吉斯斯坦、塔吉克斯坦和哈萨克斯坦。1994 年 7 月，俄罗斯边防军司令尼古拉耶夫访塔，与塔签署了一系列保障独联体南部共同边界的协议，还与塔签署了建立边防军联合司令部的协议。根据协议要求，塔吉克斯坦境内的边防军部队受塔吉克斯坦、俄罗斯双重指挥，从而确立了双方间的边防协调机构。1995 年 12 月，俄边防军司令在杜尚别主持召开了独联体国家边防军司令理事会。1997 年，俄罗斯总统特使米哈伊洛夫于 6 月、10 月、12 月连续 3 次访塔，双方达成协议，进一步明确俄驻塔边防军的地位。1998 年 1 月 16 日，俄总理与塔总统签署民防军事技术合作协定。1999 年 1 月 25 日，俄驻塔边防军司令拉兹尼琴科说，俄边防军将继续留驻塔，协助塔边防委员会保卫塔边境安全。同年 2 月 24 日，俄外长伊万诺夫对塔进行访问，同拉赫蒙总统讨论了包括军事合作在内的双边合作问题以及解决塔内部冲突等问题。会谈后，两国决定加强军事合作并制订了完善俄在塔境内军事存在的计划。4 月 6 日，塔总统会见了来访的俄国防部部长谢尔盖耶夫，双方一致同意在驻塔的俄第 201 摩托化步兵师的基础上建立俄军事基地。双方还就地区安全和发展两国军事和军事技术合作等问题进行了交谈并达成共识。俄塔两国国防部部长签订军事合作协定。4 月 15 日，拉赫蒙总统赴俄进行为期 3 天的访问，当天拉赫蒙总统同叶利钦总统举行了会谈，双方商定延长俄驻塔部队的期限。4 月 16 日，塔俄两国总统签署了《俄罗斯联邦与塔吉克斯坦共和国面向 21 世纪的联盟协作条约》。俄国防部部长谢尔盖耶夫和塔吉克斯坦国防部部长海鲁洛耶夫签署了军事基地条约，规定了俄在塔吉克斯坦建立军事基地的地位和部署条件。该条约为期 10 年，并能顺延。根据条约，俄将在 1999 年在驻塔吉克斯坦第 201 摩托化步兵师的基础上建立军事基地，并在年内建成。俄军将驻扎在塔吉克斯坦首都杜尚别以及库尔干秋别和库洛布地区，俄方承担俄军事基地的一切费用。目前有 1 名俄军事总顾问和大约 20 名军事专家在塔国防部工作。俄罗斯将根据该协定协助塔吉克斯坦建设军队，并

在军事技术合作框架内提供装甲车、直升机和火炮等技术兵器。4月29日，塔俄在塔吉克斯坦境内举行了联合军事演习。俄罗斯国防部部长以及俄驻塔第201摩托化步兵师师长奥尔洛夫少将观摩了演习。

2000年塔俄两国议会批准了上述关于俄在塔军事基地地位和驻军条件的条约。2003年4月27日，普京表示，俄将加强在塔的军事存在，双方有关俄在塔建立大型军事基地的协议正在磋商之中。目前，俄已基本完成了在塔建立长期军事基地的所有法律程序。

2014年2月拉赫蒙政府与俄签订了新的《军事合作协议》，把俄在塔军事基地的期限延长到2042年。

2015年3月21日，俄罗斯国防部官员称，2015年底前俄罗斯向俄驻塔吉克斯坦的第201军事基地提供100多辆82A装甲运输车。同年4月3日，据塔媒体报道，集安组织代表组访问了第201军事基地，该基地指挥官称2020年前将对第201基地进行现代化改造，将第201基地的士兵数量增加到9000人，而目前该基地士兵约有5900人。根据俄罗斯与塔签署的协议，第201军事基地每年将为塔培训1000名军官。10月6日，塔吉克斯坦总统拉赫蒙访问索契，与俄总统普京会晤，拉赫蒙称塔与阿富汗交界60%的边境地区发生武装交火。10月8日，俄国防部称，将向塔艾尼基地派遣攻击直升机。

塔吉克斯坦和俄罗斯在2001年2月15～20日举行为期6天的联合军事演习，以检验军队在非常情况下的作战准备能力，加强两国军队之间的相互协作。同年4月2～6日，俄罗斯、塔吉克斯坦、阿塞拜疆、亚美尼亚、白俄罗斯、哈萨克斯坦、吉尔吉斯斯坦7个独联体国家在莫斯科举行了为期5天的联合反恐军事演习。

据中新社2016年11月29日报道，俄罗斯中央军区新闻处发布消息称，俄罗斯与塔吉克斯坦官兵在塔境内进行了"盾牌-2016"跨军种联合军事演习。消息称，俄部署在塔吉克斯坦境内的第201军事基地的精锐部队、塔吉克斯坦内务部部队以及塔边防军等1万多名官兵参加了此次演习。演习期间，双方出动了坦克、装甲车、直升机等1500多部重型装备。

消息显示，本次演习以进入塔吉克斯坦境内的假想敌为目标，俄、塔双方共同就防御、进攻、机动、搜索和摧毁等战术项目进行了训练。此外，双方还演练了撤出战斗及重整军力等战术项目。

此次并非 2016 年俄塔首次举行军事演习，2016 年 7 月，双方已经就隐蔽作战、障碍机动等项目举行过演习。

第六章

社　　会

　　塔吉克斯坦独立后，社会发生重大变化，由于内战社会保障制度遭到破坏，贫困人口一度高达 80%。塔吉克斯坦的社会矛盾悄然积聚。1997 年和平协定签订后，社会逐渐稳定，人民生活也逐渐有所改善，但减贫任务依然十分艰巨。独立后，政府始终把维护国家与社会的稳定和安全作为首要任务，稳定民心，坚定反恐，坚决打击"三股势力"。但是内战导致政治上形成"诸侯割据"状态，国家政令难以实施。该国还不时发生兵变、叛乱和政治性暗杀事件。社会问题成堆，走私贩毒猖獗，犯罪案件不断上升。这里一度成为宗教极端势力、民族分裂主义和国际恐怖主义滋生的沃土和活动基地。不仅如此，恐怖主义威胁不断上升，跨国犯罪不但难以控制，而且恐怖势力、宗教极端势力、贩毒集团、反政府武装势力相勾结。2015 年塔吉克斯坦社会安全形势日益复杂化。主要原因有两点：一是来自加入"伊斯兰国"作战的塔籍恐怖分子有回流之势，威胁国家与社会安全；二是阿富汗国家安全形势恶化，威胁塔南部边防安全。例如塔阿边境地区及其到费尔干纳谷地沿线地区，一向是中亚宗教极端势力的圣地，它对恐怖分子来说有着得天独厚的条件，并成为中亚恐怖分子的新安全岛。这些问题的存在严重影响国家和社会的稳定。本章着重介绍塔独立以来国民生活变化、社会管理、医疗卫生，以及目前存在的主要社会问题。

第一节　国民生活

一　独立前的国民生活水平

独立前，塔吉克斯坦人民和其他加盟共和国一样，无论是城市居民，还是乡村集体农庄庄员，无论是务工，还是务农，凡是适龄劳动者就业不成问题，基本上没有失业现象。总的来说，人民都有稳定工作、稳定收入。不仅如此，人民还普遍享受苏联时期形成的免费教育、免费医疗、分配住房、发放补贴、奖金以及休假制度等各种社会保障。总之，苏联时期形成的社会保障制度基本上还是有保障的。

二　独立最初 10 年国民生活水平急剧下降

人民生活状况与国家政治经济形势息息相关。塔吉克斯坦独立最初 10 年，国民经济濒临崩溃，人民生活水平急剧下降，不但经历了死亡线上的挣扎，而且还多年经受饥饿的煎熬。从 1992 年起，苏联时期形成的各种社会保障体系遭到了严重破坏。人民生活受到最严峻考验。这一切无论是对国家还是对人民来说都是始料不及的。工资拖欠，收入少得可怜，失业人数急剧增加。内战死亡人数为 15 万人，向邻国逃亡的难民高达百万人。1993～1995 年，人均收入在最低生活费标准以下的人大约占全国人口的 2/3，大量居民无法维持正常生活。在战乱时期，居民失去正常的食品供应。过去，居民食品消费水平是由家庭成员收入多少、性别和年龄构成、居住地的自然气候条件以及民族特点决定的，而内战期间则一律按硬性的分配制度进行分配（大多数地区许多食品均按购买证定额分配）。1992～1995 年，随着面包价格的上涨，国家不断给居民增加补贴，国际货币基金组织正式建议政府采取措施从国外进口谷物、面粉给国内以补贴。居民货币收入：1995 年职工月平均工资为 922 塔卢布，1996 年为 2805 塔卢布，1997 年为 4975 塔卢布，1998 年为 8790 塔卢布，1999 年为 11609 塔卢布。居民人均年收入：1995 年为 7865 卢布，1996 年为 31350 卢布，1997 年为 58101 卢布，1998 年为97068 卢布，1999 年为 121828 卢布。居民必要的年支出和税收：1995 年为 1408.7 卢布，1996 年为 5450.1 卢布，1997 年为 25184 卢布，1998 年为41913.9 卢布，1999 年为 70880.3 卢布。1999 年居民总收入的支配情况：消费支出占全部收入的94.4%，其中购买食品占了87.3%。1992 年人均食品消费：肉和肉制品为 27.8公斤、奶和奶制品为 172 公斤、蛋为 99 个、糖为 8.2 公斤、面包为186 公斤、土豆为 33.4 公斤、蔬菜为 98.3 公斤、水果和干果为 25.6公斤、植物油为 12.8 公斤。1993 年人均食品消费：肉和肉制品为20.8 公斤、奶和奶制品为 140 公斤、蛋为 70 个、糖为 8.1 公斤、面包为 204 公斤、土豆为 29.6 公斤、蔬菜为 77.3 公斤、水果和干果为24.9 公斤、植物油为 11.3 公斤。1997 年人均食品消费：肉和肉制品为 4.9 公斤、奶和奶制品为 46.7 公斤、蛋为 6 个、糖为 6.6 公斤、面包为 147 公斤、土豆为 25.0 公斤、蔬菜为 55.5 公斤、水果和干果为24.5 公斤、植物油为 9.8 公斤。1998 年人均食品消费：肉和肉制品为5.1 公斤、奶和奶制品为 47.2 公斤、蛋为 6 个、糖为 6.6 公斤、面包为154 公斤、土豆为 22.3 公斤、蔬菜为 59.9 公斤、水果和干果为19.3 公斤、植物油为 7.6 公斤。1999 年人均食品消费：肉和肉制品为9.7 公斤、奶和奶制品为 55.1 公斤、蛋为 12 个、糖为 6.0 公斤、面包为 167 公斤、土豆为 24.1 公斤、蔬菜为 92.4 公斤、水果和干果为17.3 公斤、植物油为 9.5 公斤。

1992 年 1 月价格放开后，塔吉克斯坦通货膨胀严重，而国家又没有能力加以控制。1996 年，塔吉克斯坦主要工业品的价格上涨 2.6 倍，日用品上涨 83%，各种主要食品上涨 40%～85%。而职工平均月工资为2805 塔卢布。1997 年职工平均月工资为4975 塔卢布。居民购买力比 1996年下降62.8%。主要工业品的价格比 1996 年上涨 3 倍，日用品价格上涨1 倍多，各种主要食品价格上涨 1.5～1.7 倍。1998 年职工平均月工资为8790 塔卢布。2000 年 1 月至 11 月的人均月工资为 15.25 索莫尼（约合8.7 美元）。

苏联时期形成的社会保障体系已无法维持下去。尽管 1994 年 11 月 6 日通过的宪法也做出了对弱势群体实施社会保障的规定，但实际上难以办到，因为贫困者人数太多。失业情况严重，即使有工作，收入也很少。1996 年职工月平均工资为 2805 塔吉克斯坦卢布，1997 年为 4975 塔卢布，1998 年为 8790 塔卢布。1993～1995 年，人均收入在最低生活费标准以下的人大约占全国人口的 2/3，2000 年生活在贫困线以下的人已达到 80%。为保证国家与社会稳定，满足人民生存需要，国家只能依靠进口才勉强渡过难关。

三 2000 年以来的国民生活水平

1997 年签订和平协定后，塔吉克斯坦政府采取一系列改革经济、发展生产的措施，随着经济形势逐渐好转，人民生活水平也逐步有所改善，但始终没有摆脱贫困。

（一） 就业状况

塔吉克斯坦独立后，就业结构变化较大，失业人数逐年增多。1998 年塔吉克斯坦就业人数为 180 万人，其中在官方劳动部门登记的失业人员有 5.41 万人。1991 年就业人数为 197.1 万人，当时还没有失业人员。1998 年与 1991 年相比，1998 年在工业和建筑业的就业人数由 1991 年的 40.4 万人减少到 20.5 万人，几乎减少一半。而在农、林、渔业的就业人数则由 1991 年的 86.5 万人猛增到 115 万人，在服务业领域的就业人数由 1991 年的 70.2 万人减少到 44.5 万人。

塔土地改革后，出现一个新问题，农民租用土地也有风险。因为土地归农场主所有，农民只能租用土地。农场主对农民层层盘剥，手段恶劣。例如要求农民必须按照土地比例缴纳粮食，并与地方官员勾结对抵制者采取拒绝提供免费医疗的做法。

2000 年，常住居民为 625 万人，劳动力人数为 179.4 万人，就业人数为 174.5 万人，其中农业、林业和渔业就业人数为 113.5 万人，占就业人数的 65%，工业和建筑业就业人数为 15.8 万人，约占就业人数的 9%，各类服务业（包括交通与通信、商品物料采购、地质水文、医疗卫生、体育、社会保障、教育、文化和艺术、科学和学术服务、信贷、金融、保险和养老服务、行政管理）就业人数为45.2万人，占26%。2005年常住居民为692万人，劳动力人数为215.4万人，就业人数为211.2万人，其中农业、林业和渔业就业人数为142.5万人，占就业人数的67.5%，工业和建筑业就业人数为18.3万人，占8.7%，服务业就业人数为50.4万人，占23.9%。2010年常住居民为756.5万人，劳动力人数为228万人，就业人数为223.3万人，其中农业、林业和渔业就业人数为147.1万人，占就业人数的66%，工业和建筑业就业人数为16.6万人，占7.4%，服务业就业人数为59.6万人，约占27%。2011年常住居民为780.1万人，劳动力人数为230.3万人，就业人数为224.9万人，其中农业、林业和渔业就业人数为150.7万人，占就业人数的67%，工业和建筑业就业人数为16.4万人，占7.3%，服务业就业人数为57.8万人，占25.7%。2012年常住居民为795万人，劳动力人数为232.3万人，就业人数为226.8万人。从以上各年就业情况看，工业和建筑业始终不景气。工业中电力工业状况比较好，其次是采矿业略好些。多年来官方公布的失业率始终保持在2.5%~2.6%，但实际情况要严重得多。解决就业问题始终是该国解决民生问题和维护国家稳定的大问题。而解决就业问题并非易事，是由经济发展状况决定的。自2011年以来，经济发展明显平稳有增，提供的就业岗位也随之增加。2013年政府新增就业岗位15万个，而且这些岗位都是稳定的工作。经济形势转好，企业发展加快，提供就业岗位就会多些，就业问题就会解决快些，反之，解决就业问题就会缓慢得多。

（二）失业人数剧增

独立后经济衰退也造成失业人员数量剧增。1992年12月底，失业人数为0.68万人，失业率为0.4%。到1997年12月底，失业人数由1996年的4.57万人增至5.11万人，失业率由1996年的2.4%增长到2.8%。截至1998年12月底，失业人数达5.41万人，失业率为2.9%。2000年12月底，失业人数为4.3万人，失业率为2.6%。2005年、2008年和2009年失业人数均为4.4万人，失业率均为2.1%。2010年失业人数为4.8万人，失业率为2.2%。2011~2014年失业人数均为 5.5 万人，失业率均为 2.5%。2012 年失业人数为 5.47 万人，失业率为 2.5%；2015 年失业人数为 5.66 万人，失业率为 2.5%。2016 年失业人数为 5.43 万人。

为解决失业问题，塔吉克斯坦政府通过了国家《2016～2017 年促进居民就业计划》，计划提供 30 多万个工作岗位。

（三）收入情况

通过政府一系列措施，从 2000 年初开始塔吉克斯坦经济进入发展和恢复阶段，塔吉克斯坦职工月平均收入开始提高，尤其是 2010 年后塔吉克斯坦职工月平均收入有明显的提高。根据 1991～2015 年独联体统计年鉴资料，职工月平均收入 2005 年为 84 索莫尼，2010 年为 354 索莫尼，2011 年为 442 索莫尼，2012 年为 556 索莫尼，2013 年和 2014 年均为 819.59 索莫尼，2015 年为 879.21 索莫尼。

2001 年，居民人均月工资为 10.27 美元。2001 年 11 月 26 日，拉赫蒙总统签署命令，自 2002 年 1 月 1 日起，塔国家最低月工资标准由 3 索莫尼提高到 4 索莫尼。截至 2001 年 12 月 1 日，正式登记失业人数为 4.42 万人，而实际失业人数多得多。在费尔干纳地区，有工作能力人口中的失业率高达 60% 以上。2002 年初，工人月平均工资为 12.3 美元，到 2003 年也仍然低于 20 美元，而集体农庄工人的月平均工资仅为 6.8 美元，全国 80% 以上的人口生活水平在贫困线以下。2008 年，塔吉克斯坦人均国内生产总值为 521 美元。据 2013 年独联体统计年鉴，2000 年塔居民月平均工资为 15.6 索莫尼，2005 年为 84 索莫尼，2008 年为 231.5 索莫尼，2009 年为 284.4 索莫尼，2010 年为 354 索莫尼，2011 年为 422 索莫尼。2011 年，塔工资水平行业差别较大，收入最低的农业仅为 137.99 索莫尼，政府机构为 629.49 索莫尼，塔工资收入最高行业为信贷、保险和金融业，其平均工资为 1668.3 索莫尼。

塔吉克斯坦行业收入差距很大。2012 年塔月平均工资约为 117 美元。收入最低的农业仅为 185.7 索莫尼，约合 39 美元，政府机构为 775.4 索莫尼，约合 162.82 美元，工资收入最高行业为金融业，其平均工资为 2229.51 索莫尼，约合 468.38 美元。

（四）生活消费情况

私人农庄消费支出构成：2000 年购买食品占 74.3%，日用品占 19.6%，饮料占 0.4%，服务费占 5.7%；2005 年购买食品占 63.7%，日用品占 24.0%，饮料占 0.4%，服务费占 11.9%；2011 年购买食品占 60.3%，日用品占 27.5%，饮料占 0.1%，服务费占 12.1%。

私人农庄货币收入月人均购买力：2000 年购买面包 20 个、土豆 47 磅、牛肉 4 公斤、牛奶 42 公斤、动物油 3 磅；2005 年购买面包 43 个、土豆 65 磅、牛肉 6 公斤、牛奶 64 公斤、动物油 7 磅；2011 年购买面包 66 个、土豆 109 磅、牛肉 8 公斤、牛奶 75 公斤、动物油 10 磅。

（五）住房情况

住房情况也是反映人民生活水平的重要方面。独立前，塔吉克斯坦和其他加盟共和国一样，住房由国家分配。独立后，住房已经成为商品，不再是人人享受的福利。塔吉克斯坦独立后，由于内战时间较长，塔建筑业全面衰退，国家财力有限，建房很少。城乡居民都很贫穷，自己没有能力建房。住房价格昂贵，房价约为 1000 美元/平方米。对于买房者来说，房价就是天文数字，根本买不起。因此，住房问题成为塔吉克斯坦重要社会问题之一。由于塔吉克斯坦总的经济实力较低，解决这个问题任重而道远。

从塔吉克斯坦官方公布的数据来看，人均住房条件基本没有什么改善，而且许多老旧房屋需要修缮。2000 年人均住房面积为 9.1 平方米，2005 年为 8.6 平方米，2010 年为 8.7 平方米，2011 年为 8.8 平方米，2012 年为 9 平方米。

（六）社会保障

养老金领取者在塔吉克斯坦是个很大的弱势群体。养老金领取者总人数 2000 年为 55.9 万人（平均每 1000 名居民中有 90 名养老金领取者），其中，按照年龄有 36.2 万名养老金领取者，残疾人 7 万人，失去赡养者 6.7 万人。2005 年养老金领取者为 52.0 万人（平均每

1000 名居民中有 76 名养老金领取者），其中，按照年龄有 31.6 万名养老金领取者，残疾人 8.4 万人，失去赡养者 5.7 万人。2008 年养老金领取者为 53.8 万人（平均每 1000 名居民中有 74 名养老金领取者），其中，按照年龄有 30.9 万名养老金领取者，残疾人 9.3 万人，失去赡养者 5.2 万人。2009 年养老金领取者为 55.4 万人（平均每 1000 名居民中有 74 名养老金领取者），其中，按照年龄有 31.9 万名养老金领取者，残疾人 9.7 万人，失去赡养者 4.9 万人。2010 年养老金领取者为 57.0 万人（平均每 1000 名居民中有 75 名养老金领取者），其中，按照年龄有 33.2 万名养老金领取者，残疾人 9.9 万人，失去赡养者 4.6 万人。2011 年养老金领取者为 59.2 万人（平均每 1000 名居民中有 77 名养老金领取者），其中，按照年龄有 34.5 万名养老金领取者，残疾人 10.2 万人，失去赡养者 4.5 万人。养老金平均标准：2000 年为 1.8 美元，2005 年为 8.6 美元，2008 年为 25.6 美元，2009 年为 20.8 美元，2010 年为 28.4 美元，2011 年为 32.6 美元。从以上数字不难看出，塔吉克斯坦养老金平均标准很低，虽然 2011 年养老金平均标准略有增加，但总的来说，人均养老金数都在贫困线以下。物价年年上涨，政府没有能力控制物价上涨。养老金远远满足不了起码的生活需要，因此，许多老人不得不再寻找工作，以改善生活状况。

苏联时期，塔吉克斯坦执行的是联盟统一的社会保障制度。当时苏联政府对医疗、养老、伤残、多子女家庭等的保障都有规定。苏联社会保障制度的特点为全覆盖、国家化。塔吉克斯坦和其他加盟共和国一样，在社会保障方面还是基本上有保证的。

塔吉克斯坦独立后，苏联时期形成的社会保障体系已无法维持下去，国家只能采取措施保证最困难者的生活。1992 年塔吉克斯坦总统命令对养老金领取者、多子女家庭、孤儿、残疾人等给予特别关注，给老战士和其他收入较低的阶层以帮助。1994 年 11 月 6 日通过的宪法规定，每个人在年老、患病、致残、丧失劳动能力、失去赡养者以及法律规定的其他情况下，可获得社会保障。但实际上难以实施，因为贫困人口太多。目前的社会保障制度是根据本国财力实际情况，制定一些临时政策和措施,重点解决就业保障、弱势群体救助、医疗服务、教育等方面的问题。在就业方面,通过增加就业岗位、加强职业培训和提供少量失业救济金等方式解决。在对弱势群体的救助方面,通过发放补贴、提供廉价食品等方式解决。在教育方面,保证 9 年义务教育的实现。

2012 年,塔吉克斯坦颁布《劳动法》的修订案。这一法律涉及塔吉克斯坦公民的劳动、就业、养老,以及医疗保障等多个领域。修订案涵盖了在国有或私营部门工作的所有在职人员,甚至对国家的执法部门和军事部门的工作人员也"一视同仁"。同时,国家对于那些病患者、失业者、残疾人和养老金领取者等不能从事社会劳动的人员提供的保障也有不同程度缩减。这个修订案是基于国家经济和财政困难的无奈之举。迄今,塔并未建立起新的社会保障制度和保障体系。目前,塔吉克斯坦很关注遏制流行病和重大疾病上升势头,并加强对妇女和儿童的保护。

塔吉克斯坦近几年将主要经济政策聚焦于保障经济稳定发展、提高人民生活水平和质量、改善各阶层居民的社会保障制度、建立必要的卫生和教育体系上。为实现这一计划,塔吉克斯坦政府采取了一系列有效的措施,保障社会稳定,确保国民经济稳步发展,居民生活水平得到了提高。

第二节　社会管理

塔吉克斯坦独立后,对社会领域工作的难点和问题逐步加以解决,根据本国国情制定相应的社会管理政策和措施。

一　社会管理政策和措施

(一) 战乱时期要尽快结束内战实现和平

1. 拉赫蒙致国民呼吁书

独立之初,即在战乱时期,拉赫蒙在致塔吉克斯坦人民的呼吁书中做出如下表述：

（1）新政权要尽快在塔吉克斯坦全国各地恢复合法权力和国家机构，并保证其运转；

（2）在地方恢复司法机关的各级机构，并能够正常工作，能够根据体现在国际宣言中的全人类原则来捍卫公民的权利；

（3）难民返回永久居住地，保证其日常生活和恢复国民经济生产；

（4）恢复企业、设施、经营活动，吸引居民参与有益的社会活动，扶持小型企业，发展市场经济。

2. 签署《公民和睦条约》

1993 年，根据拉赫蒙的倡议，签署了一个重要文件——《公民和睦条约》，该条约的宗旨是保证民族和睦、和平、统一和社会进步。它的重要意义仅次于宪法，居第二位，国际法专家也强调这一点。总统、议长、创作联盟、民族团体、工会组织、文化团体的领导人以及宗教界代表都分别在文件上签了字。该条约成为在保障和平、和睦，相互理解和尊重道路上的又一个可信赖的文件。拉赫蒙对全国人民承诺：

（1）实行大赦，不管敌对各方信仰差异；

（2）确立在全国各地的合法政权；

（3）收缴居民武器；

（4）全民公决，通过塔吉克斯坦宪法；

（5）与反对派谈判，签署和平协定。

3. 实施政治和意识形态多元化原则

新政府制定和通过了一系列法律文件，为建立民主法治国家奠定了基础。塔吉克斯坦《宪法》第八条明确规定，塔吉克斯坦社会政治生活的发展以政治结构和意识形态多元化为原则。包括宗教在内的任何一种意识形态都不能规定为国家的意识形态。社会团体要在宪法和法律范围内建立和活动，国家对它们的活动提供平等条件。

（二）和平时期采取的政策和战略

1. 珍爱和平、对反动派实施有原则的让步

为尽快结束内战，实现和平，拉赫蒙对反对派一方做了许多让步。截至 1999 年 4 月，拉赫蒙总统已落实 22 名反对派成员入阁，担任副部长级以上的职务，还任命了两名反对派成员为政府副总理，其中反对派二号领导人图拉宗佐达出任政府第一副总理。1999 年 8 月 12 日，塔最高法院宣布解除对努里领导的伊斯兰复兴党及其他反对派政党活动的禁令，赋予其日后参与国家政治生活的合法地位。根据双方签署的协议，联合政府中应为反对派提供 14 个副部长级以上的职位，其中包括 1 个副总理和 6 个部长，以及 7 个国家委员会主席职位。伊斯兰复兴党事实上合法化，并被允许参加 1999 年的总统选举。根据协议，对宪法也进行了修改，引人注目的是，取消了宪法中关于国家禁止宗教政党存在的规定，使伊斯兰复兴党具有了合法性。

在执行民族和睦政策的同时，塔吉克斯坦政府坚决打击民族分裂势力。拉赫蒙总统在讲话中多次强调这个问题，并且呼吁中亚国家联合起来，共同对付宗教极端势力与民族分裂势力，以维护塔吉克斯坦和中亚地区的稳定。

2. 为解决就业问题大力发展中小企业、私营企业

为解决就业问题，塔政府通过调整国内经济政策，大力发展中小企业、私营企业，为失业人员增加就业的机会。为此，塔采取了一系列措施：1998 年塔吉克斯坦开始实施《1998～2000 年塔吉克斯坦经济中期发展纲要》，逐步向市场经济过渡并推行私有化。消除贫困，恢复基础设施，支持私营企业持续发展。对贫困阶层，国家采取补贴措施和提供低价食品等措施，2000 年塔吉克斯坦政府采取了一系列措施，致力于稳定社会政治形势，恢复被战争破坏的经济，发展生产，提高人民生活水平，整顿社会秩序，加快反对派武装的整编和遣散步伐，加大打击贩毒及各种犯罪的力度，保证了政局的基本稳定。

2008 年 8 月 7 日，塔总统拉赫蒙签署命令支持发展中小企业。2009年塔政府大力实施"保障能源独立、摆脱交通困境和确保粮食安全"三

大发展战略。2012 年塔政府为完成这三大战略任务采取了一系列的措施并开始见效。

与此同时，国家加大培训工作，便于为失业人员提供就业岗位。对一时找不到工作的人给予一定的失业补贴。对贫困阶层，国家采取补贴措施和提供低价食品等措施。

3. 进行司法领域改革

塔吉克斯坦高度重视司法和法律体系建设与完善，把法律体系的完善视为建设现代国家和公民社会的基础。2011 年 4 月 20 日，拉赫蒙总统在其国情咨文中强调指出，"这些法律的通过其目标是保证公民的权利和自由，加强社会关系和法律秩序，保护居民健康，发展教育和文化事业，改善国民经济状况包括企业环境"。拉赫蒙还指出，针对腐败问题、司法不公正问题，必须进行司法领域改革，"宪法法院、最高法院、最高经济法院、法律委员会、司法部以及相关机构必须采取严厉措施保证透明和公开的法律行为，包括提高它们在司法和执法活动中的责任性"。

4. 提出保障国家粮食安全、能源安全和提高居民生活水平的战略目标

塔总统拉赫蒙在庆祝国家独立 20 周年纪念大会上讲，保障国家粮食安全、能源安全和提高居民生活水平是塔政府的战略目标，同时，能源自给自足是关系塔国计民生的头等大事，塔政府将不惜一切代价实现这一目标。

2013 年 11 月 16 日，拉赫蒙在塔吉克斯坦议会联席会议上宣誓就职并发表演讲。拉赫蒙在讲话中就塔吉克斯坦自 1991 年独立以来取得的成就与存在的问题进行了总结，他强调指出，塔吉克斯坦政府今后将继续致力于发展国家经济、保障社会民生和国家安全并实现能源独立。拉赫蒙承诺说，将创造越来越多的就业岗位，2015 年前将居民贫困率降低到 30%，2020 年前降低到 20%，并将居民实际收入在接下来的七年内增加到原来的 4 倍。

5. 实施水电兴国战略

为满足居民对生活用电的基本需求，政府一直致力于实施水电兴国战略。2013 年塔吉克斯坦政府积极筹措资金新建了 8 座小型水力发电站，

使全国范围内的电站数量达到了 310 座。

6. 制定 2015 年发展战略

塔吉克斯坦制定了 "2015 年发展战略"。该国劳动与社会保障部、卫生部、建设部等专门机构领导和保障实施政府在就业、医疗、住房、减贫和社会保障等领域的职能。塔吉克斯坦政府为了提高减贫效率,专门成立了由总统直接领导的 "总统办公厅直属减贫战略检测办公室",该办公室的目的是 "对减贫战略的实施情况进行检测和评估"。在此项工作中,总统办公厅的主要任务之一是 "保障各个国家机构之间的相互协调"。政府总理和副总理对减贫办公室执行政府相应内外政策的活动进行监督。

7. 落实禁毒战略、打击腐败战略、打击三股势力战略

拉赫蒙政府强调在 2014 年落实《国家禁毒战略(2013~2020 年)》和《打击腐败战略(2013~2020 年)》,并把打击恐怖主义、极端主义和贩卖人口等跨国有组织犯罪作为未来执法机关工作的优先方向。

二 社会管理制度

苏联时期,塔吉克斯坦的社会管理和其他加盟共和国一样,是通过共产党、苏维埃、工会、共青团等党政组织和群众团体的统一模式进行管理的。主要社会管理手段有法律手段、行政手段、经济手段、舆论手段、道德手段等。通过 "加强共产主义教育""加强社会主义法制建设""加强舆论监督""劳动人民参加社会管理" 等方式进行。苏联时期的社会管理基本上保证了社会的稳定。

塔吉克斯坦独立后,随着社会制度的转变,社会管理的主体发生了变化,管理方式也随之发生了变化。如今塔吉克斯坦人民民主党在发挥独特的作用,该党是执政党,也是最大的党,主席是塔总统拉赫蒙。该党现有党员约 13 万人,在全国各大城市、区均建有分支机构,有相当大的影响力。塔吉克斯坦主要政要人物和内阁成员都加入了该党。共产党目前仍然是塔吉克斯坦具有广泛影响的一个大党。但其作用已不能与昔日的共产党相比,在社会中的影响力明显下降。此外,现在的群众组织的作用也不能与昔日的群众组织同日而语。例如,工会依然存在,但已非昔日的工会,

其作用微乎其微。

目前塔吉克斯坦主要通过各级政府和各级议会对社会进行管理。管理手段与以前变化不大，主要是内涵发生变化。如今已听不到"劳动人民参加管理"一类说法，取代"社会主义法制建设"和"劳动人民参加管理"的是"法律至上"和"公民社会"。

三　社会结构的变化

社会结构的变化是国家变化的重要组成部分。社会结构的变化是国家经济变化和社会政策变化作用的结果。

苏联时期，塔吉克斯坦和整个苏联一样，社会阶级结构发生了很大的变化。苏联解体前夕，该国基本上只剩下两个阶级、一个阶层，即工人阶级、农民阶级和知识分子阶层。

独立后，阶级结构情况发生了明显变化。尽管塔吉克斯坦仍有工人、农民和知识分子，但他们的数量已经完全不同。在经济改革过程中，通过推行"非国有化和私有化"政策，把原有的国有资产卖给个人，甚至无偿转让给个人，努力人为地制造有产者。另外，在社会变迁过程中也有人以不同的方式聚敛国家财富，成为巨富。暴富者虽然数量很少，却控制国内绝大多数的财富和自然资源。穷人占人口总数的90%以上，中产阶级占人口总数比重很小。目前，塔吉克斯坦已经形成新的有产阶级，这是不争的事实。随着外国合资和独资企业的建立，一批为这类企业工作的职工群体应运而生。农民成分本身也发生了变化，独立前的农民基本上是集体农庄成员，目前多数农民已实现个体化。"两阶级、一阶层"的社会阶级结构已成为过去，新的社会阶级结构正在形成之中，只是很少提阶级，而是用新的阶层。

在阶级结构变化方面，一个新情况就是近年来出现了一个"新富阶层"。"新富阶层"是指"私人企业家阶层""厂长经理阶层""外企代理和高级职员阶层"等。这种人在俄罗斯被称作"新俄罗斯人"，在塔吉克斯坦被称作"新塔吉克人"。与此相应也出现了"新困阶层"。"新困阶层"包括养老金领取者、残疾人、多子女家庭、青年学生、失业人员、虽然在编却放"长假"的人员以及低收入的人员。"新富阶层"人数不多，"新困阶层"则占全国人口的绝大部分。社会阶级结构的变化导致社会出现新的矛盾。贫困者不甘于自己的贫困状况，自然会为自己的生存而斗争。例如，"霍罗格事件"就说明这种情况的存在。2012 年 7 月以来，塔吉克斯坦政府军与反动派武装在戈尔诺－巴达赫尚自治州发生军事冲突和对峙，严重影响该国社会稳定。戈尔诺－巴达赫尚自治州是塔最贫困的州，曾有 80% 的人口生活在贫困线以下，该州基础设施落后，经常缺水、电和其他生活物资。加之该州民众与其他地区的宗教派别不同，属于伊斯兰什叶派，在内战时期就是反动派据点。因此，在 2012 年的"霍罗格事件"冲突中反动派武装以该地区为据点对政权发动挑战，可以说有其民众基础。

塔吉克斯坦劳动者的就业结构也在发生变化。独立以来，从事工业和建筑业的人数大大减少，从事服务业的人数明显增加。就业结构的变化是经济形势和经济体制改革的结果。从事服务行业的人员增加是经济结构变化的产物，反映出塔吉克斯坦经济在不断与世界经济接轨，也说明社会阶级机构随着经济市场化在变化。

四　劳动移民

内战后，有上百万居民成为难民，从本国涌向邻国乌兹别克斯坦和阿富汗等国家。从 1995 年起，逐建形成劳动移民潮，移民开始在乌兹别克斯坦打工，之后，又去哈萨克斯坦和俄罗斯打工。后来，主要在俄罗斯打工。近些年来，塔吉克斯坦移民出现主体民族居民成为向外迁移的主体的趋势，其方式以劳务输出为主。塔吉克斯坦出现劳动移民潮，而且劳动移民潮的规模不算小，塔在国外务工的劳动者收入已成为塔经济增长的重要组成部分。每年有上百万的塔劳动移民外出打工，其中 90% 的人在俄罗斯。塔吉克斯坦的劳动移民从国外汇入国内的汇款占国内生产总值的比例居世界第一位。劳务输出成为解决塔就业的主要途径，这又成为对俄罗斯的依赖。据世界银行报告，塔通过银行正常汇入国内的款项已经占到国内生产总值的 36%，受国内经济条件等诸多因素影响，塔有大批劳动者在俄罗斯务工，俄罗斯成为塔外出打工的主要国家。这是塔吉克斯坦独立后出现的新现象。根据世界银行的统计数据，在 2008 年金融危机时，从俄罗斯汇入塔的侨汇为 25 亿美元，占塔国内生产总值的 60%。受世界经济危机影响，2008 年下半年俄罗斯金融危机导致俄国内为中亚其他国家来务工者提供的就业岗位严重减少，塔在俄打工者大量返回国内。数据显示，仅粟特州 9 月到 11 月就有超过数万名在俄打工者返回该州。据塔工业银行资料，塔在外国打工者通过该银行汇回库洛布的汇款比同期减少了一半。2009 年 1 月，塔外出打工者汇款继续下降 22%。随着国际环境的变化，近几年塔外出打工者有明显增长趋势。2011 年 1 月 21 日，塔中央银行行长称，2010 年从俄罗斯汇回的侨汇数额为 22.9 亿美元，比 2009 年增长 25%；2011 年在国外打工者汇回 30.39 亿美元，占 GDP 的 50%；2012 年塔在俄罗斯劳动移民汇款总额为 36 亿美元，占 GDP 的 48%。据塔吉克斯坦移民机构统计，2012 年在俄罗斯的塔吉克斯坦劳动移民有 87.8 万人，而据俄罗斯方面统计，该数字超过 100 万；2013 年塔在国外劳动移民汇款总额为 42 亿美元，占塔当年国内生产总值的 49.6%。塔大批青壮年公民外出打工，在一定程度上缓解了国内就业的压力，但大量劳动力外流也影响本国经济发展，国家的可持续发展面临挑战。

第三节　医疗卫生

一　独立前的医疗卫生状况

十月革命前，塔吉克斯坦的医疗卫生事业极其落后，当时只有一个医疗机构，40 张病床，每万人中有 0.4 张病床。

在苏联时期，塔吉克斯坦和其他加盟共和国一样，建立了以免费医疗、预防为主，面向广大劳动群众的保健制度。为此，建立了门诊部和防治机构网，免费提供专科医疗救护。塔吉克斯坦的医学水平比较发达，在第二次世界大战后，塔吉克斯坦的医疗水平曾位居苏联各加盟共和国前列。1989 年有病床 5.5 万张，每万名居民中有 104 张；拥有医生 1.51 万名，每万名居民中有 28.6 名；拥有中级医务人员 4.22 万名，平均每万名居民中有 79.8 名。此外，还有设备完善的奥比加尔姆、霍贾－奥比加尔姆矿泉疗养区和气候性疗养区。

二　1991～1999 年的医疗卫生状况

1991 年塔吉克斯坦独立后，根据宪法，国家保证公民享有卫生保健的权利。在政府医务所和医院接受医疗服务是免费的。但实际情况与规定有很大差距。由于受国内政治、经济、社会形势的影响，特别是内战的影响，医疗卫生事业受到重创而陷入困境，医务人员明显减少，医疗条件不断恶化。由于缺少药品、专家外流、设备陈旧，再加上内战引起的基础设施损坏，维持苏联时期的医疗服务已不可能。独立后的医疗条件急剧下降。表现在以下几个方面：独立以来，医疗设备陈旧老化，由于资金匮乏，医疗设备基本上无力更新换代，现有设备都在不符合规范地超期使用，医院规模萎缩，医务人员逐年减少，病床数量也相应减少。1991 年全国拥有医疗机构（包括救护门诊、分科门诊所）5.45 万个，每万名居民中治疗分科门诊机构为 98 个；拥有医生 1.41 万名，每万名居民中有医生 25.5 名；有 4.29 万名中级医务人员，平均每万名居民中有 77.1 名中级医务人员；有病床 5.96 万张，每万名居民中有病床 107 张。而到 1995 年有医生 1.26 万人，每万名居民中有医生 21.4 名；有 3.63 万名中级医务人员，平均每万名居民中有 61.9 名中级医务人员；有病床 4.70 万张，每万名居民中有病床 80.2 张。

1997 年初，塔吉克斯坦议会通过了新的《医疗卫生法》，对医疗卫生体制进行了改革。改革的基本方针是改变过去医疗卫生全部由国家统包的做法，规定在一定范围内费用由国家承担，超出部分由个人自负。将以往只有国有医疗机构一种形式改为多种所有制形式，包括可建立私人诊所及其他医疗卫生设施，明确规定允许私人行医。近几年，塔为尽快恢复卫生事业，明确提出，把医疗卫生事业归入优先投资领域，积极引进外资，提高医疗水平。

塔吉克斯坦独立后，医疗服务水平逐年下降，医疗卫生条件不断恶化，全民健康状况明显下降，一些传染病开始流行。1996～1997年流行病蔓延。1996年有2万人患上了伤寒流行病，这种疾病侵袭了该国28个城市和地区，死亡率是1%。1997年初，伤寒再度强烈暴发，有1.7万人患上了伤寒，其中杜尚别大约有9000人。1997年又出现了疟疾流行病，一些传染性疾病如肠道传染病、肝炎、结核病、性病等明显呈上升趋势。婴儿死亡率很高，1996年新生婴儿死亡率为30.4‰。分娩时母亲死亡率也很高，每出生10万个婴儿就有87.8个母亲死亡，而1991年为53.2个。

塔吉克斯坦尽管宣布实行"免费医疗服务"，但病人本人仍需要支付相当数量的"服务费"。同时，由于药品和医疗设备昂贵，而大多数人的工资较低，因此，相当多的病人看不起病。另外还存在药品严重不足和医务人员因待遇过低出现大量外流现象。

三　2000年以来的医疗卫生状况

2000年塔吉克斯坦全国医疗机构（包括分科门诊所、救护门诊）数量为1038个。医生人数为1.35万名，每万名居民中有医生21.6名；中级医务人员人数为3.22万名，平均每万名居民中有51.5名中级医务人员；病床数量为4.12万张，平均每万名居民中有病床65.8张。2005年医疗机构（包括分科门诊所、救护门诊）数量为2947个。拥有医生1.33万名，每万名居民中有医生19.2名；中级医务人员人数为28.9万名，平均每万名居民中有41.7名中级医务人员；病床数量为4.06万张，平均每万名居民中有病床58.6张。2008年医疗机构（包括分科门诊所、救护门诊）数量为3134个。拥有医生1.39万名，每万名居民中有医生18.9名；中级医务人员人数为3.04万名，平均每万名居民中有41.3名中级医务人员；病床数量为3.87万张，平均每万名居民中有病床52.5张。2009年医疗机构（包括分科门诊所、救护门诊）数量为3139个。拥有医生1.45万名，每万名居民中有医生19.3名；中级医务人员人数为3.26万名，平均每万名居民中有43.3名中级医务人员；病床数量为3.86万张，平均每万名居民中有病床

51.3 张。2010 年医疗机构（包括分科门诊所、救护门诊）数量为
3186 个。拥有医生 1.54 万名，每万名居民中有医生 20.2 名；中级医
务人员人数为 3.51 万名，平均每万名居民中有 45.7 名中级医务人员；
病床数量为 3.86 万张，平均每万名居民中有病床 50.1 张。2011 年医
疗机构（包括分科门诊所、救护门诊）数量为 3186 个。拥有医生 1.6
万名，每万名居民中有医生 20.5 名；中级医务人员人数为 3.68 万名，
平均每万名居民中有 47.2 名中级医务人员；病床数量为 3.82 万张，
平均每万名居民中有病床 48.9 张。据世界卫生组织统计，2011 年塔吉
克斯坦全国医疗卫生总支出占 GDP 的 5.8%，按照购买力平价计算，
人均医疗健康支出为 120 美元。2006～2013 年，平均每万人拥有医院
床位 55 张。2014 年拥有医生 1.74 万名，每万名居民中有医生 20.8
名；中级医务人员人数为 4.31 万名，平均每万名居民中有 51.6 名中
级医务人员；病床数量为 3.87 万张，平均每万名居民中有病床 46.4
张。

塔吉克斯坦现有的医疗机构和医疗资源还不能满足人民的需要，是全
国最缺少资金的行业。塔吉克斯坦没有医疗保险制度体系，看病要支付少
量现金，除少数援助药品由医院和医疗机构无偿发放外，药品一律需要到
药店自购。塔吉克斯坦卫生部已得到政府的授权，制定了《塔吉克公民
资源医疗保险法（草案）》。目前，医疗领域问题突出，缺医少药，且药
品昂贵，医疗设备陈旧老化，由于资金严重缺乏，需要国家加大投入，而
国家尚无力进行更新换代，目前现有设备都在不符合规范地超期使用，医
院规模萎缩，医务人员逐年减少，病床也在减少。因此，改善医疗条件，
还需较漫长的时间。

第四节　社会问题

塔吉克斯坦独立后，面临很多社会问题，其中最主要的问题有国内安
全形势不容乐观、贫困问题、人口增长速度过快问题、失业问题、犯罪问
题、地区发展差距问题、民族问题和宗教问题等。

近年来，受中东和南亚安全形势影响，塔吉克斯坦国内安全反恐形势日益复杂化。首要问题是，塔国内部分地区恐怖形势日趋严峻。2014年至今，塔内务部破获多起恐怖袭击案，缴获大量炸药和自杀式袭击腰带。一系列重要的战略设施成为潜在空袭目标，包括塔铝业公司，塔乌公路上的沙赫里斯坦隧道、伊斯季克洛尔隧道（杜尚别—胡占德）等。2015年1月，塔吉克斯坦北部粟特州内务局称，2014年，该州抓获的恐怖极端分子数量比2013年增加了2倍。2015年9月17日，塔吉克斯坦最高检察院称，近期塔逮捕的多名伊斯兰复兴党成员均涉嫌参与叛乱。近年来，叛乱副部长在伊斯兰复兴党党首卡比里的指挥下秘密组建了20多个小型犯罪团伙。在清剿叛军时，政府军共缴获了600多件武器，1.13万颗子弹，击毙25人，逮捕了125人。有14名政府军及警察在冲突中死亡。2015年9月29日，塔最高法院通过决定，认定伊斯兰复兴党为恐怖组织，并禁止伊斯兰复兴党活动。2015年1月8日，据塔媒体报道，塔内务部警方在杜尚别以西50公里抓获了10名"乌伊运"恐怖分子和当地的头目埃米尔以及原清真寺伊玛目。他们策划袭击当地派出所获得武器，并在当地招募人员送往叙利亚、伊拉克和阿富汗等地区参加"圣战"。2月4日，塔吉克斯坦国安委第一副主席称，近日巴基斯坦安全部门向塔国安委转交了一个小组的头领及其4名追随者和1名塔利班分子，均为塔吉克斯坦人，他们策划在塔吉克斯坦境内制造一系列恐怖事件。2014年6月，塔巴政府签署了成立共同打击国际恐怖主义的工作组的协议。2015年3月，塔国防部在哈特隆州举行了3万多人的大规模军事演习。同年5月，因阿富汗北部昆都士形势急剧恶化，塔国防部及其强力部门采取了措施，在靠近阿富汗该省的边境地区增派军事力量，建立了第二条防线。

一 失业问题

失业问题是塔吉克斯坦独立后出现的一个重要问题。独立后，随着经济陷入严重危机，再加上内战带来的严重后果，经济几乎全面崩溃，工业企业有一半停产，失业问题变得越来越严重。塔吉克斯坦政府公布的登记失业人数和失业率：1992 年 12 月底，失业人数为 0.68 万人，失业率为 0.4%；1996 年失业人数增至 4.57 万人，失业率为 2.4%；1997 年 12 月底，失业人数为 5.11 万人，失业率增长到 2.8%；1998 年 12 月底，失业人数达 5.41 万人，失业率为 2.9%；2000 年失业人数为 4.3 万人，失业率为 2.6%；2005 年、2008 年、2009 年失业人数均为 4.4 万人，失业率均为 2.1%；2010 年失业人数为 4.8 万人，失业率为 2.2%；2011 年失业人数为 5.5 万人，失业率为 2.5%；2012～2015 年失业人数均为 5.47 万人左右，失业率也保持在 2.5% 左右。实际上失业人数比列举的数字多得多。大量失业者的存在，不仅直接影响了失业者家庭的生活，而且也是影响社会稳定的重要因素之一，为极端势力和犯罪集团提供了滋生的土壤。

二　人口增长速度过快

根据塔统计署发布的资料，截至 2016 年 1 月 1 日，塔吉克斯坦全国人口为 840 多万人，主体民族塔吉克族约占 80%。2016 年底，塔吉克斯坦人口约为 873 万人。塔吉克斯坦人口自然增长速度在独联体国家中居首位。塔吉克斯坦人口特点为出生率高，年均大约为 35‰，人口死亡率为 6.5‰，人口自然增长率高，为 28.5‰，人口绝对数量持续增长，特别是农村人口增长最快。塔离婚率很低。

1913 年塔吉克斯坦只有 81.1 万人，1940 年，塔人口增加到 152.5 万人。1970 年 1 月 15 日统计，人口为 289.83 万人，尚未有劳动能力的人口为 134.96 万人，劳动适龄人口为 128.24 万人，人口出生率为 34.8‰，死亡率为 6.4‰，自然增长率为 28.4‰，离婚率为 1.1%。1970 年塔人口比 1913 年增长 2.6 倍。1979 年，人口为 380.62 万人，尚未有劳动能力的人口为 164.68 万人，劳动适龄人口为 186.26 万人，人口出生率为 37.8‰，死亡率为 7.7‰，自然增长率为 30.1‰，离婚率为 1.6%。1989 年共有人口 509.26 万人，尚未有劳动能力的人口为 218.66 万人，劳动适龄人口为 251.92 万人，人口出生率为 38.7‰，死亡率为 6.5‰，自然增长率为 32.2‰。共有家庭 79.89 万个，每个家庭人口平均有 6.1 人，其中城市家庭平均有 4.7 人，农村家庭平均有 7.0 人，离婚率为 1.5%，劳动适龄人

口（男 15 ~ 59 岁，女 15 ~ 54 岁）占总人口的 49.5%。共有 183.2 万人在国民经济各部门工作（不含从事个人副业者），占总人口的 36%；领退休金和其他依靠国家赡养的人有 86.6 万人，占总人口的 17.0%；儿童及从事家务和个人副业的人共计 230.4 万人，占总人口的 45.2%；有 181.8 万人受过高等和中等教育。

独立后，塔吉克斯坦人口出生率和自然增长率仍然很高，与独立前相比，人口出生率、死亡率、自然增长率呈下降趋势，但人口增长速度仍然过快。

1991 年塔吉克斯坦全国人口总数为 535.8 万人，其中城市人口总数为 168.1 万人，农村人口总数为 367.7 万人。全国人口出生率为 38.9‰，全国人口死亡率为 6.1‰，全国人口自然增长率为 32.8‰。2002 年 1 月统计，塔全国人口为 625 万人，比 1913 年增长了 6.7 倍。2008 年 7 月统计，人口总数为 721.188 万人，全国人口出生率为 27.18‰，死亡率为 6.94‰。该国人口自然增长率很高，而且农村人口多，多子女家庭也较多，有 7 个子女以上的家庭约占 33%。

最近 10 年，塔吉克斯坦的人口数量不断增长。这引起了一些国际组织和塔吉克斯坦政府的担心。塔吉克斯坦最近的一次人口普查显示，现在塔人口数量与 10 年前相比增加了 143.8 万人。根据官方的统计数据，塔吉克斯坦 27% 的人口集中在杜尚别市，70% 多的人口生活在农村和山区，农村地区的人口出生数量高于城市。塔吉克斯坦许多家庭坚持多生孩子的立场，因为孩子和未成年人首先被看作劳动力。许多在居住地找不到工作的农民更愿意迁往城市，因为城市里面挣钱的机会相对多一些。另外，塔国内的人口流动正在成为住房和土地短缺的原因，这会导致塔吉克斯坦国内经济困难进一步加剧。

三 贫困问题

贫困问题是民生问题，是困扰塔国内政治稳定与社会发展的一个严重问题。塔独立后，由于内战时间过长，经济全面严重衰退，贫困人口大量增加，贫困率急剧上升，塔吉克斯坦贫困人口一度超过 80%。塔贫困人口比例很高，减贫任务十分艰巨。据国际粮食政策研究所报告数据，塔吉克斯坦在中亚五国的全球饥饿指数中居首。贫困人口的增长，不仅消耗了塔政府更多的社会福利资源，而且削弱了国家对经济领域的投入，进而影响到经济发展。塔吉克斯坦独立以来，经历了多年的内战，人民没有正常的生活，一直为生存挣扎。2008 年以来，塔贫困人口有加重趋势。贫困人口评估的标准是月生活费在 40.5 美元以下，即每日生活费低于 2 美元。极度贫困评估的标准是月生活费在 25.9 美元以下。据塔国家统计委员会最新统计，2008 年塔全国贫困人口占总人口的 53%，极度贫困人口占总人口的 17%。世界银行公布塔吉克斯坦贫困率 2009 年为 46.7%，塔吉克斯坦最新贫困率从 2012 年的 38.2% 下降到 2013 年的 35.6%。贫困阶层主要包括失业者、孤寡老人、失去父母赡养的儿童、残疾人、伤残军人、养老金领取者等弱势群体。贫困者不甘于贫困。例如，2012 年 7 月以来，塔吉克斯坦政府军与反动派武装在戈尔诺 - 巴达赫尚自治州发生军事冲突和对峙，严重影响该国社会稳定。戈尔诺 - 巴达赫尚自治州是塔最贫困的州，曾有 80% 的人口生活在贫困线以下，该州基础设施落后，经常缺水、电和其他生活物资。加之该州民众与其他地区的宗教派别不同，属于伊斯兰什叶派，在内战时期就是反动派据点。因此，在 2012 年的冲突中反动派武装以该地区为据点对政权发动挑战，可以说有其民众基础。

教育机构的数量，尤其是学龄前教育机构的减少，反映了国家的困难和人们生活的贫困。独立后，塔吉克斯坦各类教育中受经济危机打击最大的是学前教育。由于企业不景气，其所属学前教育机构纷纷关闭或改为他用。因此，学前教育机构、入托儿童人数锐减。2011 年学前教育机构由 1991 年的 900 个减少到 494 个。1995 年入托儿童人数占应入托儿童的比例由 1991 年的 14% 下降到 9%。

四 通货膨胀问题

塔吉克斯坦独立以来，通货膨胀居高不下也是塔经济社会发展的瓶颈之一。塔独立最初 10 年来，通货膨胀极为严重，而国家又没有能力加以控制。1996 年，塔吉克斯坦主要工业品的价格上涨 2.6 倍，日用品上涨 83%，各种主要食品上涨 40% ~ 85%。1997 年居民购买力比 1996 年下降 62.8%。主要工业品的价格比 1996 年上涨 3 倍，日用品价格上涨 1 倍多，各种主要食品价格上涨 1.5 ~ 1.7 倍。从 2006 年起，通货膨胀率均超过 10%，2008 年通货膨胀率达到 13.1%，高通胀抵消了居民部分实际工资增长。

五　地区发展不平衡问题

塔经济结构单一并且严重失衡，地区发展极其不平衡，长期制约其经济发展。塔主要工业集中在杜尚别和苦盏两个城市。最重要的是，与民众生活息息相关的轻工业和食品业极不发达，近一半的粮食和 1/6 的生活用品、轻工业产品和日用消费品长期严重依赖进口。农业缺乏资金和技术支持，而且农业生产以经济作物为主。服务业作为衡量国家经济现代化的重要指标，却只占国内生产总值的较小部分。塔戈尔诺 - 巴达赫尚自治州经济发展极其落后，也是塔最贫困的一个州，曾有 80% 的人口生活在贫困线以下。

六　犯罪问题

（一）独立后犯罪问题较之前严重

塔独立后社会犯罪问题较之前更为严重。犯罪案件总数 1991 年为 1.85 万起，比 1990 年增长 5.3%，1991 年注册在案的犯罪人数为 1.80 万人，平均每 10 万居民中有犯罪人 340 人。1992 年犯罪案件为 2.53 万起，比 1991 年增长 36.8%。1993 年犯罪案件为 2.46 万起，犯罪人数为 8500 人。1994 年犯罪案件为 1.43 万起。1995 年犯罪案件为 1.45 万起，1995 年注册在案的犯罪人数为 1.50 万人，平均每 10 万居民中有犯罪人 256 人。1996 年犯罪案件为 1.34 万起。1997 年和 1998 年犯罪案件均为 1.32 万起。2000 年注册在案的犯罪人数为 1.40 万人，平均每 10 万居民中有犯罪人 233 人。2005 年注册在案的犯罪人数为 1.21 万人，平均每 10 万居民中有犯罪人 178 人。2010 年注册在案的犯罪人数为 1.50 万人，平均每 10 万居民中有犯罪人 193 人。2011 年注册在案的犯罪人数为 1.69 万人，平均每 10 万居民中有犯罪人 219 人。2012 年注册在案的犯罪人数为 1.66 万人，平均每 10 万居民中有犯罪人 215 人。2013 年塔吉克斯坦登记犯罪案件达 18336 起，比 2012 年增加 1740 起，同比增长 10.5%，其中诈骗案增长 23.5%，流氓案增长 50%，人身伤害案增长 17.5%。2015 年注册在案的犯罪人数为 2.2 万人，平均每 10 万居民中有犯罪人 261 人。2015 年 12 月 17 日，塔媒体称，据塔吉克斯坦统计署数据，2015 年前 11 个月，塔吉克斯坦共发生约 2 万起犯罪案件，比 2014 年同期增加 10%，其中，约 4900 起为严重犯罪，比 2014 年同期增加 17.9%，盗窃案件比去年同期增加了 33.5%，抢劫案件同比增加了 20.5%。

注册在案的犯罪人数中，反对私有化的重犯和特别重犯 2000 年为 475 人，2005 年为 340 人，2010 年为 325 人，2011 年为 309 人，2012 年为 252 人。反对所有制的犯罪人数 2000 年为 6925 人，2005 年为 5050 人，2010 年为 5798 人，2011 年为 6212 人，2012 年为 6510 人。与麻醉品有关的犯罪人数 2000 年为 1922 人，2005 年为 620 人，2010 年为 781 人，2011 年为 896 人，2012 年为 863 人。

（二）走私、贩毒问题日趋猖獗

阿富汗禁毒部部长扎·乌斯莫尼透露，目前在中亚吸阿富汗毒品的人已达 1000 万人。费尔干纳地区成为阿富汗—中亚最重要的一条贩毒路线。塔吉克斯坦毒品难以控制，是阿富汗毒品受害者。塔官员运毒情况越来越严重，不断有高官贩毒被逮捕的消息。毒品已经与阿富汗和中亚一些国家的政治、经济以及社会问题密不可分。在中亚国家，毒品同"三股势力"、腐败等行为同流合污，相互勾结在一起，给反毒工作带来了极大困难。据报道，每年有近 100 吨毒品从阿富汗经中亚国家运到俄罗斯和欧洲市场，而中亚国家的司法机关仅能截获其中的 10%。社会犯罪和猖獗的走私贩毒给人民的正常生活造成了严重的干扰。塔吉克斯坦独立初期，中亚地区制毒贩毒活动日益猖獗，该地区已成为国际贩毒活动的重要中转站。而塔又是中亚五国中走私贩毒最为严重的国家。塔吉克斯坦同阿富汗交界地区的国际贩毒活动十分猖獗，塔吉克斯坦有不少人参与。其他犯罪活动也很猖獗。拉赫蒙总统不止一次地强调，要同走私贩毒行为做坚决斗争，并呼吁国际社会对这一问题予以关注，同塔一道与走私贩毒做斗争。尽管政府采取了打击措施，但由于国力有限，打击力度不大，走私贩毒现象非但没有减少，反而在上升。如 1995 年查获毒品 2 吨，1996 年前 9 个月查获毒品 3 吨，1997 年查获毒品 4.5 吨，1998 年第一季度查获毒品 1.9 吨。塔吉克斯坦总统直属毒品监控局数据表明，该局 2011 年在境内抓获多个犯罪团伙，缴获毒品超过 4 吨，其缴获数量居独联体国家之首。塔毒品主要来源于阿富汗，塔阿边界线长达 1000 多公里，而毒品种植最集中的阿南部和西部缉毒能力极为薄弱。2011 年 1 月 22 日，在苦盏内务局和国家安全委员会大楼附近的两辆小轿车内查获相当于 6 公斤当量的炸药。2011 年 7 月 28 日，塔边境警卫击毙 8 名阿富汗毒贩。同年 11 月 8 日，塔吉克斯坦库尔干秋别市法院判处两名俄罗斯飞行员（其中一人为爱沙尼亚国籍）走私、非法入境和违反飞行规定罪名成立，监禁八年半。2012 年 10 月 10 日，塔吉克斯坦警方在一辆轿车上搜出 122 块板状高纯度大麻，合计 85 公斤。

（三）暗杀、绑架、爆炸恶性事件及恐怖袭击等时有发生

2001 年一年之内，塔内务部第一副部长、总统外事顾问、文化部部长等政界高层人物相继遇刺身亡，暗杀、绑架及爆炸等恶性事件时有发生，毒品走私屡禁不止。不少地方的普通居民常年生活在恐怖的气氛中。2011 年 9 月 16 日，恐怖组织"真主信徒社"发布视频，威胁将发动恐怖袭击。同年 12 月 26 日，塔北部一法院宣布 53 人因参与 2010 年 9 月的一次恐怖袭击而获刑。2012 年 7 月 21 日，塔吉克斯坦国家安全委员会前副主席、戈尔诺 - 巴达赫尚自治州安全局局长阿卜杜拉·纳扎罗夫在返回霍罗格市的途中，被 20 余名不明身份的袭击者拖出轿车，身中数刀死亡。

在打击犯罪方面，2000 年，塔吉克斯坦政府采取了一系列措施，以稳定社会政治形势，整顿社会秩序，如加快反对派武装的整编和遣返工作、加大打击贩毒及各种犯罪的力度等。

2001 年，拉赫蒙总统改组政府，强化了对政权的控制。塔境内成规模匪患已基本平定。美国"9·11"事件后，塔积极配合国际反恐行动，加大社会整治力度，各种极端势力活动进一步收敛。

自 2002 年起，塔政府加大打击宗教极端主义、贩毒及各种犯罪的力度，积极争取国际支持和援助，社会形势有所好转。

2006~2010 年，根据拉赫蒙的建议，塔吉克斯坦制订实施了《打击恐怖主义和其他极端主义的国家计划》，政府对"三股势力"保持高压打击态势，但是其增长态势难以消弭，"三股势力"依旧是塔最大的安全威胁之一。

2012 年 7 月 24 日，塔吉克斯坦政府军出动了包括直升机在内的武器装备，开始对艾耶姆别科夫非法武装集团进行清剿。7 月 25 日，塔吉克斯坦总统拉赫蒙下令停止在霍罗格市的一切战斗，并进行谈判。8 月 12 日，艾耶姆别科夫向塔吉克斯坦政府自首但否认与纳扎罗夫之死有关。

塔政局稳定的背后暗流涌动，反动派长期存在，并且积极活动，最主要反动派是伊斯兰复兴党。伊斯兰复兴党给塔吉克斯坦的和平带来极大的障碍。在苏联解体前夕，伊斯兰复兴党的势力已经很大，成为主要反对派之一。内战后，伊斯兰复兴党便成为塔联合反对派核心，该党得到境外一些势力的支持，形成一支有实力的反政府军。宗教激进势力在塔极其活跃，与该党有很大关系。伊斯兰复兴党基本宗旨是建立政教合一的伊斯兰国家，而塔政府是要建立政教分离的世俗国家。围绕发展道路之争问题，塔吉克斯坦政府与伊斯兰复兴党斗争了多年，使塔政府耗掉许多精力、人力、物力。2008 年，伊斯兰复兴党制定了《伊斯兰复兴党 2008~2015 年任务与目标》纲领性文件，该文件从组织建设到任务目标都很明确。该党势力有逐步做大的趋势。该党领袖穆西德金·卡比里时常接受国外媒体采访，发表本人有关塔吉克斯坦内政外交的主张，而且他在国内外有较大影响。2015 年，伊斯兰复兴党被禁止活动。

七　民族问题

塔吉克斯坦的民族状况错综复杂，民族关系紧张由来已久。塔吉克斯

坦主要存在以下民族问题。

（一）地区之间由于经济发展不平衡而引起的矛盾

塔吉克斯坦北方粟特州经济比较发达，戈尔诺－巴达赫尚自治州是经济非常落后的地区，这两个地区之间的矛盾很深。乌兹别克人主要集中在北方粟特州，这里经济实力强，工农业生产较发达，居民生活富裕。戈尔诺－巴达赫尚自治州主要居民为塔吉克人，从事农业和牧业，这两个民族由于生活水平差距较大而形成民族之间的矛盾。落后的南方哈特隆州与较发达的北方在利益上的冲突，也是引起塔内战的一个重要因素。经济落后的南方势力试图推翻北方人占据的政府，他们在宗教激进主义组织的煽动下反对合法政府。另外，苏联塔吉克斯坦共和国的主要领导人大多来自北方。所以，在塔国内动乱初期，南方地区是反对派的根据地，而北方地区则全力支持共和国政府。

（二）塔吉克人同俄罗斯人之间的矛盾

俄罗斯人主要集中在首都杜尚别和一些大型企业中。在苏联时期，俄罗斯人在政治、经济的主要部门中担任重要职务，并在生活上享受较高的待遇。而塔吉克人生活水平较低，且生活在偏远山区。独立后，塔主体民族民族主义倾向抬头，对俄罗斯人表现出强烈的排外情绪，在政府部门和科学技术、文化教育、卫生等机构工作的俄罗斯人受到明显的冷落和排斥，从而进一步加速了俄罗斯人外迁的浪潮。塔独立以来，迁出塔境的俄罗斯人已达30多万人。俄罗斯人与塔主体民族塔吉克人之间的关系不断恶化。

（三）塔吉克族内部部族之间的矛盾

其中以库利亚布州（独立后与库尔干秋别州合并为哈特隆州）和戈尔诺－巴达赫尚自治州之间的矛盾尤为突出。塔独立后，同一民族之间的矛盾引发内战，灾难深重。自拉赫蒙总统执政以来，在国家中央机关里，来自家乡库利亚布的干部比较多，总统提拔和重用自己家乡的干部，又在北方人中引起强烈不满。

在民族方面，塔吉克斯坦独立后，十分重视民族问题，一直实行民族和睦政策。塔把民族问题放到关系社会稳定、国家安全、经济文化发展的高度来解决。塔吉克斯坦《宪法》第六条规定："公民不分民族都是塔吉克斯坦人民。所有人在法律和法庭面前一律平等。国家保障每个人的权利和自由，不论其民族、种族、性别、语言、信仰、政治观点、受教育程度、社会地位和财产状况如何。"

1993 年，根据拉赫蒙总统的倡议，签署了一个重要文件，即《公民和睦条约》，该条约的宗旨是保证民族和睦、和平、统一和社会进步。塔吉克斯坦《宪法》第八条明确规定，塔吉克斯坦社会政治生活的发展以政治结构和意识形态多元化为原则。包括宗教在内的任何一种意识形态都不能规定为国家的意识形态。社会团体要在宪法和法律范围内建立和活动。国家对它们的活动提供平等条件。

在执行民族和睦政策的同时，塔吉克斯坦政府坚决打击民族分裂势力。拉赫蒙总统在讲话中多次强调这个问题，并且呼吁中亚国家联合起来，共同对付宗教极端势力与民族分裂势力，以维护塔吉克斯坦和中亚地区的稳定。

八　宗教问题

塔吉克斯坦宗教传统根深蒂固。塔吉克斯坦是以伊斯兰教为主的国家，穆斯林占全国总人口的 90% 以上。

塔吉克斯坦独立后，伊斯兰教在国内迅速崛起。正如一位独联体问题专家所指出的：塔吉克斯坦内战"起因于极端民族主义、宗教狂热情绪、反共歇斯底里和地方集团的利益对抗"，同时与苏联大环境的变化有很大的关系。就塔国内的情况来看，发展道路之争、宗教矛盾和民族矛盾，是引发内战的几个最重要因素。

塔吉克斯坦独立初期，拥有 7 万名成员的伊斯兰复兴党直接干预社会生活，并一度成为该国具有颇大影响，甚至能左右国家局势的一支重要政治力量。伊斯兰复兴党煽动宗教狂热，引起混乱。自 1997 年以来，伴随着伊斯兰教的发展，宗教极端势力开始抬头，并向世俗国家政权发起挑战。同时，出现了宗教极端势力与民族分裂势力和国际恐怖势力相勾结的趋势。

塔吉克斯坦内战是由宗教极端势力引起的。1997 年 4 月 30 日，塔吉克斯坦总统拉赫蒙在粟特州苦盏市被一枚手榴弹炸伤，同时造成两人死亡、70 多人受伤。这一刺杀活动也是宗教极端分子所为。

1999 年 8 ～ 10 月，近千名"乌伊运"武装分子由阿富汗经塔吉克斯坦窜入吉尔吉斯斯坦南部巴特肯地区袭击五六个村庄，并劫持了包括吉尔吉斯斯坦内务部队司令沙姆盖耶夫和 4 名日本地质学家在内的 13 名人质。他们企图在吉、乌和塔三国交界的费尔干纳谷地建立所谓的"伊斯兰国家"。2000 年夏秋之交，这帮匪徒卷土重来，又在费尔干纳山区展开多次武装骚扰活动：8 月 5 日，约 100 名"乌伊运"武装分子袭击乌兹别克斯坦苏尔汉河州靠近塔吉克斯坦边界的山村；11 日，大约由 50 人组成的"乌伊运"小分队从塔吉克斯坦窜入吉尔吉斯斯坦南部巴特肯州进行骚扰。与此同时，塔吉克斯坦也受到大约 800 名"乌伊运"分子的袭击。

俄罗斯学者的研究表明，目前活跃在塔吉克斯坦境内的主要恐怖主义组织有十多个，其中包括"伊斯兰解放党""乌伊运""穆斯林兄弟会"等。2011 年 9 月 7 日，塔境内恐怖组织"真主信徒社"在 YouTube 网站上发布视频，威胁将继续对"异己者"发动恐怖袭击，该组织曾于 2010 年在苦盏市制造过一起死伤数十人的恐怖活动。12 月 26 日，粟特州依法对 53 名参与恐怖活动的犯罪分子进行了判决。塔学者透露，作为 1992 ～ 1997 年内战时期反政府武装大本营的"拉什特"山谷至今仍是恐怖分子的藏身之地。

在宗教方面，民族宗教问题是影响国家稳定的重大问题，塔政府一直高度重视这个问题。塔《宪法》第 8 条明确规定，"宗教组织与国家分离，不得干预国家事务"，"禁止以挑起种族、民族、社会和宗教仇恨为目的，或者煽动暴力推翻宪法制度和组织武装集团的社会团体建立及活动"。

塔吉克斯坦根据本国国情在宗教方面制定了一系列政策，在宪法中有明确的表述。现行《宪法》的主要立宪原则规定：建立主权、民主、世俗、法治国家，确定以人为本的原则；政治、意识形态多元化；宗教与国家分离。

　　《宪法》第 1 条规定，"塔吉克斯坦共和国是主权的、民主的、法治的、非宗教的单一制国家。塔吉克斯坦是社会性国家，国家是为了保证每个人的应有生活和自由发展创造条件"。《宪法》第 5 条规定，"人的权利和自由是至高无上的价值。人的生存、人格和其他合理的权利是不可侵犯的。国家承认、遵守和维护人和公民的权利和自由"。《宪法》第 6 条规定，"塔吉克斯坦人民是国家主权的体现者和直接或者通过自己的代表行使国家权力的唯一源泉"。

　　《宪法》第 8 条规定，"塔吉克斯坦社会生活的发展以政治多元化和意识形态多元化为原则"。《宪法》还规定，"任何一个党、社会的和宗教的团体、运动或派别的意识形态都不能确定为国家的意识形态。社会团体和政党要在宪法和法律范围内建立和活动"。

　　塔吉克斯坦《宪法》第 26 条规定，人人享有信奉任何宗教的权利，有权参加各种宗教祭祀、仪式和典礼。宗教组织与国家分离，不得干预国家事务。

　　随着互联网、手机等现代化通信工具的普及，塔吉克斯坦出现了利用这些现代化交流平台议论、批评现政权的现象，政府对社会舆论情况的控制力呈下降趋势。2011 年，塔政府以技术问题为由一度关闭广受年轻人喜欢的社交网站 Facebook 和其他网站，后经多方交涉，塔政府才重新恢复这些网站的运营。2012 年这种状况再次发生。网络安全成为影响塔社会稳定的重要因素。

　　塔吉克斯坦加大了对互联网的监控力度。互联网技术的普及在阿拉伯国家反政府浪潮中起着至关重要的联络作用。塔政府逐渐认识到加强互联网监控的重要性。2012 年，塔政府电信部门多次对互联网进行管制。其中，力度最大的是在 11 月政府一次性关闭了 131 个网站。这些"惩罚性措施"涉及社交网、音乐和提供视频资料的网站等。其中，最有欧美背景的 Facebook 网站，曾涉嫌对"政府及其国家领导人的诽谤"被两次查封，但该网站通过欧洲安全与合作组织和欧盟等西方国家的干预，从 12 月 4 日起，禁止访问的规定被取消。政府还出台规定对通信设备进行了管制，规定政府安全部门在霍罗格及其毗邻地区展开专门行

动时禁止使用手机。

塔吉克斯坦有专门的反极端主义法律。塔吉克斯坦《打击极端主义法》规定："极端主义是法人和自然人表现出的极端行为，致力于动乱，改变国家宪法秩序，夺取和窃取政权，煽动种族、民族、社会和宗教歧视。极端主义活动是法人和自然人策划、组织、准备和实施的以下行为：①暴力改变宪法体制和损害塔吉克斯坦完整；②破坏塔吉克斯坦安全；③夺取或窃取政权；④建立非法武装；⑤从事恐怖主义活动；⑥以暴力或号召使用暴力，煽动种族、民族或宗教矛盾，以及社会矛盾；⑦侮辱民族尊严；⑧借口意识形态、政治、种族、民族或宗教仇视，以及对任何社会集团的仇恨或敌视，实施群众骚乱、流氓行为和破坏活动；⑨根据公民的宗教态度、社会、种族、民族、宗教或语言属性，宣传公民的特殊性、优越性或缺陷；⑩公开号召实施上述活动或完成上述行为；⑪通过提供不动产、培训、印刷品和技术资料库、电话、传真和其他通信方式、信息服务、其他物质技术设备，资助或以其他方式支持实施上述活动或完成上述行为。极端主义组织是依照本法规定，被法院判处取消或禁止活动的、从事极端主义活动的社会团体、宗教组织或其他非营利组织。"

上海合作组织《打击恐怖主义、分裂主义和极端主义公约》中规定："极端主义是指旨在使用暴力夺取政权、执掌政权或改变国家宪法体制，通过暴力手段侵犯公共安全，包括为达到上述目的组织或参加非法武装团伙，并且依各方国内法应追究刑事责任的任何行为。"

第七章

文 化

第一节　教育

一　教育发展简况

十月革命前，塔吉克斯坦教育非常落后，没有一所高等学校和中等专业学校。当时该国居民受教育程度极低，绝大多数是文盲，而伊斯兰教在社会生活中却占统治地位。1897 年，在 9 ~ 49 岁居民中，识字者仅占 0.5%。1913年塔吉克人识字人数占总人数的 1.5%。当时的教育主要是一种宗教教育，学校与宗教合一。中世纪时期，在塔吉克斯坦清真寺创办了初等和中等宗教学校，讲授阿拉伯语和伊斯兰教教义，培养职业宗教人员。学生大多为官吏和富人子弟。沙俄时代末期，在塔吉克斯坦开办了 10 所培养低级官吏的学校。

苏联时期，政府极其重视教育事业，把发展教育事业视为国民经济建设中最重要的任务之一。在全国推行义务教育，并采取了各种措施。第一，帮助塔吉克斯坦共和国改革文字，将原先以阿拉伯字母拼写的、结构复杂和难写难认的民族文字改为拉丁字母拼写，后又改为俄文字母拼写。第二，开展大规模扫除文盲运动。在十月革命胜利初期，苏联政府就颁布扫除文盲的命令，规定 8 ~ 50 岁不识字的人均要进扫盲班。当时在塔吉克斯坦就开办了 3000 多个扫盲班，脱盲人数达 13 万多。到 20 世纪 40 年代初，已基本上扫除了文盲。第三，投入大量人力、物力和财力兴办各类学校，实施义务教育，大力发展文化教育。第四，确保教育世俗化，使教会同国家分离，学校同教会分离。第五，大幅度增加对作为少数民族共和国的塔吉克斯坦教育事业的预算拨款。塔教育事业也因此有了很大发展，成绩显著。

苏联时期，塔吉克斯坦逐步建立并形成了较为完备的现代教育体系：学前教育、普通中等教育、校外教育、职业技术教育、中等专业教育和高等教育。20 世纪 30～50 年代是各类学校大发展时期。1927～1928 年，普通学校数量由 1914～1915 年的 10 所发展到 336 所，在校生由 400 人增加到 1.4 万人。1940～1941 年，普通学校数量为 2789 所，在校生为 31.5 万人。1970～1971 年普通学校数量由 1965～1966 年的 2834 所发展到 3088 所，在校生由 58.3 万人增加到 77.4 万人。到 20 世纪 80 年代，塔的教育水平与全苏教育水平接近。1990～1991 年拥有普通中小学 3100 所，在校生人数为 127.8 万人；中等专业学校 43 所，在校生人数为 4.09 万人；高等学校 10 所，在校生人数为 6.88 万人。

塔吉克斯坦独立后，多年内战使政治、经济、社会陷入了严重的危机，教育事业因此受到很大影响。随着国内政治、经济体制的转轨，国民教育事业也发生很大变化，改变了过去教育一律免费的规定。在塔吉克斯坦也出现了私人办学的现象。目前，塔吉克斯坦的教育政策是，鼓励私人办学，公立学校和非公立学校并存，继续执行世俗教育政策。近些年来，高等学校数量明显增加。

塔吉克斯坦目前继续沿用苏联的教育体系，包括学前教育、普通中等教育、中等专业教育和高等教育。

独立前实行的是八年制义务教育，自 1993 年起实行的是九年制义务教育。

二 各类学校数量、学生人数

（一）学前教育

独立后，塔吉克斯坦各类教育中受经济危机打击最大的是学前教育。由于企业不景气，其所属学前教育机构纷纷关闭或改为他用。因此，学前教育机构、入托儿童人数及其占应入托儿童比例逐年减小。1995 年学前教育机构由 1991 年的 900 个减少到 555 个，其中城市为 406 个，农村为 149 个。1996 年学前教育机构为 601 个，其中城市为 461 个，农村为 140 个。1997 年和 1998 年均为 562 个，其中城市为 406 个，农村为 156 个。1998 年城市为 425 个，农村为 137 个。1999 年减少到 523 个，其中城市为 387 个，农村为 136 个。2000 年学前教育机构为 502 个，2005 年学前教育机构减少到 486 个，2008 年为 485 个，2009 年为 487 个，2010 年为 488 个，2011 年为 494 个。学前教育机构入托儿童人数逐年递减，1995 年为 7.8 万人，1996 年减到 7.13 万人，1997 年为 6.16 万人，1998 年为 5.60 万人，1999 年为 5.16 万人。1995 年入托儿童人数占应入托儿童的比例由 1991 年的 14% 下降到 9%。2000 年学前入托儿童人数为 5.3 万人，2005 年为 6.2 万人，2008 年和 2009 年均为 5.8 万人，2010 年为 6.2 万人，2011 年为 6.8 万人，入托儿童人数占其应入托儿童比例分别为 5.5%、6.2%、5.5%、5.7% 和 6.6%。截至 2012 年，塔吉克斯坦全国学前教育机构共有 508 所，学前儿童人数为 7.44 万人。

（二）普通中等教育

1991～1992 年，有普通学校 3200 所，在校生 131 万人。1995～1996 年，有普通学校 3400 所，在校生 131 万人。1999～2000 年教育部主管的普通教育日校教师人数全国共计有 9.6755 万人，其中女性 4.2491 万人，具有高等教育水平的有 6.1763 万人。教师人数急剧减少，20 世纪 90 年代初教师与学生的比例为 1∶14.5，1997 年这个比例缩小为 1∶26.5。2000～2001 年有普通教育学校 3600 所，在校生 150.4 万人。2005～2006 年有普通教育学校 3800 所，在校生 166.4 万人。2010～2011 年普通教育学校为 3700 所，在校生为 169.4 万人。2015～2016 年有普通教育学校为 3800 所，在校生 178.4 万人。

（三）中等专业学校

塔吉克斯坦独立后至今中等专业学校均为国有学校。1991～1992 年有中等专业学校 43 所，在校生 4.1 万人。1995～1996 年有中等专业学校 44 所，在校生 2.68 万人。2000～2001 年有中等专业学校 53 所，在校生 2.53 万人，2005～2006 年为 54 所，在校生为 3.18 万人，2010～2011 年为 51 所，在校生为 3.79 万人，2015～2016 年为 65 所，在校生为 6.9 万人。

（四）高等教育

独立后，塔吉克斯坦高等院校数量增加了 2 倍，但私立大学规模较小。1991～1992 年有高等院校 13 所，在校生 6.93 万人。1995～1996 年高等院校增加到 24 所，在校生为 7.4 万人。2000～2001 年各类高等院校为 30 所（包括分校），在校生为 7.8 万人。2005～2006 年各类高等院校为 36 所，在校生为 13.2 万人。2010～2011 年为 32 所，在校生为 15.2 万人。2015～2016 年为 38 所，在校生为 17.6 万人。截至 2012 年底，塔吉克斯坦全国各类高等学校有 34 所（包括分校），教师为 8231 人，其中女性教师 2562 人。全国在校大学生有 15.6291 万人，其中女生 4.25 万人，占 27.2%。2012～2013 学年招收新生 3.8 万人，毕业生 3.62 万人。

1995～1996 年有高校 24 所，学生总人数约为 7.4 万人，其中工业部门有 9472 人，农业部门有 6198 人，经济部门有 25092 人，卫生与体育部门有 6425 人，教育部门有 23400 人，艺术与电影业有 1220 人，社会安全与国防保卫部门有 2180 人。2005～2006 年高校学生总人数为 13.24 万人，其中工业和建筑部门有 6700 人，农业部门有 600 人，经济法部门有 1400 人，医疗卫生、体育和文化部门有 1.27 万人，艺术与电影业有 1200 人。2008～2009 年高校学生总人数为 15.63 万人，其中工业和建筑部门有 6600 人，农业部门有 500 人，经济法部门有 1500 人，医疗卫生、体育和文化部门有 1.64 万人，艺术与电影业有 1300 人。2009～2010 年高校学生总人数为 15.78 万人，其中工业和建筑部门有 6800 人，农业部门有 500 人，经济法部门有 1200 人，医疗卫生、体育和文化部门有 1.86 万人，艺术与电影业有 1500 人。2010～2011 年高校学生总人数为 15.17 万人，其中工业和建筑部门有 6700 人，农业部门有 700 人，经济法部门有 900 人，医疗卫生、体育和文化部门有 1.97 万人，艺术与电影业有 1600 人。2011～2012 年高校学生总人数为 15.22 万人，其中工业和建筑部门有 6400 人，农业部门有 700 人，经济法部门有 800 人，医疗卫生、体育和文化部门有 2.13 万人，艺术与电影业有 1700 人。

（五）高级人才的培养

基于苏联时期的教育遗产，尽管独立后塔的教育事业遇到很多困难，但该国总体教育水平仍然较高。每万名居民中平均拥有普通中等学校、中等专业学校和高等学校在校生人数均较高。1992 年，每万名居民中平均拥有普通中学在校生 2379 人，中等专业学校在校生 73 人，高等学校在校生 124 人。1996 年，每万名居民中平均拥有高等学校在校生 126 人，1997 年为 127 人，1998 年为 126 人，1999 年为 123 人。2000 年每万名居民中平均拥有中等专业学校在校生 41 人，高等学校在校生 127 人。2005 年每万名居民中平均拥有中等专业学校在校生 46 人，高等学校在校生 191 人。2010 年每万名居民中平均拥有中等专业学校在校生 50 人，高等学校在校生 202 人。2011 年每万名居民中平均拥有中等专业学校在校生 51 人，高等学校在校生 195 人。

（六）主要高等院校

塔吉克斯坦国立大学：1948 年创办于杜尚别市。该校是一所综合性大学，有 4 个大系，约有 80 个专业。如设有数学系、应用数学系、物理系、化学系、生物系、历史系、法学系、新闻系、塔吉克语言文学系、俄罗斯语言文学系、外语系（阿拉伯语、波斯语、普什图语）、经济系、财政信贷系、劳动经济学和劳动社会学系、统计系、会计系、审计和经营分析系、经济信息和管理系统自动化系、地质测量普查勘探系、水文地质和工程地质系等。2002 年该校有学生 1.1483 万人，留学生 21 人，教师 968 人。2011 年在校生为 1.8 万人。

塔吉克工业大学：建于 1956 年。2002 年有学生 5000 人，留学生 250 人，教师 600 人。

塔吉克国立医科大学：建于 1939 年。2002 年有学生 4029 人，留学生 267 人，教师 560 人。2011 年在校生为 5400 人。

塔吉克农业大学：建于 1931 年。2002 年有学生 5000 人，留学生 167 人。

苦盏大学：建于 1932 年。2002 年有学生 7457 人，留学生 10 人，教

师 689 人。2011 年在校生为 1.3 万人。

塔吉克斯坦技术大学：2011 年在校生为 1.2 万人。

塔吉克斯坦师范大学：2011 年在校生为 1.2 万人。

斯拉夫大学：1993 年俄、塔联合建立，2011 年在校生为 3800 人。

塔吉克斯坦经济学院：2011 年在校生为 1 万人。

塔吉克斯坦农业大学：2011 年在校生为 7400 人。

库尔干秋别国立大学：2011 年在校生为 1.2 万人。

库利亚布国立大学：2011 年在校生为 7800 人。

霍罗格国立大学：2011 年在校生为 4800 人。

三　教育存在的问题

教育领域中的突出问题：一是内战给塔吉克斯坦教育系统造成巨大的物资损失，内战使 17 所学校被完全毁坏，79 所学校被部分毁坏，45 所职业学校被部分或完全毁坏；二是整个国家教育系统缺少资金。2011 年，塔吉克斯坦实际教育经费为 11.51974 亿索莫尼，约占国内生产总值的 4.7%。2012 年，塔吉克斯坦实际教育经费为 15.179 亿索莫尼，约占国内生产总值的 4.2%，占国家预算的 16.7%。学校普遍缺少教科书，缺少教育用品和设备。由于教师待遇过低，教师大量外流，普遍存在教师不足的问题。私立学校出现以后，学校数目虽然增加了，但全国在校学生人数不断下降，尤其是中等专业学校的学生总数一直在急剧下降。

第二节　科学与技术

一　科技发展简况

苏联时期，塔吉克斯坦的科学事业获得了迅速发展，建立了自己的科学院，并拥有了一批训练有素的科研人才。

塔吉克斯坦科学院于 1951 年 4 月成立。科学院下设 3 个学部，有 19

个科研机构，共有科研人员 1924 人。其中，博士 102 人、副博士 691 人。1989 年，科学院设有 28 个研究所、10 个研究分所、6 个科研试验站。1990 年，塔吉克斯坦拥有科研人员 7400 人（包括科学教育工作者），其中具有高等教育水平的有 6200 人，中等专业水平的有 1200 人，在具有高等教育水平的专家中有博士 215 人、副博士 1982 人。科研工作为解决经济发展的现实问题做出了贡献，特别是在棉花的生物学、遗传学、生理学、生物化学等方面的研究都取得了很大成就。但其科学事业落后于全苏水平，更落后于世界水平，尤其是在管理方面，官僚化的科研管理使许多科研成果不能转化为生产力。

塔吉克斯坦独立后，由于内战和经济危机，科学事业出现了前所未有的萎缩状况。塔吉克斯坦科学技术政策主要保证重点科学技术项目，用于科学事业的经费急剧减少。据统计，科研费用的比重在预算中仅占 0.9%，不到国民收入的 0.35%，而苏联时期这个指标为 5.5%。政府拨款严重不足（国家对科学技术的预算拨款：1995 年为 6400 万卢布，1996 年为 2.52 亿卢布，1997 年为 6.38 亿卢布，1998 年为 9.82 亿卢布，1999 年为 15.15 亿卢布），各研究院和研究所必须自筹资金，资助计划中的研究项目和给职工发放补贴。在这种情况下，研究领域大大缩减，基础研究首当其冲，科研人员大批流失，尤其是从事自然科学研究的人员。1995 年，科研人员由 1991 年的 6000 人减少到 4000 人，减少了 1/3。科研辅助人员相应由 1800 人减少到 900 人，减少了 1/2。科技研发潜力急剧下降。2011 年塔各类科学研究机构有 56 所，其中杜尚别有 42 所，科研人员共 3735 人。

二　科技潜力

塔吉克斯坦在 1995~2000 年经济改革规划中指出，将制订一项支持发展科学研究的计划，其目的是通过管理和协调重点科学项目，提高科研项目的效益。强调对创造性领域的人员给予资金及物质支持的必要性。但是，内战结束后，由于缺乏资金，政府很难执行这个计划。目前，该国科学工作者正在积极致力于与外国的学术交流和专业培训。今后的科研重点是，在科学预测基础上制定国家发展战略，保证科技和工业一体化，根据本国的国情和特点及全球化趋势，确定全民科技发展优先领域。在国家投入十分有限的情况下，注意提高科研效益，同时积极寻找其他经费来源，学习外国在市场经济条件下开展科研工作的宝贵经验。逐渐提高科技工作者的待遇，采取有效措施，吸引人才，充实科技队伍。

2000 年底，塔吉克斯坦从事科研和研制的专家人数为 2500 人，其中具有学术水平的博士人数为 190 人，副博士人数为 926 人，从事科研和研制的科学教育工作者人数为 2200 人，用于科研和研制的费用相当于国内总产值的 1%。2011 年底，塔吉克斯坦从事科研和研制的专家人数为 1900 人，其中具有学术水平的博士人数为 223 人，副博士人数为 616 人，从事科研和研制的科学教育工作者人数为 2900 人，用于科研和研制的费用相当于国内总产值的 1%。

塔吉克斯坦现有 10 个研究院，包括塔吉克斯坦科学院、建筑艺术研究院、建筑研究院、工程研究院、成人教育研究院、医学研究院、音乐研究院、教育科学研究院及自然科学研究院等。截至 2012 年底，塔现有各类科学研究机构 56 所，其中杜尚别 42 所，科研人员共 3735 人，在读研究生 1161 人（其中女性 436 人）。下面着重介绍一下塔吉克斯坦科学院的情况。

塔吉克斯坦科学院是塔吉克斯坦最高科研机构，位于首都杜尚别，成立于 1951 年 4 月，是苏联科学院的分院。科学院设有三个学部，下设 20 个科研院所机构，研究工作涉及现代科学的方方面面。非科学院系统的科研所有塔吉克农科所（附设 4 个试验站），果树、葡萄和蔬菜研究所，土壤研究所，畜牧和兽医科研所，塔吉克养羊业科研所，流行病学和卫生学研究所，塔吉克水利技术和土壤改良研究所，科学技术和技术经济情报科研所，数学方法研究所，塔吉克自动化系统研究所，建筑基础和地下建筑研究所，塔吉克农业经济和体制研究所，塔吉克马铃薯研究所，等等。

2000 年能带研究生的科研机关和高等院校数量为 17 个，研究生招生人数为 272 人，研究生在校生为 839 人，其中脱产学习的研究生为 437 人，研究生毕业生人数为 206 人，完成副博士论文答辩的研究生有

36 人。2005 年能带研究生的科研机关和高等院校数量为 12 个，研究生招生人数为 324 人，研究生在校生为 980 人，其中脱产学习的研究生为 536 人，研究生毕业生人数为 204 人，完成副博士论文答辩的研究生有 10 人。2008 年能带研究生的科研机关和高等院校数量为 18 个，研究生招生人数为 379 人，研究生在校生为 1161 人，其中脱产学习的研究生为 615 人，研究生毕业生人数为 275 人，完成副博士论文答辩的研究生有 53 人。2009 年能带研究生的科研机关和高等院校数量为 18 个，研究生招生人数为 455 人，研究生在校生为 1256 人，其中脱产在读研究生为 576 人，研究生毕业生人数为 283 人，完成副博士论文答辩的研究生有 37 人。2010 年能带研究生的科研机关和高等院校数量为 19 个，研究生招生人数为 514 人，研究生在校生为 1553 人，其中脱产在读研究生为 785 人，研究生毕业生人数为 287 人，完成副博士论文答辩的研究生有 28 人。2011 年能带研究生的科研机关和高等院校数量为 20 个，研究生招生人数为 549 人，研究生在校生为 1801 人，其中脱产在读研究生为 1022 人，研究生毕业生人数为 316 人，完成副博士论文答辩的研究生有 45 人。

第三节 文化设施

一 历史状况

塔吉克斯坦具有悠久的、丰富多彩的和独具特色的文化传统。公元 10 世纪，萨曼王朝古老的、自成体系的文化遗产，是整个中亚文化遗产的一部分。15 世纪是塔吉克斯坦文化的繁荣时期。10～15 世纪塔吉克斯坦的诗歌是其古典文学的精华，代表人物为鲁达基。此外，还曾孕育了菲尔多西、哈伊亚姆、毕鲁尼、伊本·西拿等"中亚文艺复兴"的巨匠。塔吉克族祖先最卓越的文学作品是他们创作的英雄史诗和神话，例如，菲尔多西的作品《扎霍克》。

苏联时期，由于政府采取扫除文盲、不断加大对社会文化设施的投资的政策，塔吉克斯坦文化获得较大发展。这一时期，塔吉克斯坦建立了各类学校、科研机构系统和大量文化设施，包括剧院、电影院、图书馆、俱乐部、文化宫和博物馆等。1940~1941年，塔吉克斯坦平均每万人中有群众图书馆2.7个，图书馆藏书平均每百人中有书刊32册；平均每万人中有俱乐部3.4个；平均每人有报纸1.9份。1980~1990年，塔吉克斯坦各类文化机构大大增加，博物馆（包括分馆）由10座增加到27座，剧院（包括塔吉克歌剧和芭蕾舞剧院、塔吉克话剧院、共和国音乐喜剧院）由12座增加到14座，电影放映站从1200个增加到1300个，俱乐部由1300所增加到1500所，群众图书馆由1600个增加到1800个（馆藏图书和杂志由1350万册增加到1620万册）。

塔吉克斯坦共和国最大的图书馆塔吉克菲尔多西国立图书馆（于1933年开馆，其前身是1925年成立的市图书馆）有馆藏图书、小册子和杂志等300万册。1988年塔出版图书杂志920种，1989年出版图书杂志870种、报纸74种（其中塔文报纸63种）。

二 独立后的文化设施状况

独立后，国家重视文化事业的发展。在极其艰苦的条件下，总统派遣几十名年轻学者、研究人员去国外学习，并设立"科学院工资""总统奖学金"，以鼓励知识界人士把天才和学识奉献给人民的幸福和国家的繁荣。同时在首都设立了针对有天赋的孩子的高级专门学校。但由于政局不稳和财政困难，在政府提供资金急剧减少的情况下，文化事业呈现严重萎缩状态。各类文化机构（除博物馆有增加外）都有不同程度的减少。

1991年有博物馆（包括分馆）27座，年参观人数为40万人次，剧院为15座，观看人数为110万人次，群众图书馆的数量为1700个，阅览室年阅读者达130万人次。

1995年博物馆减少到23座，年参观人数为20万人次，剧院减少到12座，年观看人数为40万人次，群众图书馆的数量为1600个，阅览室年阅读者达100万人次。

　　2000 年博物馆增加到 29 座，年参观人数为 30 万人次，剧院数量为 15 座，年观看人数为 40 万人次，群众图书馆的数量为 1400 个，阅览室年阅读者达 80 万人次。

　　2005 年博物馆增加到 39 座，年参观人数为 40 万人次，剧院数量为 15 座，年观看人数为 40 万人次，群众图书馆的数量为 1400 个，阅览室年阅读者达 90 万人次。

　　2010 年博物馆数量为 43 座，年参观人数为 20 万人次，剧院数量为 16 座，年观看人数为 50 万人次，群众图书馆的数量为 1300 个，阅览室年阅读者达 120 万人次。

　　2014 年博物馆数量已增加到 52 座，年参观人数为 50 万人次，剧院数量为 17 座，年观看人数为 40 万人次，群众图书馆的数量为 1400 个，阅览室年阅读者达 110 万人次。

　　群众图书馆由 1991 年的 1700 个减少到 1999 年的 1463 个（馆藏图书和杂志由 1610 万册减少到 1384.9 万册）。与此同时，文化艺术界中有创造性的人才及有才能的演员大量移居国外，这严重影响了文化事业的发展。一些过去靠国家拨款的文化机构，例如电影放映站、群众图书馆和俱乐部关、停的很多。

　　塔吉克斯坦人民非常热爱文化生活，特别是戏剧在人民文化生活中占有重要的地位。随着和平的到来、政治和经济的渐趋稳定，1999 年后文化事业的状况开始有些起色。塔吉克斯坦各类戏剧获得新生，发生翻天覆地的变化。1999 年，塔取得一系列重大成就。塔吉克斯坦国家歌剧院合唱团参加安哥拉国际合唱节，在参赛的 39 个国家中获得第二名；话剧团演了 4 部话剧，其中《爱情的召唤》获得极大成功；马雅可夫斯基话剧团演出了以儿童为主题的 4 场剧；杜尚别木偶戏剧团出访意大利，演出的节目是反映"战争与和平"的木偶戏；青年剧院在周年纪念日演出了以纪念有关历史和哲学为主题的两部戏。演员和诗人得到了政府和人民的认可和爱戴。1999 年塔吉克斯坦评选出了 3 名国家级演员，其中有 2 名演员获得"总统之星"的称号，3 位诗人获"国家诗人"称号。同年，约有 52.4 万人次观看各类剧目的演出，约占塔人口总数的 1/10。为维护国

家稳定安全，强调戏剧对人的重要地位，1999 年 12 月 10 日，塔将 11 月 7 日定为戏剧日。

音乐在塔文化生活中也同样占有重要地位。为继承塔吉克斯坦在音乐方面的优良传统，塔先后在俄罗斯、法国和本国举办过有关专业的音乐教育的讨论会。为更好地开展文化生活，还举办了音乐、读书等活动，在杜尚别举办过国际音乐节。

此外，塔还成立了一个儿童和平基金会。塔儿童舞蹈组"美丽世界"参加在土耳其举办的"世界儿童与艺术"竞赛演出，有 36 个国家参赛，"美丽世界"获得第一名。

自 2000 年以来，各类文化机构有所变化，有些有所增加，有些在大大减少，总的状况是仍然不景气。博物馆的数量有较大增加，但参观的人数却逐年减少。剧院只增加 1 座，观看人数明显增加。电影放映站改为收费后，不但电影放映站逐年急剧减少，而且观看人数从有到无。2011 年观看的人数由 2000 年的 29.1 万人次减少到 0。群众图书馆的数量以及馆藏图书和杂志都在大大减少，俱乐部的数量也在减少。

第四节　文学艺术

塔吉克文学起源于公元 9 世纪以前。早在萨曼王朝成立以前，塔吉克人就用自己的语言，口头编出各种文艺作品。在整个阿拉伯统治时期，这里继续保持伊斯兰教传入以前的文学传统，民间仍保持古老的题材与艺术形式。在粟特、吐火罗和呼罗珊三地交界处的一种地区方言的基础上，形成了当时名为"达里语"的塔吉克人的全民语言。达里语吸收各种同源方言的某些成分。这种现象表现在它的词语中，以及它内部存在的表现同一文法范畴的不同形式上。这种语言起源于远古的成分。

塔吉克族的口语达里语，渐渐成为文学语言。9～10 世纪时，塔吉克族使用达里语发展了科学的文献和书面的诗篇。达里语后来也成为波斯人的文学语言。塔吉克民族和波斯民族的卓越作家们，以及整个中世纪东方其他民族（阿塞拜疆、印度、乌兹别克斯坦和土库曼斯坦等）的许多作家，都曾使用达里语进行写作。早在 9 世纪初期，在民间口头创作的基础上发展了新的塔吉克语书面文学。萨曼王朝时代是塔吉克文学兴起的时期。

在萨曼王朝时期，塔在使用塔吉克语写作文学作品的同时，也使用阿拉伯语发展塔吉克文学。当时的河中地区的文学作家，他们除了用自己的语言以外，还非常熟练地掌握阿拉伯语。塔吉克人萨乌利比，在自己用阿拉伯语写的著作《亚季马特－乌德－达赫尔》中，提供了有关萨曼王朝时期用阿拉伯语写作的诗人们的详细情况。他所提到的 119 名诗人大多数是艾米尔、大臣、秘书和军事首长。

塔吉克文学发展史上的这一时期，是中世纪塔吉克民族文学史最重要的时期。河中地区是中世纪初期塔吉克文学的发源地。这一文学在这里达到了完善的地步，后来又在波斯人中获得推广。

公元 10 世纪的萨曼王朝时期，文化特别发达，在许多方面超过当时的欧洲文化。学者、诗人、艺术家和其他艺术巨匠纷纷从阿拉伯的各个地区来到河中地区。河中地区成为当时从事科学与艺术创作的基地。其首都布哈拉已成为科学文化中心，其他城市如撒马尔罕，文化也较发达。这一时期著名代表人物有鲁达基、菲尔多西和贾米。

阿布阿勃杜洛·鲁达基是杰出的学者，人民公认的塔吉克斯坦古典诗鼻祖，是塔吉克－波斯文学的奠基人。

阿布尔克西姆·菲尔多西也是萨曼王朝时期一位伟大的诗人。他从小受到良好的教育，除了达里语外，他还流利地掌握阿拉伯语和波斯语。其代表英雄诗篇是《帝王纪》，这部史诗十分鲜明生动地展示了塔吉克斯坦人民的历史画卷，将塔吉克－波斯文学中史诗的创作推到了顶峰。全诗长达 12 万行，具有世界意义。

阿卜杜拉赫曼·贾米是著名诗人、学者。在文学创作中，他用遍了塔吉克文学中所有的创作体裁和艺术风格，运用过各种写作技巧。对以后塔吉克文学的发展有着特殊的影响，被认为是整个中世纪塔吉克文学史上著述最丰富的诗人。他创作的七卷集叙事诗巨著《海菲特艾乌兰》（《七宝

座》）影响深远。他还著有《巴霍里斯顿》、《神灵传》、《古兰经释义》、《赫拉特史》、《论音乐》和《诗歌之书》等非韵文作品，在塔吉克斯坦文学和科学史中占有特殊重要的地位。

第五节　体育

体育运动是文化和社会生活不可缺少的重要组成部分。

塔吉克斯坦人民热爱体育运动。早在古代时候，塔吉克人生活中就有各种竞技运动和体育锻炼。著名历史人物伊本·西拿创造了特有的古典式的体育锻炼方式，即缓慢的运动，如划船或打秋千；快速锻炼，如拳击，快速行走，用宝剑或投毛器击剑；大运动量的强化锻炼，如在田野上反复举起重石头，进行锻炼。公元 5～6 世纪时，塔有了棋类运动，并得到很大发展。

苏联时期，塔吉克斯坦的体育事业得到长足发展。20 世纪 20 年代，塔举行了田径比赛、自行车比赛、滑雪比赛和其他群众性竞技比赛。

1991 年，塔独立后，各级政府注意发展体育运动事业。但由于内战，体育事业受到较大影响。目前，塔吉克斯坦开展了 31 种体育运动项目，其中最普遍的运动项目是攀岩、足球、曲棍球、拳击、射击、柔道、摔跤、棋类、网球、排球、马术、野外竞技运动、山地骑车、徒步旅行、爬山和登山、滑雪、滑板和独木舟。

一　体育机构

苏联时期，1923 年底，塔吉克斯坦有 7 个体育俱乐部。1926 年，成立了直属于塔吉克斯坦共和国革命军事委员会的体育文化和运动最高委员会，从而把工会和共青团在体育文化方面的工作统一起来。1930 年 4 月 3 日，经苏联中央政府批准，塔吉克斯坦成立了体育文化委员会。1939～1940 年，塔吉克斯坦国内已有约 300 个体育团体，有 8 万名运动员，有 300 名体育工作者，具有高等和中等教育水平的体育专家有 80 人，开展了 17 种体育运动项目。在伟大卫国战争年代，共和国体育革命军事项目曾培养了 5 万人。1947 年 2 月，塔吉克斯坦开设了体育文化中等技术学校，在普通学校大力发展体育运动，普遍实行"劳卫制"体育锻炼制度。根据苏共中央委员会和苏联部长会议的决定，1968 年 10 月 17 日，创建了直属于苏联部长会议、加盟共和国部长会议的体育文化和运动委员会，以及直属于自治共和国的各州、市、区劳动人民代表苏维埃执行委员会的各级体育文化和运动委员会。1971 年在首都杜尚别市创办了体育学院。

塔吉克斯坦独立后，1992 年成立了国家体委会，同年在国内创立了国家奥委会。

二 体育设施

20 世纪 70 年代初，塔吉克斯坦全国有 24 个体育场、542 个足球场地、1200 个篮球场、1 万个排球场、23 个网球场、404 个体育馆、23 个游泳池。

1980 年，塔吉克斯坦全国有 33 个体育场、675 个体育馆，有 3384 个体育团体。

截至 2010 年，塔吉克斯坦共有 100 多个体育场、1000 个运动大厅、38 个游泳池和 130 个体育学校。其中大部分需要基本维修，为此拉赫蒙要求相应机构的领导采取紧急措施维修和扩建国家体育项目。

目前塔吉克斯坦主要体育场馆有塔吉克斯坦体育馆、阿维阿托尔体育场、斯比塔曼体育场（过去的斯巴尔塔吉克体育场）、国家中心体育场（足球俱乐部专用）、网球馆、杜尚别游泳馆、文体会馆、体育联络会馆。

三 体育水平

1972 年全国有 556 名运动健将。

1980 年全国共有 38.5 万人获得劳卫制证章，有 225 名等级运动员，有 135 名运动员被授予"苏联运动健将"称号。

塔吉克斯坦独立后，有几个项目已经成为国际联合会成员，最著名的是足球项目、越野竞技运动和拳击运动。1996 年 2 月 4～14 日，塔吉克斯坦奥委会主席焦比罗夫率代表团参加了在中国哈尔滨市举行的第三届亚洲冬季运动会。这是塔吉克斯坦独立以来首次参加国际性体育比赛。1996 年塔吉克斯坦第一次参加奥运会。1999 年，塔吉克斯坦培养出了 54 名运动健将，其中有 9 名国际级的运动健将、2 名荣誉运动健将。同年，塔吉克斯坦在几个运动项目上赢得了国际荣誉，其中太极拳在武术世锦赛上获得奖牌。2000 年，塔吉克斯坦派出 4 名运动员参加悉尼奥运会。2004 年，塔吉克斯坦派出 9 名运动员参加雅典奥运会，参加的项目有摔跤、射击和拳击等。2008 年北京奥运会上塔吉克斯坦共获两枚奖牌，摔跤获银牌，柔道获铜牌。塔吉克人对马术情有独钟，对射箭和射击项目抱有兴趣。2010 年 11 月 12 日，塔吉克斯坦派了 76 名运动员参加亚运会射箭、田径、拳击、山地自行车、柔道、空手道、射击、跆拳道、乒乓球、排球、举重、摔跤等项目的比赛。2012 年，伦敦奥运会上塔吉克斯坦拳击获得 1 枚铜牌。2014 年 9 月 29 日仁川亚运会田径比赛中，塔吉克斯坦老将纳扎洛夫以 76 米 82 的成绩夺得男子链球冠军，实现亚运会三连冠。2016 年巴西里约热内卢奥运会上塔吉克斯坦掷链球获得 1 枚金牌。

塔吉克斯坦国家足球代表队由塔吉克斯坦足球协会管理，是国际足协及亚洲足球协会的成员。塔吉克斯坦至今仍未参加过任何国际足球赛事，无论是在世界杯还是在亚洲杯外围赛阶段从未取得过出线资格。1997 年最高 FIFA 世界杯排名第 114 位，2003 年排名第 180 位，2014 年排名第 124 位。

四 塔中体育交流

1995 年 5 月 3～5 日，应塔吉克斯坦奥委会的邀请，中国国家体委联络司组团访问塔吉克斯坦，双方签署了《中华人民共和国奥委会和塔吉克斯坦共和国奥委会体育合作议定书》。同年 5 月 17～20 日，应中国奥委会的邀请，塔吉克斯坦奥委会主席焦比罗夫访华。18 日焦比罗夫主席同中国奥委会主席伍绍祖举行了会谈。焦比罗夫表示，塔吉克斯坦坚决反对中国台湾高雄市申办 2002 年亚运会。1996 年 5 月 12～13 日，中国国家体委秘书长魏纪中和中国香港足球协会主席霍震霆访问塔吉克斯坦。同年 9 月 16~22 日，应中国国家体委的邀请，塔吉克斯坦政府体委第一副主席阿布杜尔沃西托夫率体育代表团来华访问，同中国国家体委副主任袁伟民举行会谈并签署了体育合作协议。2000 年 8 月 29~30 日，中国香港奥委会会长霍震霆率团访问塔吉克斯坦，分别会见了塔吉克斯坦国家体委主席拉希莫夫和塔奥委会秘书长索彼罗夫。塔方表示支持中国香港举办"2006 年亚运会"。

第六节 新闻出版

一 新闻通讯社

独立前塔吉克斯坦只有一家通讯社，即塔吉克电讯社，该社从 1933 年开始工作。

塔吉克斯坦独立后国家实行新闻自由，新闻工作者有自由传播信息和思想的权利，禁止实行新闻检查。独立初期，塔吉克斯坦开始迅速发展私营报纸、杂志和广播电视。内战以及经济危机影响了这一进程的发展。尽管塔吉克斯坦法律保证新闻工作者享有获取并出版政府及其官员活动的可靠信息的权利，实际上塔吉克斯坦的新闻工作者要获得必要的信息是十分困难的。

塔吉克斯坦独立后仅有两家新闻通讯社：塔吉克新闻通讯社和亚洲新闻社。前者是塔吉克斯坦唯一的国家通讯社，成立于 1952 年 12 月 31 日，系苏联塔斯社的分社，独立后，该社成为塔吉克斯坦政府管辖的国家通讯社。塔吉克斯坦独立初期，该社在国外尚无分社，仅在莫斯科派驻 1 名记者。亚洲新闻社出版英文版和俄文版的新闻简报。

塔吉克斯坦新闻通讯社为国家通讯社，于 1993 年成立，有员工 60 人，注册记者 17 人。

亚洲新闻通讯社为私人通讯社，1996 年 4 月创办，有员工 30 人。

Вароруд 通讯社为私人通讯社，2000 年成立，有员工 10 人。该通讯社由欧安组织资助，通讯社总部设在苦盏，主要报道费尔干纳盆地情况。

Авесто 通讯社为私人通讯社，2003 年成立。

塔吉克斯坦所有通讯社中只有塔通社在俄罗斯、德国等地有 4 名常驻记者。

二 电视、广播

（一）电视

1959 年开始有电视台，国家电视台设在首都杜尚别。塔吉克斯坦独立后，塔吉克斯坦电视台为国家电视台，规模最大，1993 年建立，每天用塔吉克语和俄语播放节目。目前，除国家电视台外，塔吉克斯坦在杜尚别市、苦盏市、伊斯法拉市、库洛布等地设有电视演播室。塔所有独立电视台均租用"国家电视台"的频道播放自己制作的节目，没有自己的发射装置。

（二）广播

首都杜尚别无线电广播始于 1924 年。自 1975 年起，用塔吉克语、俄语和乌兹别克语播音。现在广播电台用塔吉克语、俄语、英语和阿拉伯语进行广播。

塔有广播电台 15 家，主要的有 6 家，其中 1 家是国有，5 家是独立电台。"Ватан 国家广播电台"，于 1993 年成立，使用波斯语广播；"亚洲之声（Азия – Плюс）广播电台"是 1996 年成立的私人电台，24 小时用俄语广播；"自由广播电台"是 2004 年俄罗斯人投资建立的私人广播电台，24 小时用俄语广播。塔所有电台均不使用短波广播，在塔境外无法收听。

三 图书与报刊

（一）独立前报刊与图书出版业

苏联时期，塔吉克斯坦的报刊与图书出版业有很大发展。1940 年出版 372 种图书和小册子，发行量为 282.3 万册。1980 年出版 595 种图书和小册子，发行量为 600 万册；出版 68 种杂志，发行量为 1700 万册；出

60 种报纸，发行量为 2.57 亿份。1989 年出版报纸 74 种，零售 59.8 万份，每百人 31 份；期刊 48 种，零售 991 万份，每百人 19 份；书籍 870 种，零售 1124.4 万本，每百人 217 本。报纸用塔吉克文、俄文和其他文出版。主要报纸有《苏维埃塔吉克》、《塔吉克共产党人》和《塔吉克共青团员》，主要刊物有《刺猬》、《苏维埃学校》、《火炬》、《东方之声》和《塔吉克妇女》。

（二）独立后报刊与图书出版业

独立后报刊与图书出版业受的冲击很大，一度几乎全部停刊。截至 1997 年 1 月 1 日，在文化信息部注册了 202 个印刷出版物，其中大部分出版物为不定期。塔目前有报纸 176 家，但正常运行的只有 45 家。因为存在纸张供应和其他方面的困难，目前能够出版的官方报刊有《人民报》（原为塔共中央报，现为塔政府报）、《人民论坛报》、《执政党（人民民主党）党报》。《塔吉克斯坦》、《实业与政治报》、《塔吉克斯坦信使报》、《新闻摘要》、《晚邮报》、《杜尚别晚报》、《文摘报》、《人民之声报》、《亚洲之声报》和《共和国报》等，均为周报。

第八章

外　交

塔吉克斯坦独立以来，根据本国国情，奉行以维护本国安全与稳定为中心的全方位、平衡、务实与灵活的外交政策。继续保持与俄罗斯传统的特殊关系，积极发展与俄罗斯、中国、中亚邻国、美国、欧盟以及其他国家和地区的外交关系。从地缘政治角度看，塔吉克斯坦战略位置十分重要。塔吉克斯坦独立后，美国、欧盟一些国家、俄罗斯以及伊斯兰国家在该地区展开激烈角逐。

第一节　外交方针政策

一　外交政策

塔吉克斯坦独立后奉行以稳定国内局势为中心、突出重点的全方位外交政策，奉行"对外开放"和大国平衡、务实与灵活的外交政策。塔吉克斯坦在与世界各国发展友好合作关系的同时，优先发展与俄罗斯、中国、中亚和其他伊斯兰国家、美国以及欧盟国家的关系，积极争取外援；维护塔独立、主权、安全和发展；积极扩大国际交往与合作，提高本国在中亚地区和国际事务中的地位和作用，进一步巩固国家独立；注重发展与邻国和友好国家在经济、科学、教育和文化领域的互利关系；主张各国尊重主权平等，和平解决国际争端，不干涉别国内政，遵守公认的国际法准则。塔吉克斯坦《宪法》第一章第 11 条规定："塔吉克斯坦奉行爱好和平的政策，尊重其他国家的主权和独立，根据国际准则确定自己的外交

政策。"

外交重点是：①优先发展同独联体国家的关系，把发展与主要战略伙伴——俄罗斯的关系放在第一位，把发展同哈萨克斯坦、乌兹别克斯坦、吉尔吉斯斯坦、土库曼斯坦等中亚邻国的关系放在优先地位；②注意发展同其他邻国和一些伊斯兰国家的关系；③积极发展同欧洲国家及欧洲安全与合作组织的合作；④把发展同中国的关系作为外交的优先方向，此外，还与印度保持务实关系，致力于与美国建立全方位的关系，加强与韩国、日本、德国及世界其他国家的接触。

外交政策新动向：自 2008 年以来，塔吉克斯坦外交政策有明显特点——全方位、灵活、务实。①塔吉克斯坦奉行全方位、灵活、务实的外交政策，积极发展与中亚国家、俄罗斯、美国、欧盟、伊朗、沙特阿拉伯等国家和地区的关系。同时，与世界其他国家发展友好合作关系。②塔吉克斯坦奉行和大国平衡的外交政策，在外交方向上，塔总统在其 2008 年总统咨文中对"最可靠伙伴"做出新界定，即俄罗斯、中国、中亚各国、欧亚经济共同体，同时高度重视与"西方、东方、伊斯兰世界"的关系。③拉赫蒙在 2008 年总统咨文中特别提出要发展与伊朗及阿富汗的关系。

二　外交工作成就

塔吉克斯坦独立后，积极开展外交活动，赢得国际社会的广泛承认。截至 1992 年底，除独联体国家外，还同美国、英国、法国、德国、罗马尼亚、中国、日本、伊朗、土耳其、沙特阿拉伯、巴基斯坦、印度和阿富汗等几十个国家建立了外交关系。与此同时积极争取国际社会的援助，1994～1996 年，外交工作有了进一步发展，取得了明显的成就。截至 2001 年底，塔吉克斯坦已得到世界 128 个国家的承认，与 98 个国家建交，加入了 22 个国际组织和 10 余个地区性组织，有 10 个国家在塔吉克斯坦首都杜尚别开设了大使馆，与 21 个国家签订了和平与合作条约。1991 年 12 月 21 日，塔吉克斯坦以创始国身份加入独立国家联合体。1992 年 2 月 16 日，加入中西亚经合组织；同年 3 月 2 日，加入联合国；5

月 22 日，加入联合国教科文组织。还先后加入了欧安会、国际货币基金组织、世界银行等重要国际机构和国际金融组织。塔还加入了上海合作组织、经济合作组织、五国关税联盟（2001 年 5 月改名为欧亚经济共同体）、中亚经济共同体（2002 年 2 月更名为中亚合作组织）、伊斯兰会议组织等国际和地区组织。2001 年 7 月成为世界贸易组织观察员，2002 年 2 月 20 日正式加入北约"和平伙伴关系"计划。积极参与国际反恐、禁毒工作，倡导在联合国框架内举办"生命之水"2005～2015 十年行动有关会议，得到 140 多个国家的支持。截至 2011 年底，塔与 124 个国家建立了外交关系，开设驻外使馆、常驻代表机构 26 个。据 2012 年 12 月 12 日《经济日报》报道，塔于 2001 年 5 月向世贸组织秘书处递交入世申请，随后便与世贸成员就修改国内法律、贸易和投资自由化及降低关税等问题展开了长达 11 年的谈判，直至 2012 年 10 月 26 日所有谈判宣告完成。2012 年 12 月 10 日世贸组织在日内瓦召开的总理事非正式会议上正式批准塔吉克斯坦加入世界贸易组织。2013 年 3 月 3 日，塔吉克斯坦成为世界贸易组织的第 159 个正式成员。拉赫蒙指出，这是塔吉克斯坦历史上的一个里程碑，将为促进塔吉克斯坦可持续发展奠定坚实的基础。

三　主要外交活动

独立后，塔吉克斯坦总统先后多次访问俄罗斯、中国，还访问了土耳其、巴基斯坦、印度、阿联酋、沙特阿拉伯、科威特、乌兹别克斯坦、越南、美国、欧盟等许多国家和地区，多次出席联合国和其他国际组织以及独联体的各种多边会议。1996 年 10 月，塔吉克斯坦外长在联合国第 51 届大会上代表政府签署了全面禁止核武器条约。1997 年 9 月，拉赫蒙总统率团出席在纽约召开的第 52 届联合国大会。1999 年 9 月 28 日，拉赫蒙总统赴纽约参加第 54 届联合国大会。另外，俄罗斯、中国、阿富汗等国的高级代表团也应邀访问过塔吉克斯坦。2001 年，拉赫蒙总统先后出访俄罗斯、印度、日本、亚美尼亚、乌克兰、白俄罗斯和沙特阿拉伯等国，参加了独联体和中亚区域组织会议。2011 年塔总统拉赫蒙先后访问了巴

基斯坦、欧洲、德国。2012 年 8 月 13 日，塔外长扎里菲出席在沙特阿拉伯吉达举行的伊斯兰合作组织成员国外长临时会议并发言。8 月 29~30日，塔总统拉赫蒙在出席第十届不结盟运动首脑会议期间分别会见巴基斯坦总统扎尔达里和伊朗最高精神领袖哈梅内伊。10 月 13~15 日，塔外长扎里菲对科威特进行工作访问并出席在科威特举行的亚洲对话合作机制外长会议。

第二节　与俄罗斯和独联体国家的关系

一　同俄罗斯的关系

塔吉克斯坦与俄罗斯具有特殊关系。塔俄关系始终在塔吉克斯坦外交中占有重要地位，是塔外交中的最优先方向之一。塔独立以来，在维护国家的独立与主权、保卫国家安全与维护国内稳定、恢复和发展经济以及实现民族和解等方面都要依靠俄罗斯。它始终把发展同俄罗斯的战略合作伙伴关系放在首位，主张同俄罗斯发展 "兄弟式的友好合作关系" 和 "同盟关系"。

（一）同俄罗斯的政治关系

塔吉克斯坦独立后，塔俄两国高层互访频繁。截至 2003 年底，塔俄两国共签署 130 多个经贸、军事、安全、科技、文化等领域的政府间合作协定。1992 年 4 月，俄外长科济列夫访塔，签订了两国建交协议。5 月15 日，塔吉克斯坦在独联体塔什干首脑会议上同俄罗斯、哈萨克斯坦、乌兹别克斯坦等国一起签署了《集体安全条约》。7 月，俄罗斯副总理绍欣访塔，双方讨论了关于签订两国友好合作互助条约等问题。9 月，俄代总理盖达尔访塔，双方签订了一系列文件。1993 年 5 月 24 日，塔国家元首拉赫蒙访俄，同俄总统叶利钦签署了 7 个全面调整两国关系的文件。1995 年 2 月，塔吉克斯坦总理卡里莫夫访俄，签署了《关于深化经济合作和发展经济一体化的协议》。9 月，塔总统访俄，两国元首签署了具有战略联盟性质的《关于塔俄进一步巩固和扩大全面合作的宣言》。1996 年8 月，塔总统在参加俄总统就职仪式期间，同俄总统叶利钦、总理切尔诺梅尔金、国防部部长罗季奥诺夫、边防军司令尼古拉耶夫、安全部队司令科瓦廖夫等进行了会见。同年 2 月和 8 月，塔总理两次率团访俄。俄罗斯总统特使巴图林、国防部部长格拉乔夫、外长普里马科夫等高级官员也相继访塔。1997 年两国高层互访更加频繁，1 月和 3 月，塔总理阿基洛夫和总统拉赫蒙分别率团出席国际货币基金组织年会，途中参加在莫斯科举行的独联体首脑会议，其间访问莫斯科。1998 年 1 月 14 日，俄总理切尔诺梅尔金访塔，同塔总统举行会谈，着重讨论了两国的经济合作问题，其中包括塔偿还俄约 3 亿美元债务以及俄向塔提供包括用于军事目的在内的新贷款等问题；签署了打击破坏税法和民防军事技术合作协定以及两国国防部军事技术合作协定等。8 月 13 日，俄外交部第一副部长帕斯图霍夫在记者招待会上就阿富汗局势问题表示，出于自身安全考虑，俄将进一步巩固塔阿之间的边界，并强调，"俄罗斯有足够的力量保障本国及其盟国的安全"。俄塔两国总统就阿富汗局势一致认为，独联体国家必须解决有关巩固独联体南部边界的一系列问题。俄总统叶利钦还重申，俄支持塔现政权的立场不会改变。10 月 12 日，俄罗斯、乌兹别克斯坦、塔吉克斯坦三国总统签署了"三国联盟"条约，以抵御该地区宗教激进主义和宗教极端主义。1999 年 2 月俄外长伊万诺夫访塔。5 月 28 日，拉赫蒙总统在和俄总理斯捷帕申谈话时表示，将进一步扩大和加深与俄罗斯的战略伙伴和同盟关系。

1999 年 11 月 15～17 日俄总理普京及其政府成员，其中包括国防部部长谢尔盖耶夫，参加塔总统就职仪式，普京同拉赫蒙和塔总理阿基洛夫进行了会谈，并就解决两国债务问题达成了一致。普京强调，俄将继续发展同塔在军事和保卫边界领域的合作。双方还讨论了经济、政治、军事同盟等方面双边合作问题及共同与中亚恐怖活动做斗争的问题。2000 年 1 月，拉赫蒙总统在独联体国家元首莫斯科会晤中，倡议选举俄罗斯代总统普京为独联体国家元首理事会主席，得到与会各国的支持。会议期间，塔俄两国总统举行了双边会谈，拉赫蒙高度评价俄罗斯在维护塔吉克斯坦和平与稳定方面所发挥的重要作用，一致表示将联合打击恐怖主义和极端主义。8 月，拉赫蒙总统在索契休假时与俄总统普京会晤，着重讨论中亚地区安全形势，重申愿在双边与多边领域与俄保持合作，联合打击本地区的宗教极端主义和国际恐怖主义。同月，拉赫蒙总统会见赴塔出席塔俄内务部长联席会议的俄内务部部长鲁沙伊洛，表示将同俄罗斯联手打击国际恐怖主义、宗教极端主义及有组织跨国犯罪。11月，在独联体国家元首明斯克会晤期间，塔俄两国元首再度举行单独会谈，塔总统强调将始终把对俄关系置于外交优先地位。塔俄两国元首还多次就双边关系、地区安全形势及共同关心的国际问题通过电话交换意见，协调立场。此外，两国议会还批准了塔总统1999年4月访俄时与叶利钦总统签署的《俄罗斯在塔吉克斯坦军事基地的地位和驻军条件的条约》，为俄罗斯在塔军事基地合法化提供了法律保障。2001年2月，塔国防部部长海鲁洛耶夫访俄，双方签署《塔俄军事与军事技术合作协定》。3月，俄边防局局长托茨基访塔。4月，俄紧急救灾部部长绍伊古访塔，双方签署《塔俄紧急救灾部2001~2005年民防、预防和救灾合作协定》。4月22~23日，拉赫蒙总统应邀对俄进行工作访问，商讨两国经贸合作问题。9月，受普京总统委派，莫斯科市市长卢日科夫出席塔独立10周年庆典活动。同月，俄安全会议秘书鲁沙伊洛和国防部第一副部长、总参谋长克瓦什宁分别访塔，商讨阿富汗及中亚地区安全问题。10月，俄总参谋长克瓦什宁再次访塔，视察塔边境地区。同月，俄及中亚五国紧急情况部部长在杜尚别会晤，讨论向阿富汗提供援助问题。10月22日，俄国防部部长谢·伊万诺夫和国家安全局局长巴特鲁舍夫对塔进行工作访问。10月23日凌晨，俄总统普京出席亚太经合组织上海首脑会晤后返俄途中在塔与塔总统拉赫蒙、阿富汗总统拉巴尼举行三方会晤，商讨阿政治军事形势及未来政府组成等问题。同月，俄国家杜马副主席卢金访塔，就阿富汗局势及俄塔各领域合作问题交换意见。12月，俄国防部部长伊万诺夫访塔，两国互换《俄罗斯在塔吉克斯坦军事基地的地位和驻军条件的条约》批准书。美国"9·11"事件后，塔俄两国总统保持经常性电话联系，就阿富汗局势及国际反恐行动、中亚形势和双边关系等问题交换意见。2008年，塔总统拉赫蒙与俄罗斯总统梅德韦杰夫以及总理普京多次在各种国际场所会晤，双方高层互动不断，塔吉克斯坦还积极参与俄罗斯主导的各个地区组织的外交活动。俄罗斯与格鲁吉亚冲突事件发生后，塔吉克斯坦对俄罗斯给予了明确支持。近年来，塔吉克斯坦与俄罗斯在政治、经济与外交关系方面都保持良好发展势头。

2011 年 1 月 25 日，塔总统拉赫蒙与俄总统梅德韦杰夫通电话，就机场爆炸遇难者向梅表示慰问。2 月 1 日，俄合作署署长穆哈梅特申访塔。2 月 14～19 日，塔俄两国边防部门举行磋商，讨论两国边界合作问题。6 月 12 日，塔总统拉赫蒙向俄总统梅德韦杰夫发贺电，祝贺俄通过《俄联邦国家主权宣言》20 周年。6 月 21 日，塔俄第 3 轮边界问题谈判在杜尚别举行。6 月 29 日，俄罗斯总统办公厅主任纳雷什金和国防部部长谢尔久科访塔。7 月 13 日，塔总统拉赫蒙致电俄总统梅德韦杰夫，就俄"布加尔"号轮船在伏尔加河上沉没并造成重大人员伤亡表示慰问。9 月 2 日，俄罗斯总统梅德韦杰夫访塔，与塔总统拉赫蒙举行会谈，讨论了两国经贸、安全、人文和科技等问题。两国元首发表了联合声明并签署了两国边界问题协议等文件。

2012 年 2 月 23 日，俄联邦委员会批准《俄塔两国边界问题合作协议》。5 月 15 日，塔总统拉赫蒙在莫斯科出席集安组织纪念《集体安全条约》签署 20 周年和集安组织成立 10 周年成员国领导人会议和独联体国家领导人非正式峰会期间，会见俄总统普京。5 月 18 日，俄政府向塔提供 100 万美元援助，用以防范白喉流行。10 月 4～5 日，俄总统普京访塔并与塔总统拉赫蒙举行会谈。会谈后双方发表联合声明，还签署了 6 份双边文件，双方签署协议，将俄罗斯第 201 军事基地租期延长至 2042 年。期满之后，若双方无异议，则每隔五年履行一次续约手续。与此同时，俄罗斯承诺帮助塔吉克斯坦实现军事现代化，提供军事技术和后勤帮助，增加塔军官在俄军事院校的培训名额。针对塔关于降低石油出口税率的诉求，俄罗斯还与塔签署了部分石油产品的免税协议，每年提供 100 万吨免税的石油产品以缓解塔国内能源短缺的状况。此外，俄罗斯还承诺为来自塔吉克斯坦的劳动移民延长登记期限，让他们一次获得 3 年的工作许可。俄塔的这一新协议极大地缓解了 2011 年以来双边地缘安全、能源进口、劳动移民等方面的矛盾，有利于双边关系的进一步巩固和加强。

2013 年塔俄双边关系继续稳定发展，双方在军事、经济等领域取得了一系列重要成果。普京在举行的联合记者招待会上说，双方详细讨论了有关俄驻塔军事基地延期的问题，同意落实 2012 年 10 月签署的有关俄驻塔军事基地地位和条件的协议。双方重申了在阿富汗问题上的共同立场，商定就反对恐怖主义、打击毒品走私和跨境犯罪等加强合作。2013 年 8 月 1 日，塔吉克斯坦总统拉赫蒙访问俄罗斯，并与俄罗斯总统普京举行了会谈，双方商定将进一步加强军事、经贸和人文等领域的合作。

塔俄在劳动移民问题方面有些矛盾，近几年经协商，已经缓和很多。另外俄罗斯对俄语在塔吉克斯坦占第二位的问题上也有意见。

（二）同俄罗斯的经济关系

塔吉克斯坦独立的最初几年，俄罗斯每年向塔政府提供的经援达数千亿卢布，俄罗斯是塔最重要的贸易伙伴。独立初期，塔对外出口贸易的 80% 是对俄罗斯。1995 年 2 月，塔总理卡里莫夫访俄，签署了《关于深化经济合作和发展经济一体化的协议》。1996 年以后，俄罗斯因国内困难对塔的援助一度大幅减少。2003 年 5 月，塔总统拉赫蒙授权俄天然气工业公司开采塔境内的天然气。2003 年 4 月 27 日，欧亚经济共同体元首会议后，俄、哈总统表示将各出资 2.5 亿美元在塔修建两座水电站。2013 年 2 月 6 日，俄罗斯与塔吉克斯坦签署对塔石油产品供货合作协议，协议规定，俄罗斯将对塔吉克斯坦免关税出口能满足塔市场需求的石油产品，塔每年所需的数量在 10 月 1 日以前由双方商定，超出部分将征收关税。同时，塔免税进口的石油产品禁止再出口。

在贸易方面，塔吉克斯坦同俄的外贸额时有起伏，但大多数年份在 1 亿美元以上。2011 年后，塔俄双边贸易激增。1992 年为 9845.49 万美元，其中出口为 4058.79 万美元，进口为 5786.70 万美元。1995 年外贸额为 2.31 亿美元，其中出口 9529.3 万美元，进口 13602.7 万美元。1996 年外贸额为 1.534 亿美元，其中出口 7897.69 万美元，进口 7440.97 万美元。1997 年外贸额为 1.785802 亿美元，其中出口 6347.25 万美元，进口 1.151077 亿美元。1998 年外贸额为 1.5 亿美元，其中出口 4781.51 万美元，进口 1.021363 亿美元。1997 年，塔吉克斯坦向俄罗斯出口的农产品的贸易额达 1970 万美元，棉花纤维达 850 万美元，香烟和香烟制品达 330 万美元，铝达 230 万美元。俄罗斯向塔吉克斯坦主要出口产品为矿肥，达

320 万美元，面粉达 200 万美元，石油和石油产品达 140 万美元。2011 年塔俄双边贸易额为 10.31 亿美元，2012 年塔俄双边贸易额为 10 亿美元。

二 同中亚其他国家的关系

塔吉克斯坦重视发展同中亚其他四国的关系，并将之放在优先方面，强调加强“睦邻友好和行动合作”关系。1991 年 12 月，在土库曼斯坦首都阿什哈巴德召开的中亚五国首脑会议上，塔吉克斯坦与土库曼斯坦、乌兹别克斯坦、吉尔吉斯斯坦和哈萨克斯坦签署了五国《友好合作条约》。1992 年 4 月 22 日，中亚四国总统和塔吉克斯坦第一副总理在吉尔吉斯斯坦首都比什凯克举行为期两天的秘密会议，讨论如何加强五国政治、经济合作，独联体形势以及中亚五国的对策问题。拉赫蒙还访问哈萨克斯坦、吉尔吉斯斯坦两国。哈萨克斯坦、乌兹别克斯坦、吉尔吉斯斯坦三国在塔吉克斯坦内战中支持塔合法政府，并做了不少工作。1995 年，哈、乌、吉三国各派一个营参加独联体驻塔集体维和部队，协助守卫塔阿边境。1997 年，中亚哈、乌、吉、土四国就塔吉克斯坦国内形势和阿富汗冲突等问题发表了联合声明，支持塔吉克斯坦政府的立场。哈、吉、土三国为塔吉克斯坦对立双方谈判提供地点。自 1996 年起，塔吉克斯坦与中亚其他四国交往增多。1996 年 8 月，拉赫蒙总统赴阿拉木图参加了哈萨克斯坦、乌兹别克斯坦、吉尔吉斯斯坦三国经济联盟会议，塔吉克斯坦被接纳为该联盟的观察员国。1997 年 2 月，哈、乌、吉、土、塔中亚五国元首在哈萨克斯坦首都阿拉木图举行会议，通过《阿拉木图宣言》，对阿富汗内战升级表示严重关注和不安。同月，中亚五国及俄国防部部长在乌兹别克斯坦首都塔什干举行独联体集体安全条约工作会晤，指出，如阿富汗“塔利班”侵犯独联体南部边界，与会国将采取一致行动。4 月，中亚五国外长会议在杜尚别召开，俄第一副外长与会，会议就独联体一体化进程、塔吉克斯坦国内形势和阿富汗冲突等问题发表了联合声明。同月，中亚五国在杜尚别举行联合军事委员会会议，决定继续加强独联体南部边界地区的守卫。这一年，塔吉克斯坦与乌兹别克斯坦、吉尔吉斯斯坦等国的双边关系也有了进一步发展。1998 年 3 月，塔总统拉赫蒙与哈萨克斯坦、吉尔吉斯斯坦、乌兹别克斯坦三国元首会晤，签署加入中亚经济联盟的有关协议，塔成为《建立统一经济空间条约》的第四个成员国。同年，中亚经济联盟更名为中亚经济共同体。这一年，塔、哈、乌、吉四国总统还签署了中亚四国关于进一步加深地区一体化的声明、有关建立国际水力资源财团、成立有价证券市场等文件。1999 年 6 月 17 日，塔、哈、乌、吉总理在比什凯克举行中亚经济共同体四国政府首脑会议，会议就四国能源体系运作、水文合同等问题达成了一致。6 月 24 日，中亚经济共同体四国总统在比什凯克举行会晤，讨论加强中亚经济合作面临的问题及其发展前景。四国总统会晤后发表联合声明，呼吁各国采取共同措施克服障碍，推动经济合作的发展。本次会议决定，吸收塔吉克斯坦为中亚合作与开发银行成员国。12 月，共同体四国总理在杜尚别举行会晤，审议制定经济发展战略及建立统一经济空间等问题。2000 年 4 月，塔、哈、乌、吉中亚经济共同体四国元首在塔什干举行会议，签署了关于联合打击恐怖主义、宗教极端主义、有组织跨国犯罪和其他威胁地区稳定与安全行为的条约。6 月，中亚经济共同体元首再次聚会杜尚别，审议地区安全和建立统一经济空间问题，发表了致国际社会和各国际组织呼吁书，希望包括联合国安理会、伊斯兰会议组织和欧安会等在内的国际社会在调解阿富汗冲突问题上发挥更大作用。8 月，伊斯兰极端分子入侵乌兹别克斯坦和吉尔吉斯斯坦南部期间，中亚经济共同体四国元首及俄总统特使、安全会议秘书伊万诺夫在比什凯克举行紧急会议，商讨应对措施。同月，塔、乌、吉三国安全会议秘书在吉尔吉斯斯坦巴特肯签署《关于相互合作保护三国主权的备忘录》，并在该地成立三国联合指挥部，以协调行动。2001 年，塔与哈、吉、土三国领导人及其政府高级官员在独联体、欧亚经济共同体及中亚合作组织等多边场合中保持经常接触。塔总统拉赫蒙分别于 1 月和 12 月出席了在阿拉木图举行的哈、乌、吉、塔中亚经济共同体元首理事会会议，会议决定成立中亚经济论坛。1 月 5 日，哈、吉、乌、塔四国元首在阿拉木图举行中亚经济共同体成员国合作会议，讨论中亚经济共同体的现状和前景，以及共同抑制国际武装恐怖分子。2002 年 2 月 28 日，"中亚经济共同体"再度更名为"中亚合作组织"。该组织参与国约定，彼此的合作将从经济领域扩大到政治、人文领域。中亚地区存在着严重的生态问题，其中以咸海问题最为严重。塔吉克斯坦与中亚国家一道建立了"拯救咸海国际基金会"，表示要同中亚其他国家密切合作，防止生态环境进一步恶化。6月4日首次"亚洲相互协作与信任措施会议"（简称"亚信会议"）在阿拉木图举行，塔吉克斯坦领导人出席了该会议，与会各成员国领导人就增进亚洲和平、安全与稳定议题发表了《阿拉木图文件》和《关于消除恐怖主义和促进文明对话的宣言》。塔十分重视与中亚的邻国关系，在经济领域还寄希望于欧亚经济共同体。2008年6月，欧亚经济共同体成员国（包括俄罗斯、塔吉克斯坦、乌兹别克斯坦、吉尔吉斯斯坦、哈萨克斯坦和白俄罗斯）的代表在塔首都杜尚别签署了《建立绿色走廊协议》，主要目的是加强成员国之间在水果和蔬菜进、出口领域的合作，在成员国境内进行水果、蔬菜自由贸易，为消费者和供货商建立优惠的市场等。

（一）同哈萨克斯坦的关系

塔哈关系比较和谐。哈萨克斯坦在塔吉克斯坦内战中支持塔合法政府，并做了不少工作。根据塔吉克斯坦、哈萨克斯坦、俄罗斯三国之间的协议，1993年7月哈萨克斯坦开始同塔吉克斯坦、俄罗斯军队一起守卫塔吉克斯坦与阿富汗边境。同年10月19日，塔与哈萨克斯坦签订了《塔哈关系基础条约》。哈萨克斯坦积极参与维护中亚地区的安全与稳定，积极参与使中亚地区成为无核区和调解塔吉克斯坦国内冲突的活动。1995年哈为塔吉克斯坦对立双方提供谈判地点。同年哈还派遣500名士兵赴塔吉克斯坦参与维和行动。11月，拉赫蒙总统访哈。1999年1月，塔总理阿基洛夫率团出席哈总统纳扎尔巴耶夫的就职典礼，两国总理举行会谈，就双边关系发展前景交换意见。12月，哈总理托卡耶夫对塔进行工作访问，双方签署了有关发展经济合作的协定，并与塔总统举行会见。哈方表示支持塔建立世俗、民主、法治的国家。2000年4月，塔总理出席在阿拉木图举行的首届欧亚经济峰会。与会期间，哈总理托卡耶夫会见塔总理，就发展两国经贸合作交换了意见。6月，哈总统纳扎尔巴耶夫在出席中亚经济共同体元首杜尚别会晤前对塔进行首次访问，双方签署了联合声明。2001 年 2 月 2 日哈撤回驻守塔吉克斯坦和阿富汗边境的最后一支部队。11 月，拉赫蒙总统在独联体成员国首脑莫斯科会晤期间，与哈总统纳扎尔巴耶夫举行会晤。2012 年 10 月 5～16 日，塔吉克斯坦、哈萨克斯坦和吉尔吉斯斯坦三国举行独联体框架下"纯净天空－2012"联合防空演习。2013 年 9 月 12 日，塔吉克斯坦总统拉赫蒙与哈萨克斯坦总统纳扎尔巴耶夫举行会晤。会谈中，两国领导人均对两国共同构建的双边关系及发展相关法律条约表示满意，双方还强调双边贸易仍然有巨大发展潜力，必须扩大彼此间的直接投资规模，进一步解决两国间公民往来便捷化问题，并继续扩大在能源、交通、通信、教育、文化和科技领域的合作。2015 年 9 月 14 日，据塔媒体报道，哈萨克斯坦总统纳扎尔巴耶夫来塔进行正式访问，并与塔总统拉赫蒙签署了 6 份协议，其中包括塔哈政府间信息技术保护合作协议、对 2000 年 6 月 13 日两国政府间教育合作协议的修改和补充协议、两国青年以及体育和文化部门间合作协议、2016～2017年两国外交部门间合作计划、两国签署战略伙伴关系协议等。哈称塔是哈重要的战略伙伴，塔称两国战略伙伴关系确定解决了许多问题。

在经贸方面，1995～1999 年哈萨克斯坦在塔的进口额中分别占 0.8%、1.0%、0.8%、0.8%、0.8%，在出口额中分别占 0.3%、0.4%、0.1%、0.1%、0.1%。哈萨克斯坦对塔出口的主要商品是粮食、能源、化工原料。1999 年塔吉克斯坦在哈开办的合资企业和独资企业有 5 家，到 2004 年塔在哈的合资企业和独资企业已有 16 家，但规模都不大。

（二）同乌兹别克斯坦的关系

塔乌两国之间关系比较微妙，有些利益摩擦，还存在领土方面的历史纠葛。塔乌长期以来因为历史、边界、资源开发等问题分歧较大，两国关系发展常常受阻。在塔境内居住的乌兹别克族有上百万人，主要生活在北部粟特州。而塔吉克族在乌境内也有 100 万人左右，民族关系比较复杂。1998 年 11 月 4 日，塔吉克斯坦粟特州首府苦盏市发生军事叛乱，并迅速蔓延到全州各地。该州是乌兹别克人比较集中居住的地方，军事叛乱头目马赫莫德·胡多别尔德耶夫是乌兹别克人。据说这次叛乱失败后，他逃亡乌兹别克斯坦。为此，11 月 9 日塔吉克斯坦总统拉赫蒙指责某些国外势力支持这场叛乱。11 月 12 日，拉赫蒙在塔吉克斯坦共和国议会第 10 届会议上宣称塔境内粟特州叛乱是乌兹别克斯坦对塔吉克斯坦的直接侵犯，并向联合国、欧安会、独联体和其他国际组织发出呼吁，要求支持塔吉克斯坦的严正立场。乌兹别克斯坦否认与此事有牵连，声称这是塔吉克斯坦内战的继续，从而导致塔、乌两国关系紧张。之后，乌兹别克斯坦突然撤回了驻塔集体维和部队中的摩托步兵连。另外，还存在乌向塔吉克斯坦提供天然气价格过高等经济问题，引起塔方不满。1994 年 2 月和 11 月，塔总统拉赫蒙两次访问乌兹别克斯坦，与乌总统举行会谈，签订了塔乌两国1994 年经济贸易合作协议，发表了关于双方合作关系的联合声明。1996年 1 月，塔总理阿基洛夫对乌进行了工作访问。3 月，塔总理访乌，签署了两国经贸合作协议，5 月，塔总理再次访乌。1997 年，塔与乌的双边关系有了进一步发展。1997 年 1 月，塔第一副总理和总理分别率政府代表团访问塔什干，同乌领导人就两国间过境货物、乌向塔提供天然气和通信服务的互相结算方式签署了政府间协定。10 月，乌政府同意开放捷尔梅兹边境口岸，以加速滞留在阿富汗的塔难民回国的进程。1998 年 1 月 4日，塔总统拉赫蒙对乌进行为期一天的工作访问。两国总统举行了会谈，就双方货运和提供天然气的相互结算和清偿债务等问题签署协议。协议的主要内容是，截至 1997 年 1 月 1 日，塔欠乌的债务为 1.8 亿美元，1997年结算后减少 3000 万美元。此外，两国还签署了文化和科技等方面的共5 项政府间文件。为防范宗教激进主义的扩张，1998 年，塔、乌和俄罗斯结成三国政治联盟。11 月，塔发生内乱，塔政府指责乌支持塔的叛乱分子，干涉塔内政，乌兹别克斯坦断然否认。1999 年，塔吉克斯坦与乌兹别克斯坦关系得到改善。1 月，塔总理阿基洛夫率团访问乌兹别克斯坦，与乌总统、总理分别举行了会见和会谈，双方签署了乌向塔供应天然气的协定。4 月，在中亚五国元首阿什哈巴德会议期间，塔乌两国总统举行会晤，就双边问题交换了意见。当月，塔总理再次访乌，落实两国元首会晤达成的有关协议，双方还讨论有关关税、货物和人员过境等问题。5 月，乌外长卡米洛夫访塔，双方签署了塔乌经济合作意向书，乌方表示完全支持塔政府的和平与民族和解方针。同月，两国外长在苦盏签署了关于两国联合打击恐怖主义、宗教极端主义及非法贩毒的协定，拉赫蒙出席了签字仪式。7月塔外长率团回访，在塔什干与乌外长及俄外长伊万诺夫举行三方会晤，讨论落实1998年10月三国总统签署的《塔什干宣言》等问题。8月，在吉尔吉斯斯坦南部发生塔吉克斯坦武装匪徒窜入该国绑架人质并试图借道侵入乌兹别克斯坦事件。乌总统卡里莫夫曾几次发表措辞强硬的谈话，对塔当局处理问题不当进行指责。乌总统甚至表示，可以出兵前往塔帮助其剿灭北部宗教极端势力，引起塔方不安。11月，乌议长哈利洛夫率团出席塔总统就职仪式。12月，乌总理出席在塔举行的中亚经济共同体四国政府首脑会晤，并单独会见了塔总统。2000年5月，塔总理阿基洛夫率团访乌，与乌总理苏尔丹诺夫会谈，就加强两国在交通和邮电领域合作、恢复两国航线问题交换意见。6月14～15日。乌总统卡里莫夫首次正式访塔，双方签署了永久友好条约、引渡、划定国界备忘录等文件。这次访问促进了两国关系的正常发展。2001年2月3～4日，塔总理阿基洛夫访问乌，乌总理苏尔塔诺夫同塔总理举行了会谈，双方签署了《关于卡伊拉库姆水库管理制度协定》和《关于2001年塔吉克斯坦偿还乌兹别克斯坦债务的协定》。2001年，塔进一步加强与乌的关系。2月，塔总理阿基洛夫访乌，签署《2001年两国合理利用水资源协定》和《2001年两国国际运输、物资技术相互结算协定》。7月，塔能源部部长约罗夫访乌，商讨乌恢复向塔供应天然气问题。12月，塔能源部部长约罗夫和土壤改良与水利部部长纳兹里耶夫率团访乌，就两国合理利用水资源及能源合作等问题交换意见。12月27～28日，塔总统拉赫蒙正式访乌，双方就两国关系中存在的问题及联合打击恐怖主义、宗教极端主义、毒品走私等问题交换意见，乌允诺减免10%的债务（1200万美元）。2008年，塔乌关系再次出现波折和反复，双方主要围绕能源合作（包括水电开发、跨国电力输送等）摩擦不断。塔乌水资源纠纷仍未解决，仍未通航。铁路时而被封锁，借口关闭边防检查站。塔乌关系紧张，给塔经济造成巨大损失，贫困居民生活更加艰难，引发新的社会矛盾。2012年2月20～22日，塔和乌兹别克斯坦政府间划界委员会例会在杜尚别召开，主要讨论两国国界线走向问题。4月4日，乌兹别克斯坦总理米尔济约耶

夫向塔总理阿基洛夫致公开信，对乌退出中亚统一电网、铁路运输、天然
气输送等问题做了解释。9 月 1 日，塔总统拉赫蒙致电乌兹别克斯坦总统
卡里莫夫，祝贺乌独立 21 周年。

（三）同土库曼斯坦的关系

塔土两国关系正常。1995 年 3 月，拉赫蒙总统在土库曼斯坦参加中
亚五国首脑咸海问题会议。7 月，拉赫蒙总统访问土库曼斯坦。1 月、8
月，土库曼斯坦副总理兼外长希赫穆拉多夫两次访塔吉克斯坦。9 月，塔
吉克斯坦外长访问土库曼斯坦，同土库曼斯坦外长和伊朗外长讨论了三国
经济合作问题。土库曼斯坦在塔吉克斯坦对立双方谈判中发挥了积极作
用。2011 年 6 月 7 日，为期两天的塔和土库曼斯坦政府间经贸、科技合
作委员会第 3 次会议在阿什哈巴德召开，会议计划讨论两国能源合作的现
状和前景。8 月 2~5 日，塔外长扎里菲访问土库曼斯坦。10 月 27 日，塔
总统拉赫蒙致电土库曼斯坦总统别尔德穆哈梅多夫，祝贺土独立 20 周年。

2012 年 2 月 14 日，塔总统拉赫蒙致电别尔德穆哈梅多夫，祝贺其在
土库曼斯坦总统大选中获胜。5 月 29~30 日，塔总理阿基洛夫在土库曼
斯坦首都阿什哈巴德出席独联体国家政府首脑理事会会议时会见土总统别
尔德穆哈梅多夫。8 月 22~23 日，塔总统拉赫蒙访问土库曼斯坦。12 月
3~5 日，塔外长扎里菲对土库曼斯坦进行工作访问，并出席独联体外交
部长委员会例会。12 月 4~5 日，塔总统拉赫蒙在土库曼斯坦出席独联体
成员国首脑峰会期间会见土总统别尔德穆哈梅多夫。2013 年 3 月 20 日，
塔总统拉赫蒙访问土库曼斯坦，与土总统别尔德穆哈梅多夫举行了双边会
晤，拉赫蒙表示，"发展同土库曼斯坦的合作在塔吉克斯坦外交中占有优
先地位，过境阿富汗连接塔吉克斯坦和土库曼斯坦的国际铁路将在未来两
三年内建成，这将对发展双边关系产生积极影响"。

（四）同吉尔吉斯斯坦的关系

塔吉两国关系发展平顺，但塔吉之间也有利益摩擦。1996 年 7 月，
吉尔吉斯斯坦总统阿卡耶夫率团访塔，双方签署了两国国家关系基础协定
及一系列双边合作文件。1997 年，塔与吉的双边关系有了进一步发展。
同年 10 月，吉尔吉斯斯坦外长伊马纳利耶夫率团访塔。在奥什市举行了

塔吉双边关系问题的首次工作会晤，进一步密切两国关系。1999 年 11 月，吉尔吉斯斯坦国务秘书出席塔吉克斯坦总统就职仪式。

2000 年 1 月，塔总理阿基洛夫率团访吉，与吉总理穆拉利耶夫会谈，签署两国在自由贸易，鼓励和相互保护投资以及教育、科技和旅游领域合作的一系列政府间协定。2001 年 4 月，塔外长纳扎罗夫访吉，签署《关于进一步扩大和深化塔吉合作备忘录》。同月，塔国防部部长海鲁洛耶夫访吉，讨论合作打击恐怖主义问题。6 月，吉国防部部长托波耶夫和安全会议秘书巴舍尔库洛夫对塔进行工作访问，主要讨论中亚政治军事形势，协商联合打击恐怖主义、宗教极端主义问题。2011 年 2 月 8 日，塔国防部部长海鲁洛耶夫和吉尔吉斯斯坦国防部部长库代别尔季耶夫在塔苦盏市凯拉库姆区举行会晤，就地区局势等问题交换意见。5 月 20 日，在哈萨克斯坦国防部部长贾克瑟别科夫的倡议下，塔国防部部长海鲁洛耶夫、哈国防部部长贾克瑟别科夫和吉国防部部长库代别尔季耶夫在比什凯克举行会晤，主要讨论举行联合军事演习、保障地区安全、干部培训和行动情报交换等问题。2011 年 11 月 5 日，塔总统拉赫蒙致电阿塔姆巴耶夫，祝贺其当选吉尔吉斯斯坦总统。12 月 1 日，塔总理阿基洛夫赴吉尔吉斯斯坦首都比什凯克出席吉新总统阿塔姆巴耶夫就职仪式。12 月 20 日，塔总统拉赫蒙在莫斯科会见吉尔吉斯斯坦总统阿塔姆巴耶夫，拉祝贺阿在吉总统大选中获胜，双方还就发展两国关系交换意见。

2012 年 2 月 6 日，塔和吉尔吉斯斯坦政府间划界委员会会议在杜尚别召开，双方讨论了划界及其他边界问题。12 月 19～21 日，塔吉克斯坦议会代表团访问了吉尔吉斯斯坦，就共同关心的问题广泛交流意见。

2013 年 5 月 27 日，塔吉克斯坦总统拉赫蒙访问吉尔吉斯斯坦，与阿塔姆巴耶夫总统举行了双边会晤。双方讨论了发展双边关系和互利合作等问题，双方对两国间的友好合作关系表示满意。在其后举行的"塔吉协调委员会"第一次会议上，双方商定将继续提高双边贸易水平，加深彼此互信，妥善解决两国间的边界和设施划分问题，并在水资源利用和地区交通运输问题上协调立场，会议后塔吉双方签署了十份新文件，涉及海关情报交流、文体交流、内务安全合作、环境保护合作等诸多领域。

三 同独联体其他国家的关系

苏联解体后,俄罗斯试图重整苏联空间内的安全联盟。1992 年俄罗斯等 6 国签订了《集体安全条约》,2002 年改组为集体安全条约组织,是北约之外最强的军事同盟。目前该组织有 6 个国家,包括俄罗斯、白俄罗斯、亚美尼亚、吉尔吉斯斯坦、塔吉克斯坦和哈萨克斯坦。根据《条约》规定,任何成员国遭受外部攻击应视为对全体成员国的攻击,所有成员国将采取一切必要措施,包括提供军事援助在内,援助受攻击成员国。俄罗斯和塔吉克斯坦曾在 Lyaur 训练场举行联合军事演习,包括俄罗斯第 201 军事基地摩步团和塔吉克斯坦第 7 陆战突击队。

塔同乌克兰、白俄罗斯等国签订了一系列条约。塔吉克斯坦呼吁独联体加强经济一体化,希望独联体所有成员国更加有效地利用苏联时期各共和国共同建立的生产潜力,改变互相分离的倾向,发展经济合作。

1999 年 6 月,塔吉克斯坦、白俄罗斯、哈萨克斯坦、吉尔吉斯斯坦、俄罗斯就统一税法成立工作组。拟定的文件将于 1999 年底生效。其内容包括:国家税务机构对烟酒制品生产和流通滥用的监督,特别是对乙醇进口许可证,酒精制品、含酒精制品、烟草制品进出口许可证的相互承认;对酒精、酒精制品、烟草制品在上述国家境内的过境运输及运送的海关监督和税务监督;调整经济实体进行国家登记和清算的标准法律文件的通过办法。1999 年 11 月 24 日,塔吉克斯坦加入俄罗斯、白俄罗斯、哈萨克斯坦、吉尔吉斯斯坦建立的四国关税联盟,四国关税联盟从而变成五国关税联盟。

第三节 与美国的关系

1992 年 2 月 19 日塔吉克斯坦与美国建交。塔重视发展对美关系,希望得到美国的政治和经济支持,积极争取美国经济援助。美也积极在塔扩大影响。

（一）同美国的政治关系

1992 年 2 月美国国务卿贝克率大批实业界人士访塔，答应考虑给塔最惠国待遇问题。4 月 13 日美国参议员杰克逊率代表团访塔。7 月 14 日美国副国务卿麦里访塔。1993 年 9 月上旬，负责独联体事务的美国总统特使德伯特访塔。1994 年，美国参议院代表团、副国务卿、企业家代表团等相继访塔。1995 年，美国国防部副部长阿·卡特、商务部副部长巴·卡特访塔。1996 年 3 月，美总统特使科林斯访塔，同塔总统和总理进行了会见。

1997 年 6 月，塔开始步入和平进程，美国对塔和平进程表示欢迎。同年 8 月，美参议员罗博和美常驻联合国代表理查德先后访塔，就进一步加强两国经贸合作及美向塔提供援助问题会见了塔总统拉赫蒙和外长纳扎罗夫。9 月末，塔总统拉赫蒙出席在纽约召开的第 52 届联合国大会期间，会晤了美国务卿奥尔布赖特、美总统特别助理杰克及美实业界和金融界代表，希望进一步加强两国间的经贸合作。2001 年，塔美关系得到较快发展。特别是"9·11"事件后，两国交往日趋频繁。1 月，美国防部副部长斯塔尔访塔。5 月和 10 月，美陆军中央指挥部总司令弗兰克斯两次访塔，商讨加强两国军事合作及共同打击恐怖主义问题。"9·11"事件后，美将驻塔使馆迁回杜尚别。塔同意向美开放领空并提供库洛布机场，以支持美在阿富汗开展反恐行动。此后，美国加大对塔的援助力度。据塔官方统计，2001 年前 5 个月，美国向塔提供了 1860 万美元的人道主义援助，占国际社会对塔援助总额的 56.1%。美国防部部长拉姆斯菲尔德，美负责外高加索、中亚事务的副助理国务卿帕斯科和发展署署长纳特西奥斯先后访塔。2003 年 3 月，塔总统对美国进行了首次访问。塔与西方的关系同样令人关注。2008 年，塔美关系更加密切。这一年美国有多位高级官员访塔，并继续向塔提供多项经济援助。9 月，塔总统赴美参加第 63 届联合国大会，其间与美国政界及企业界人士进行了广泛接触。8 月，塔美签署关于美向塔提供无偿援助协议，协议主要内容是美向塔提供 1340 万美元无偿援助，用于加强安全和维护法治，同时美国向下喷赤河地区的边防军提供了价值 650 万美元的边境设施。美还向塔北部地区的能源建设项目提供 87.53 万美元的无偿援助。美国选取 2008 年 8 月俄格军事冲突发生、阿富汗形势恶化以及金融危机开始向全球蔓延这一时机增加对塔在军事与安全领域的援助，其目的在于乘势加强对塔进而对中亚地区的控制，分化独联体，削弱俄罗斯在中亚的影响力。2011 年 2 月 9 日，美军中央司令部司令詹姆斯·马蒂斯访塔。6 月 30 日，美国反毒品扩散和犯罪问题助理国务卿布朗菲尔德访塔。7 月 6 日，塔总统拉赫蒙致电美国总统奥巴马，就美独立日表示祝贺。10 月 7 日，美国阿富汗和巴基斯坦问题特使格罗斯曼访塔。10 月 21~22 日，美国国务卿希拉里·克林顿访塔。12 月 3 日美国中亚南亚事务助理国务卿访塔。2012 年 2 月 13 日，美国运输司令部司令弗莱泽访塔。3 月 26 日，美国助理国务卿布莱克访塔并出席第五届阿富汗区域经济合作会议。3 月 31 日，美国中央司令部司令马蒂斯访塔。5 月 16~21 日，塔外长扎里菲赴美国参加塔美年度磋商并出席北约芝加哥峰会。7 月 5~6 日，美国国会代表团访塔。7 月 10 日，塔副外长扎希多夫在东京会见美国南亚、中亚事务首席副助理国务卿皮亚特。7 月 17 日，美国国家安全委员会俄罗斯和欧亚司司长乌埃尔斯访塔。9 月 5 日，美国国会代表团访塔。12 月 12 日，美国宗教自由事务委员会委员格杰恩索恩访塔。2015 年 11 月 3 日，据塔媒体报道，美国国务卿克里在访问塔吉克斯坦时与总统拉赫蒙进行会谈，讨论了一系列重要问题，克里呼吁塔平衡好反恐和保障国内人权尤其是宗教权利的问题。克里称双方讨论了各种关于电力的问题，克里还表示未来 5 年将计划落实一些项目帮助塔发展电力。

2014 年美国对塔吉克斯坦民生事务和边界管理援助金额大约占其援助总额的 57%，其中民生项目占 30%。2014 年 10 月美国驻塔吉克斯坦大使与阿迦汗发展网络集团的驻地代表签署了协议，通过该协议，美国国际开发署与阿迦汗发展网络集团将在 5 年内共同出资 1.21 亿美元用于提高塔吉克斯坦与阿富汗边境居民的生活水平。

（二）同美国的经济关系

在投资和经援方面，1992 年美向塔提供为期 30 年的 1000 万美元的贷款。在布什执政期间，美向塔提供了 500 万美元的人道主义援助。克林顿入主白宫后，向塔提供了 2500 万美元的人道主义援助。2001 年，美国又向塔提供 3087 万美元无偿援助，成为塔最大援助国。2003 年美国向塔提供价值约 135 万美元的军服。2011 年，美国继续加大对塔经济援助，在塔吉克斯坦接受的所有援助中美国占 70% 以上份额。近几年来，美国已先后向塔提供了近 1 亿美元的人道主义和其他形式的援助。

（三）同美国的军事关系

2001 年 12 月，根据塔吉克斯坦和美国、加拿大、法国签署的在反恐斗争中采取共同行动的协议，塔吉克斯坦向美国和法国的军队提供了塔吉克斯坦与阿富汗边境以北约 100 公里的库洛布军事基地以及塔境内的军事设施，以协助他们在阿富汗的军事行动。美国可以使用塔的领空权，还与塔达成了使用原苏联在塔境内的军事基地和军事设施的协议。截至 2002 年 7 月，美空军使用在塔境内的军事基地艾尼、库洛布机场。2003 年 2 月，美国与塔继续就美空军使用塔境内库洛布、苦盏、库尔干秋别军事基地的问题展开了新一轮谈判。2003 年 5 月，美塔两国签署军事协议，美将无偿培训塔军人和装备其边境巡逻部队。2013 年 8 月 30 日，塔吉克斯坦总统拉赫蒙在首都杜尚别会见了来访的美军中央司令部司令劳埃德·奥斯汀率领的美军代表团。双方主要讨论了美国继续向塔吉克斯坦军队提供物质和技术支持，以强化塔与阿富汗边境地区的安全问题。双方对两国在军事领域的合作，尤其是在维护阿富汗和平、稳定以及打击恐怖主义和极端主义等领域的合作表示满意。奥斯汀在会谈中表示，塔吉克斯坦在维护中亚地区安全以及阿富汗重建工作中发挥了重要作用。国际安全援助部队 2014 年撤离阿富汗后，美国将继续对包括边防部队在内的塔吉克斯坦各强力机构提供援助，以帮助维护其与阿富汗边境地区的安全。在军事方面，美国将加强对塔强力部门官员培训，加强美国中央特种司令部与塔特种部队之间的合作，提供用于边防安全的检查设备和资金。例如，2014 年 9 月美国与塔吉克斯坦签署了补充协议，增加 324 万美元援助提高塔吉克斯坦边境安全、执法、打击毒品、打击人口走私等领域的发展。

2015 年 11 月 3 日，据塔媒体报道，美国国务卿克里在访问塔吉克斯坦时与总统拉赫蒙进行会谈，讨论了一系列重要问题，克里呼吁塔平衡反恐和保障国内人权，并称塔吉克斯坦是中亚地区特殊的伙伴国家，因为塔与阿富汗接壤边界线达 1000 多公里，美国将继续向塔提供全面的军事技术援助，此外，美方计划未来 5 年落实一系列项目，帮助塔吉克斯坦开发电力。

第四节 与亚洲国家的关系

一 同伊朗的关系

塔吉克斯坦在历史上曾是伊斯兰世界的一个组成部分，塔吉克斯坦与伊朗两国在语言、文化和宗教上有着密切的关系。塔吉克斯坦独立前，伊朗就积极主动与塔接触，进行经贸和文化的交往，对塔吉克斯坦进行宗教渗透和影响。塔吉克斯坦独立后，宗教激进主义迅速蔓延和发展，伊朗力图使塔伊斯兰化。近年来，伊朗派出宗教人士到塔，为其兴建清真寺，免费赠送《古兰经》等，以扩大影响。1992 年 6 月 28 日，塔总统纳比耶夫访问伊朗，伊朗允诺向塔吉克斯坦提供 5000 万美元的轻工机器设备。1992 年 11 月 28 日，塔加入由伊朗、巴基斯坦、土耳其等国发起的"中西亚经济合作组织"。

塔吉克斯坦独立的最初几年，伊朗支持塔吉克斯坦反对派，并向其提供武器和弹药。伊朗成为影响塔吉克斯坦局势的外部因素之一。在联合国和俄罗斯的努力下，1994 年，伊朗对塔吉克斯坦态度有明显变化，并开始为塔吉克斯坦的民族和解进行斡旋，塔吉克斯坦对立双方先后在德黑兰进行两轮和谈和两次高层会晤。同年 7 月 19 日，塔吉克斯坦冲突双方在伊朗斡旋下达成重要协议。拉赫蒙总统同联合武装反对派领袖努里在德黑兰握手言和，就塔吉克斯坦进一步实现和平达成协议，并签署了一项联合公报。1995 年 7 月，拉赫蒙总统访问伊朗。8 月，伊朗外长韦拉亚提访塔。1996 年 12 月 31 日，伊塔两国政府签署经济、文化、教育等 10 项合作协定。1997 年塔伊关系有了进一步发展。2 月，塔议长拉贾博夫访问伊朗，会见了伊朗总统拉夫桑贾尼，两国签署了议会间谅解备忘录。5 月，伊朗总统对塔进行了首次访问，双方决定进一步扩大两国间经贸合作。伊朗是执行塔吉克斯坦和平协议的保证国之一。塔吉克斯坦和平协议签署后，伊朗新任外长哈拉齐于 10 月访塔，会见了拉赫蒙总统、塔吉克斯坦总理和联合武装反对派领导人努里。同年末，拉赫蒙总统出席在德黑兰举行的伊斯兰会议组织第八次会议时，会晤了伊朗总统哈塔米及前总统拉夫桑贾尼等人。2001 年，塔伊关系发展顺利。3 月，伊朗国防部部长沙姆霍尼访塔，塔议会上院议长乌拜杜洛耶夫访伊。9 月，受哈塔米总统委派，伊外长哈拉齐赴塔出席塔独立 10 周年庆典。同月，伊副外长阿明扎德访塔，与塔讨论阿富汗形势问题。10 月，伊朗外长哈拉齐再度访塔，就阿富汗问题与塔交换意见。2008 年塔吉克斯坦与伊朗关系成为塔这一年外交政策热点。2008 年 3 月，塔总统拉赫蒙在会见伊朗外长时明确表态支持伊朗加入上海合作组织，塔与伊朗还提出了建立"波斯语国家联盟"的概念。11 月，拉赫蒙总统对伊朗进行工作访问并达成一系列双边合作协议。塔认为，加强与伊朗等地区大国关系，对于其实现大国平衡战略的外交构想具有现实意义。近几年，伊朗已成为塔在伊斯兰国家中的重要外交伙伴。2011 年 1 月 10 日，塔总统拉赫蒙致电伊朗总统内贾德，就伊航空公司发生空难并造成重大人员伤亡表示慰问。6 月 24~25 日，塔总统拉赫蒙赴伊朗首都德黑兰参加国际反恐问题会议。6 月 25 日，塔总统拉赫蒙访问伊朗。9 月 4~5 日，伊朗总统艾哈迈迪·内贾德访塔。10 月 21 日，伊朗伊斯兰议会议长拉里贾尼访塔。

2012 年 1 月 11 日，塔总统拉赫蒙致电伊朗总统内贾德，祝贺两国建交 20 周年。2 月，伊朗提出在塔吉克斯坦境内建立伊朗工业城，塔政府已决定划拨 100 公顷土地开工建设，并在未来 3 年内竣工并投入使用。2 月 13 日，塔总统拉赫蒙致电伊朗总统内贾德，祝贺伊朗伊斯兰革命胜利日。3 月 7~9 日，伊朗外长萨利希访塔。3 月 24~25 日，伊朗总统内贾德、巴基斯坦总统扎尔达里和阿富汗总统卡尔扎伊赴塔出席庆祝纳乌鲁孜节国际庆典。其间，塔、阿富汗、巴基斯坦和伊朗 4 国总统举行四方会议。8 月 29~30 日，塔总统拉赫蒙在出席第十届不结盟运动首脑会议期间分别会见巴基斯坦总统扎尔达里和伊朗精神领袖哈梅内伊。

二　同阿富汗的关系

塔吉克斯坦是同阿富汗接壤边界线最长的中亚国家，两国有共同边界线 1000 多公里。塔吉克斯坦重视发展与阿富汗的关系。阿是塔吉克斯坦的南边近邻，居住着几百万名塔吉克人，从边界、种族、宗教等因素来看，对塔吉克斯坦都有影响。1992 年伊斯兰复兴党遭到塔政府的严厉打击之后，反对派首领及其追随者被迫逃亡阿富汗。1993 年 3 月，反对派在阿富汗北部塔卢坎建立了流亡政府，塔阿冲突正是由塔吉克斯坦反对派和阿富汗"伊斯兰圣战者"相互勾结、制造动乱引起的。阿富汗宗教激进主义势力试图使塔成为政教合一的伊斯兰国家。由于阿富汗的支持，宗教激进主义势力以各种方式向塔反对派提供武器，反对派的实力不断扩大。1993 年塔阿边界冲突持续不断，塔阿边境冲突的严重性为世界所关注，塔阿两国的外交活动大部分是围绕解决边境冲突进行的。1992 年 7 月 15 日，塔代总统伊斯坎达罗夫访问阿富汗，双方签订了进一步发展双边关系的议定书。8 月 10 日，塔阿外长就边界冲突举行会议。8 月 15 日，塔阿两国外长发表联合公报，双方表示愿意通过谈判和其他政治手段和平解决现有问题。在国际社会的调停下，塔局势渐趋稳定。1993 年 8 月，塔政府代表团首次访阿。12 月下旬，阿富汗总统拉巴尼访塔，双方签署了《塔阿友好合作睦邻条约》《塔阿边界协定》《关于在阿境内的塔难民返回家园的协定》等 7 个文件。1995 年 5 月，在阿总统拉巴尼协助下，塔吉克斯坦总统拉赫蒙同联合武装反对派领导人努里在喀布尔举行了会见。1996 年 3 月 8 日，阿总统拉巴尼访塔，同拉赫蒙总统讨论了共同关心的问题，包括塔阿边界形势、保障地区安全和经济合作问题，还就两国为稳定本国的社会政治形势而采取的具体措施交换了意见，在双方发表的联合公报中主张以政治与和平手段解决国内的政治问题。7 月，在俄罗斯的参与下，两国达成在边境地区阿富汗一侧开辟 25 公里安全区协议。1996 年阿富汗"塔利班"武装攻入喀布尔，把拉巴尼总统赶出了首都。阿政府为了自己的生存，不想恶化与塔吉克斯坦政府和俄罗斯的关系，因此，也放弃了对塔吉克斯坦反对派的支持。同年底，在阿富汗政府协助

下，塔吉克斯坦总统拉赫蒙同塔吉克斯坦反对派领导人努里在阿北部举行了单独会谈。阿内战期间，塔支持由塔吉克族、乌兹别克族、哈扎拉族等阿北方少数民族组成的"北方联盟"，不承认塔利班政权。

1997 年 5 月，阿总统拉巴尼再次访塔，同塔总统拉赫蒙和正在塔吉克斯坦访问的伊朗总统拉夫桑贾尼举行了三方会谈，并签署了联合备忘录。截至 1997 年底，滞留在阿富汗境内的塔吉克斯坦难民已全部回国。2001 年美国"9·11"事件后，塔吉克斯坦边防部队司令部采取措施，向塔与乌兹别克斯坦、吉尔吉斯斯坦和阿富汗交界的边境地区调集部队，加强边境地区的防范措施。2001 年，塔阿在政治、军事、安全、人道主义援助等领域继续保持密切联系。阿总统拉巴尼及其他阿政府高级官员多次访塔，讨论阿政治军事形势和人道主义援助状况，并就保障塔阿边界安全，联合打击国际恐怖主义、毒品走私等问题交换意见。11 月 26 日，塔总统拉赫蒙签署关于在阿开设使馆的总统令。2011 年 7 月 13 日，塔总统拉赫蒙致电阿富汗总统卡尔扎伊，就卡的弟弟、阿坎大哈省议会议长瓦利·卡尔扎伊 12 日在家中遇袭身亡表示慰问。7 月 28 日，阿富汗外长拉苏尔访塔。9 月 1 日，阿富汗总统卡尔扎伊访塔并与拉赫蒙进行会晤，两国领导人就落实塔阿签署的有关水资源、过境贸易、能源、贸易标准化以及安全等合作事项深入交换意见。9 月 21 日，塔总统拉赫蒙致电阿富汗总统卡尔扎伊，就阿前总统拉巴尼遇袭身亡表示慰问。9 月 23 日，塔下院议长祖胡罗夫赴喀布尔参加阿富汗前总统拉巴尼的葬礼。10 月 25 日，阿富汗禁毒部部长乌斯莫尼访塔。10 月 26 日，阿富汗第一副总统法希姆访塔。2012 年 1 月 6~9 日，塔阿政府间经贸合作委员会例会在阿首都喀布尔举行。2 月 7 日，塔外长扎里菲和阿富汗外长拉苏尔通电话。8 月 6 日，塔总统拉赫蒙和阿富汗总统卡尔扎伊通电话，讨论塔阿边界形势问题。

三　同巴基斯坦的关系

巴基斯坦是与塔吉克斯坦距离最近的南亚国家，两国间最短距离仅为17 公里。塔巴两国的历史关系可以追溯到波斯帝国时期。许多巴基斯坦人的祖先都是塔吉克人，目前大约有 120 万名塔吉克人生活在巴基斯坦。两国有着相似的文化传统，均是以逊尼派为主的伊斯兰国家。塔独立后，两国在各领域的合作都得到稳定快速的发展。1994 年 3 月，塔总统拉赫蒙访问巴基斯坦，双方签署了两国外交部合作协定、相互保护投资协定和关于巴向塔提供 2000 万美元商品贷款等文件。2004 年 9 月，巴总理阿齐兹对塔进行国事访问，并参加经济合作组织峰会，双方表示将进一步加强经贸合作。目前，巴基斯坦与塔吉克斯坦共签署了 20 项双边合作协定，内容涉及能源、投资、航空、金融、农业、食品、交通、科技、公路建设等方面。两国在制药、农业和畜牧业等领域的合作十分广泛，但巴目前还不是塔最重要的贸易伙伴，双方贸易水平低的主要原因是缺乏便利的交通设施、缺乏银行间合作，以及地区安全形势不佳。多年来，塔一直希望修建一条经阿富汗到巴基斯坦的通道，并由此进入海湾地区。2011 年 6 月 7 日，塔总理阿基洛夫赴阿斯塔纳参加伊斯兰经济论坛。6 月 15 日，塔总统拉赫蒙在阿斯塔纳会见巴基斯坦总统扎尔达里，双方讨论了两国关系发展问题。8 月 10 日，巴基斯坦通信部部长霍诺姆访塔。8 月 15 日，塔总统拉赫蒙致电巴基斯坦总统扎尔达里，祝贺巴独立日。12 月 21～23 日，巴基斯坦参谋长联席会议主席哈立德·沙米姆·韦恩访塔。2013 年 8 月 29 日，塔国防部部长海鲁洛耶夫与巴陆军参谋长基亚尼举行会谈，就地区局势、阿富汗问题、反恐、情报互换等问题交换意见，巴基斯坦陆军参谋长还参观了塔吉克斯坦军事院校。12 月 9 日，在第 40 次伊斯兰合作组织成员国外长会议期间，塔巴两国代表进行会谈，就加强在能源与基础设施建设等领域的合作交换意见，并提出建立水泥合资公司等合作项目。目前，塔约 60% 的水泥从巴基斯坦进口，巴最大的水泥生产企业"拉法基水泥公司"计划向塔进行投资，而巴希望从塔获得更多电力以及棉花等产品。

四 同土耳其的关系

土耳其在塔吉克斯坦独立前就向塔传授"土耳其的经济发展模式"。塔吉克斯坦独立后不久，便转向反突厥主义，宣传"突厥化的危险"，在塔吉克斯坦出现的反突厥运动规模很大，使土耳其未能对塔吉克斯坦施加更多的影响。1995 年 9 月，土耳其总统德米雷尔访塔，两国元首发表共同宣言，双方签署了科技合作、环保合作、航空运输等协定。土耳其曾允诺向塔吉克斯坦提供 1.5 亿美元贷款，但后来没有落实。近年来，塔十分重视发展与土耳其的关系，两国关系比较密切，土耳其是塔吉克斯坦最主要的贸易和投资伙伴之一，迄今塔土经贸混委会已经召开了 7 届。2011 年 8 月 16～17 日，塔外长扎里菲赴土耳其出席伊斯兰合作组织执行委员会索马里粮食危机援助问题特别会议。同年 9 月，由土耳其出资在塔成立了"孔特投资银行"。10 月 29 日，拉赫蒙致电土耳其总统居尔庆祝土国庆节并表示塔愿意继续加强与土合作。11 月 2 日，土耳其总统居尔向拉赫蒙总统发出访问邀请，土方还表示将加强与塔在安全、经贸、投资等领域的合作。2012 年 1 月 30 日，塔总统拉赫蒙和土耳其总统居尔互致贺电，祝贺两国建交 20 周年。12 月 18 日，塔总统拉赫蒙对土耳其进行正式访问。

2012 年，土耳其在塔吉克斯坦共有企业 53 家。12 月，塔总统拉赫蒙在访问土耳其期间，还签署了关于土耳其援助塔吉克斯坦 1.22 亿美元建设 3 个项目的协议。

五 同印度的关系

21 世纪以来，印度与塔吉克斯坦高层多次互访，在政治、经贸、反恐等领域合作密切。2002 年 4 月，印度国防部部长访塔，并签署了一项双边协议。根据协议，印度在塔建立军事基地，根据对等原则，印度将负责塔陆军和空军人员培训，更新塔方的一些装备，包括向塔方提供直升机和武器。2002 年 2 月，印度空军参谋长访塔，之后印决定向塔提供 1 亿美元用以修复杜尚别近郊的法霍尔军用机场，并部署了军事人员。2003 年 2 月、8 月与塔举行了两次军事演习。11 月，印总理瓦杰帕伊访塔。2006 年 8 月，塔总统拉赫蒙访印。2009 年 9 月印总统帕蒂尔访塔。两国不仅成立了政府间贸易、经济、科学、技术合作联合委员会，加强经贸合作，而且在军事技术领域的合作也逐渐增多，印度在塔境内建立军事医院，举行联合反恐军事演习，甚至希望建立空军基地，扩大在中亚的军事存在。2012 年，塔总理访印期间，两国决定将双边关系提升为战略伙伴关系，旨在建立和平、繁荣和安全的邻国关系，使塔成为印度在中亚地区乃至整个世界联系最多、关系最紧密的友好伙伴国家之一。2013 年 4 月 14～17 日，印度副总统安萨里对塔进行正式访问。在与塔总统会晤中，双方同意共同致力于加强双边战略伙伴关系，在能源、电信、医疗、教育等领域扩大合作，以及促进印在塔发展小微企业等。印欢迎塔成为世界贸易组织正式成员，愿与塔在世贸组织框架下开展合作，实现互利。印认为本国能源短缺，而塔水能资源丰富，与塔开展能源合作有利于其实现能源多元化，减轻对中东石油的依赖。2015 年 7 月中旬，印度总理莫迪访问塔吉克斯坦，还访问了塔吉克斯坦哈特隆州的塔印友谊军事医院。该医院为印度出资修建，2014 年 10 月初投入使用，目前有数十名印度军人在该医院培训塔方人员。此外，目前在塔方的艾尼军事机场，有约 100 名印度军事专家，帮助塔方培训飞行员，据说，该机场也是由印度出资帮助修建的，于 2010 年 9 月初投入使用。

六　同韩国的关系

近几年塔吉克斯坦很重视发展同韩国的关系。2015 年 4 月 12 日，塔吉克斯坦总统拉赫蒙访问韩国，与韩国总统朴槿惠举行会晤，双方对两国 2015 年关系的发展表示满意，称近十年来，两国贸易额增长了 6 倍，现在在塔吉克斯坦境内有 16 家塔韩合资企业。两国总统会晤后，签署了《政府间航空告知协议》、《政府间经济和科技合作协议》、《两国外交部间合作备忘录》、《两国文化和体育部门之间合作备忘录》以及《两国旅游和青年部门之间合作备忘录》5 份经济、文化领域合作协议。在塔方建议下，韩国决定在杜尚别开设韩国国际合作署代表处。

七　同日本的关系

自 1993 年以来，已有 1800 多名塔吉克斯坦专家在日本接受短期培训。日本还帮助塔方修建了数十所学校等基础设施。2015年10月底，日本首相安倍晋三在访问中亚时访问塔吉克斯坦，并与塔总统会谈，会谈后双方签署了《塔吉克斯坦和日本伙伴关系联合声明》以及《塔日关于经济和科技合作谅解备忘录》等8份文件。

八　同沙特阿拉伯的关系

2016年1月，塔总统拉赫蒙访问了沙特阿拉伯，两国签署了5份文件，涉及教育、文化、打击犯罪等领域的合作。沙特阿拉伯决定通过伊斯兰开发银行向塔提供1.08亿美元帮助塔吉克斯坦修建两段公路。

第五节　与中国的关系

塔吉克斯坦独立后，成为中国新的邻国。中国是最早向塔吉克斯坦伸出援助之手、承认塔吉克斯坦共和国主权与独立并与之建立外交关系的国家之一。

一　塔中两国关系迅速发展

塔中两国是山水相连的友好联邦。两国人民的友谊和交往历史悠久，源远流长，古丝绸之路是两国人民经济、文化交流的历史见证。塔中建交以来，双方之间的睦邻友好关系健康稳步发展，两国在各个领域中的合作取得令人瞩目的成就。两国最高领导人的经常性会晤为两国人民进一步发展友好关系奠定了坚实的基础。两国政府所签署的一系列文件与协议为两国发展全面合作，特别是经贸领域的合作打下了牢固的政治法律基础。塔中两国关系在互利合作、高度信任的基础上迅速发展。2013年两国元首将两国关系提升至战略伙伴关系。2014年中国国家主席习近平对塔进行国事访问，两国国际关系得到进一步深化，双方一致谈到共识的问题，证明两国领导人的高度互信，两国关系也达到了高水平时期。

二 对中国政策

塔吉克斯坦重视对华关系，把发展与中国的关系作为其外交政策的优先方向，强调愿在平等互利的基础上同中国建立牢固的睦邻友好关系，积极、主动地发展同中国的友好合作。塔政府一贯坚持一个中国的原则立场，承认"中华人民共和国政府是唯一合法政府，台湾是中国领土不可分割的一部分"，确认"不和台湾建立任何形式的官方关系"，"不和台湾进行任何形式的官方往来"。在国际和地区问题上，塔中两国有着完全一致或相似的立场。塔反对大国和国际集团践踏国际法和将其意志强加于人的做法。塔吉克斯坦希望与中方一道，不断地把塔中关系推向前进。

三 同中国的政治关系

1991 年 12 月 27 日，中国政府宣布承认塔吉克斯坦独立。1992 年 1 月 4 日，中国政府代表、外交部副部长田曾佩和塔政府代表、外交部副部长拉赫马图拉耶夫在杜尚别签署了两国建交联合公报。两国政府同意在相互尊重主权和领土完整、互不侵犯、互不干涉内政、平等互利、和平共处的原则基础上，发展两国之间的友好合作关系。同日，塔中两国建立大使级外交关系。同年 8 月 26 日，中国首任驻塔大使郗照明到任，8 月 31 日，郗照明大使向塔总统纳比耶夫递交国书。建交以来，两国关系健康顺利稳步发展，塔中两国在国际重大问题上持完全一致的立场，两国签署了50 多个涉及各个领域的双边协定。双方在上海合作组织内进行合作，对两国建交以来在政治、经济、文化、科技、教育等领域的发展感到满意。拉赫蒙总统上任后，首次出访的国家就是中国。1993 年 3 月 7~11 日，塔国家元首、最高苏维埃主席埃莫马利·拉赫蒙应邀对中国进行首次正式访问，与江泽民总书记、杨尚昆主席和李鹏总理分别举行会谈。双方认为，进一步发展两国各个领域的合作关系符合两国人民的根本利益和愿望，有助于维护亚洲和世界的和平与稳定。3 月 9 日，两国领导人签署了《关于中华人民共和国和塔吉克斯坦共和国相互关系基本原则联合声明》，双方还签署了 11 个合作协定文件。1994 年 6 月 21～28 日，塔最高苏维埃第一副主席多斯季耶夫访华。1996 年 4 月 26 日，拉赫蒙总统再次来华，在上海签署了《中国同俄、哈、吉、塔在边境地区加强军事领域信任的协定》。同年 9 月 16～20 日，塔吉克斯坦总统拉赫蒙对华进行国事访问，中国党政最高领导人与其进行会谈，中国领导人表示，两国建交以来，双边关系发展顺利，各个领域的交流与合作全面展开，取得积极成果。中国珍视同塔人民的友谊，重视同塔的关系，愿与塔方共同努力，使两国关系长期稳定地向前发展。拉赫蒙总统说，塔重视发展与中国的关系，希望在各方面进一步发展与中国的合作。江泽民主席和拉赫蒙总统签署了《中华人民共和国和塔吉克斯坦共和国联合声明》，还签订了《中塔两国政府经济贸易关系协定》等 6 份文件。1999 年 6 月 6～8 日，中国国务院副总理钱其琛对塔吉克斯坦进行了工作访问，会见了塔总统拉赫蒙、最高会议主席拉贾博夫等领导人，双方还签署了两国政府经济、技术合作协定。8 月 11～14 日，拉赫蒙总统对中国进行了友好访问，与江泽民主席、朱镕基总理分别举行了会谈。两国元首签署了《中华人民共和国和塔吉克斯坦共和国关于中塔两国国界的协定》和《中华人民共和国和塔吉克斯坦共和国关于进一步发展两国睦邻友好和互利合作关系的联合声明》。此外，两国有关部门还签署了《中华人民共和国政府和塔吉克斯坦共和国政府汽车运输协定》和《中华人民共和国政府和塔吉克斯坦共和国政府关于禁止非法贩运和滥用麻醉药品、精神药物和管制化学品的合作协议》。

2000 年塔吉克斯坦与中国的关系进入新的历史时期，两国的睦邻友好关系进一步加强。7 月 3～5 日，江泽民主席赴杜尚别出席上海合作组织元首会晤，并对塔吉克斯坦进行国事访问。4 日，江泽民主席同拉赫蒙总统举行会谈，两国元首签署了《中华人民共和国和塔吉克斯坦共和国关于发展两国面向二十一世纪的睦邻友好合作关系的联合声明》。双方还签署了《中华人民共和国政府和塔吉克斯坦共和国政府经济技术合作协定》和《中华人民共和国最高检察院和塔吉克斯坦共和国总检察院合作协议》。钱其琛副总理出席了中国援塔汽车交接仪式。

5 日，江泽民主席出席上海合作组织杜尚别元首会晤。会议结束后五国元首签署了杜尚别声明。从此，塔中两国关系进入全面的崭新的发展阶段。

2002 年 5 月 16~19 日，塔吉克斯坦共和国总统拉赫蒙对华进行工作访问。中国党政最高领导人分别与其会谈。双方签署了《中华人民共和国和塔吉克斯坦共和国联合声明》、《中华人民共和国和塔吉克斯坦共和国关于中塔国界的补充协定》以及附图和《中塔关于能源领域合作协定》。《关于中塔国界的补充协定》彻底解决了两国之间历史遗留的边界问题，这一历史成就将进一步提升两国间的合作水平。

2003 年 9 月 2 日在杜尚别，塔外长塔尔巴克·纳扎罗夫和中国外长李肇星在"塔中边界补充协定批准书证书"上签字。两国外长还签署了《中国和塔吉克斯坦关于打击恐怖主义、分裂主义和极端主义的合作协定》和《中国和塔吉克斯坦政府关于中塔边境口岸及其管理制度的协定》。拉赫蒙总统接见中国外长李肇星时，高度评价了上海合作组织的作用，称它为"保障区域稳定的因素，是区域政策和全球政策中有影响力的因素"。在谈到塔中关系时，拉赫蒙还表示，"我们十分珍惜两国在政治方面形成的互信互谅的气氛"。拉赫蒙还说，开通经库尔姆山口的公路交通将是向这一方向迈出的重要一步。

2006 年 9 月 14~16 日，中国国务院总理温家宝对塔吉克斯坦进行正式访问，会见了塔总统拉赫蒙，并同塔总理阿基洛夫举行了会谈，双方签署了《中塔政府联合公报》。

2007 年 1 月，拉赫蒙总统对中国进行国事访问，两国签署了《睦邻友好合作条约》，推动两国关系进入了新的历史发展阶段。2008 年 8 月26~27 日，中国国家主席胡锦涛对塔吉克斯坦进行国事访问，27 日在杜尚别同塔总统拉赫蒙举行会谈，签署了《中塔关于进一步发展睦邻友好合作关系的联合声明》。

2010 年 11 月 24~25 日，中国国务院总理温家宝对塔吉克斯坦进行正式访问并出席在杜尚别举行的上海合作组织成员国政府首脑理事会第九次会议。温家宝总理会见了塔吉克斯坦总统拉赫蒙，同阿基洛夫总理举行了正式会谈，双方签署了《中塔政府联合公报》。

2011 年，中塔睦邻友好合作关系稳定发展。4 月 24～25 日，中国国务委员兼公安部部长孟建柱对塔进行正式访问。其间，孟建柱分别与塔总统拉赫蒙、安全会议秘书阿济莫夫、国安委主席亚济莫夫举行会见，与内务部部长卡霍罗夫举行会谈，双方签署了《中华人民共和国公安部和塔吉克斯坦共和国国家安全委员会合作协议》等文件。6 月 14 日，国家主席胡锦涛在哈萨克斯坦首都阿斯塔纳出席上海合作组织峰会期间会见塔总统拉赫蒙，双方就双边关系和其他共同关心的问题交换了意见。

2012 年 6 月，拉赫蒙总统来华并出席了在北京举行的上海合作组织成员国元首理事会第十二次会议。同年 11 月 26 日，塔吉克斯坦内务部部长访华，与中国国务委员兼公安部部长孟建柱签订执法谅解备忘录。

2013 年 5 月 20 日，塔吉克斯坦总统拉赫蒙对中国进行国事访问，并在人民大会堂与中国国家主席习近平举行了会谈。两国元首决定建立中塔战略伙伴关系，从而推动两国关系进入新的历史发展阶段。7 月 5 日，塔吉克斯坦人民民主党主席、总统拉赫蒙在库尔干秋别会见来塔访问的中共中央政治局委员、中央书记处书记、中组部部长赵乐际。同年 9 月 12 日，中国国家主席习近平在比什凯克（吉尔吉斯斯坦首都）参加上海合作组织峰会期间会见了塔吉克斯坦总统拉赫蒙。

2014 年 5 月拉赫蒙访华，并出席第四次亚信峰会。9 月，习近平主席出席在塔吉克斯坦杜尚别举行的上海合作组织成员国元首理事会第十四次会议，并对塔进行国事访问，双方签署《中塔关于进一步发展和深化战略伙伴关系的联合宣言》，制订了两国战略伙伴关系未来 5 年发展规划，习近平出席并发表了题为《让中塔友好像雄鹰展翅》的署名文章。双方认为，塔中关系是大国与其邻国成功协作、相互合作的光辉典范。习近平主席对塔吉克斯坦的访问成果标志着塔中关系新时代的到来，为两国全方位合作带来了新的机遇。塔中关系目前处于历史最好时期。近年来，两国领导人保持频繁的高层往来，已经建立起良好的工作关系和深厚的个人友谊，引领中塔关系不断向前发展。中国将全面落实塔中两国领导人就推动双边关系所达成的各项共识，将两国关系不断推向新的发展阶段。自 2013 年春起，拉赫蒙总统和习近平主席进行了 8 次不同形式的会晤。近年来在杜尚别和北京所签订的各项协定和发表的宣言，证明杜尚别和北京在对外政策方面所采取的一致立场。特别要指出的是，例如谈到安全领域方面的互助问题，双方在反对"三股势力"斗争方面、经济贸易方面、人文方面以及国际和地区方面都采取了完全一致的立场。

塔中双方一致认为塔中建立战略伙伴关系符合两国和两国人民的根本和长远利益，有利于促进两国共同发展繁荣，维护地区和平稳定。

2017 年 8 月 31 日，中国国家主席习近平同来华进行国事访问并出席新兴市场与发展中国家对话会的塔吉克斯坦总统拉赫蒙进行会谈，两国元首一致决定建立中塔全面战略伙伴关系，推动中塔关系在新的历史起点上实现更大发展。

习近平主席指出，中塔是亲密无间的友好邻邦和高度互信的战略伙伴，建交以来，两国始终相互尊重、相互理解、相互支持，中塔关系发展取得丰硕成果。两国 2013 年建立战略伙伴关系以来，高层交往、政治互信、务实合作达到前所未有的高水平。中方愿同塔方一道，以两国关系提升为全面战略伙伴为契机，推动中塔合作深入发展。

习近平主席强调，中方高度赞赏塔吉克斯坦从一开始就积极支持"一带一路"倡议。双方要推进"一带一路"建设同塔 2030 年前国家发展战略深度对接，落实好中塔合作规划纲要，加强交通、能源、口岸、网络基础设施建设合作，构建全方位互联互通格局，双方要打造新的合作增长点，做大做强农业合作、深化产能合作、支持科技创新和交流。双方要加强经贸合作，中方支持塔方同中国金融机构、丝路基金、亚洲基础设施投资银行建立合作联系，愿与塔方共同促进贸易和投资便利化。中塔同为丝绸之路文明古国，应加强文化、教育等领域交流合作，筑牢两国友好民意基础。

四 同中国的经济关系

塔中两国政府建交以来，两国经贸合作健康、顺利地向前发展。两国在经贸领域相继签署了一系列政府和部门间的合作协定，主要有《中塔政府间经贸协定》、《中塔政府间关于鼓励和相互保护投资协定》、《中塔经济技术合作协定》和《中塔政府间能源领域合作协定》等。中塔双边贸易稳定发展，并且合作的领域逐步扩大，政府间援助项目取得明显成果。

由于塔吉克斯坦独立后持续内战，战后该国经济恢复困难重重，市场需求有限，中塔两国的贸易额基本保持在 1000 万～2000 万美元的低水平上。自 2008 年起，中塔贸易额迅猛增长，2008 年中塔贸易额已达 15 亿美元，与 2001 年相比，增长近 140 倍。近年来，两国在交通、通信、矿业、建筑、农业、金融等领域的合作日益密切。两国的贸易额一直保持在 10 多亿美元的水平上。目前，中国在塔吉克斯坦实施了 57 个投资项目，总金额超过 900 亿索莫尼。这些项目主要用于建造或重建数百公里的道路、隧道和桥梁。

（一）塔中贸易现状

1992 年，塔中贸易总额为 275.7 万美元，其中中方出口为 195.3 万美元，进口为 80.4 万美元。

1995 年塔中贸易总额为 2385.9 万美元，其中中方出口为 1461.7 万美元，进口为 924.2 万美元。

1999 年，塔中进出口总额为 804.1 万美元，同比下降 58.2%，其中中方出口为 229.8 万美元，进口为 574.3 万美元。

2000 年塔中贸易总额为 1717 万美元，同比增长 113.5%，其中中方出口为 679 万美元，同比增长 195.5%，进口为 1038 万美元，同比增长 80.7%。

2001 年塔中贸易总额为 1076 万美元，同比下降 37.3%，其中中方出口为 531 万美元，同比下降 21.8%；进口为 545 万美元，同比下降 47.5%。

2002 年塔中贸易总额为 1238. 7 万美元，同比增长 15. 1%，其中中方出口为 650. 1 万美元，同比增长 22. 4%；进口为 588. 6 万美元，同比增长 8. 0%。

2004 年塔中贸易总额为 6892. 7 万美元，同比增长 77. 6%，其中中方出口为 5356. 1 万美元，同比增长 657. 4%；进口为 1536. 6 万美元，同比增长 14. 7%。

近年来，塔中贸易额稳定增长，两国在交通、通信、矿业、建筑、农业、金融等领域的合作日益密切。2008 年塔中贸易总额为 15 亿美元，与 2001 年相比，增长近 140 倍。

2010 年塔中贸易总额为 14. 31 亿美元。

2011 年塔中贸易总额为 6. 62 亿美元，占塔外贸总额 44. 4 亿美元的 14. 9%。其中，塔对中国出口为 2. 55 亿美元，塔从中国进口为 4. 07 亿美元，中国成为塔第二大贸易伙伴。

2012 年塔中贸易总额为 6. 69 亿美元。

2013 年 7 月 16 日，塔中政府间经贸合作委员会中国新疆 – 塔吉克斯坦分委会第三次会议在乌鲁木齐市召开。会议认为在分委会机制下双方在经济技术、农业、运输等方面的合作取得实质性进展。2013 年中塔贸易额占塔对外贸易总额的 12. 9%。

2014 年塔中之间的货物周转额已经达到 25 亿美元。这比 1993 年增长 250 倍多。

（二）塔中进出口商品种类

中国向塔出口的主要商品有机械设备、汽车及配件、机电产品、纺织机械、纺织品、茶叶、粮食、家具、家用电器、通信技术产品以及各种日用品。从塔进口的主要商品有棉织物、铝锭、铝及其制品、废钢、废旧金属、棉花、短绒、化肥、蚕茧、皮革原料和矿产品等。

（三）塔中经济合作

中国在塔吉克斯坦成立了两家合资企业：一家是"利事达"纺纱厂，主要从事棉花深加工和纺纱；另一家是中塔合资卷烟厂，主要生产烟草制品。随着国际金融机构贷款项目在塔的启动，以中国国际工程咨询公司（中咨公司）、中兴、华为、中国路桥、中水电等为代表的国内大型企业开始同塔合作，并且经贸合作领域日益扩大。主要合作领域包括交通、通信、网络、体育和文化相关产业以及餐饮等，目前的主要成果如下。

1. 中国水利水电建设集团公司在塔吉克斯坦与吉尔吉斯斯坦边境公路修复工程一期项目

2004 年 7 月 27 日，中国水利水电建设集团公司在塔吉边境公路修复工程一期项目招标中赢得第一标，并于 11 月 10 日与业主签署合同，合同价为 1570 万美元。这是中国公司首次中标塔道路交通项目，也是中塔交通领域合作的良好开端。该工程一期项目公路全长 74.3 公里，主要包括新建桥梁 4 座、修复桥梁 9 座、处理 4 处塌方滑坡路段、道路修复及相关设施建设，项目工期 38 个月。

塔吉边境公路修复项目共分三标段实施，由亚行（75%）、科威特基金（15%）和塔政府（10%）共同出资建设，项目业主为塔交通部。

2. 中国路桥（集团）总公司

自 2002 年起，路桥公司开始关注塔市场并做了大量细致的调研和考察工作。路桥公司分别于 2002 年和 2004 年参与了亚行出资的塔道路交通项目（库尔干秋别至库利亚布公路修复项目和塔吉边境公路第一标段项目）的招标工作。2005 年 8 月，根据 2005 年 7 月吴仪副总理访塔与塔总理阿基洛夫达成的相关协议，路桥公司受中国商务部和交通部委托成立联合工作组，对塔乌公路和沙赫里斯坦隧道项目进行实地考察，9 月完成项目考察报告。路桥公司根据商务部的进一步指示派遣专家组在塔进行现场详细的勘测、钻探及设计图的编制工作。此外，路桥公司承担的沙尔隧道项目初步设计工作于 2005 年底完成，该隧道长约 2.3 公里，位于中塔公路上，距首都约 70 公里，是连接塔首都与南部、东部地区的交通要道，沿此路经塔东部卡拉苏—库勒买口岸出境与中国喀喇昆仑公路相连，直达新疆喀什。项目资金来源系利用中国无偿援助款修建。中国路桥公司于 2006 年进驻塔交通基建领域，逢山开路、遇水架桥、开凿隧道、铺设电缆，将天堑变通途，在塔已累计修建公路 600 多公里和隧道 16 公里。在一定程度上提高了当地交通基础设施水平。

3. 深圳中兴通讯公司

中兴通讯公司（ZTE）2000 年进入塔吉克斯坦市场，经过 5 年的市场开拓，在塔累计销售 5500 万美元，目前 ZTE 在塔交换市场占有率为 93.57%，码分多址（CDMA）用户市场占有率为 96%，传输市场占有率为 90%。ZTE 在塔主要业务如下。

（1）援塔通信项目

2002 年 12 月，ZTE 承担 2000 年中国政府向塔提供的 2000 万元人民币无偿援助中 800 万元通信网改造的援外任务，负责在塔总统故乡丹加拉市安装交换机等设备，开通 CDMA 手机业务，并铺设丹加拉—库尔干秋别—杜尚别传输链路。该工程于 2004 年 9 月完工。

（2）塔通信网改造项目

2003 年 1 月和 2003 年 12 月，ZTE 先后中标由欧行出资的塔通信网改造一期、二期项目，对塔首都杜尚别市、库利亚布等 26 个城市的通信网进行改造，合同金额分别为 549 万美元和 597 万美元。一期工程已于 2003 年 11 月完工。

（3）合资公司

2003 年 12 月，ZTE 与塔 CETEL 公司在塔成立合资企业"塔中移动通讯公司"，注册资本为 400 万美元，其中 ZTE 占股 51%，塔方占股 49%，主要业务范围包括提供移动通信服务，在塔建设、拓展和运营各种语音和数据传输网络并提供相应的网络服务，是塔第一家提供 CDMA 服务的移动公司。2004 年 12 月，公司投资 260 万美元进行二期扩容项目，以增加通信基站和提高网络信号覆盖率。2005 年 5 月，公司再投资 1200 万美元进行三期扩容项目。合资公司员工有 80 人，移动用户已达 2 万人，经营、收益良好。

（4）下一步发展规划

根据塔电信市场的发展需求和实际需要，经与塔通信部充分沟通讨论，ZTE 为塔电信制订了近几年的发展规划，并获得塔通信部的认可。该规划主要包括塔全国通信网络数字化改造、塔会议电视和远程教育网、塔国家安全部监听系统全国网、塔全国应急通信调试系统等。

4. 深圳华为技术公司

华为公司 1999 年初进入塔通信市场，2005 年 3 月正式成立代表处，并建立了一支包括技术支援、市场营销、产品推广及行政平台体系在内的独立运作的本地化队伍。本地员工有 35 人，常驻中方员工有 15 人。华为公司 2005 年在塔通信市场的销售额已达 2400 万美元，累计销售 4600 万美元。

经过 5 年的不断拓展，华为公司的主流产品，包括移动网络、固定网络、光网络、数据通信、业务软件及手机等都进入塔吉克斯坦市场并得到规模应用。其移动设备更是塔移动设备供应商第一品牌，成为塔主要移动公司（塔吉克电信、巴比伦、MLT）最重要的设备供应商。2005 年 7 月，华为公司还向塔巴比伦公司、塔中移动通讯公司提供第三代移动 WCDMA UMTS 网络设备，通过此合作项目，华为成为独联体地区第一个 3G（第三代移动通信）商用设备供应商。

2005 年 7 月 21 日，吴仪副总理访塔期间，华为公司还与塔吉克电信公司签署了金额为 6800 万美元的塔吉克斯坦通信网建设合作协议。协议包括在塔吉克斯坦新建 50 万线交换机和最后一公里的接入项目、塔吉克斯坦全国骨干传输网项目、塔吉克斯坦电子政务项目。这也是华为公司与塔吉克斯坦通信部、塔吉克斯坦电信的合作基础。关于项目资金，塔方曾提出利用中方优惠买方信贷操作。

5. 金唐城（北京）国际投资发展有限公司

金唐城公司是第一家计划在塔从事以文化投资为主的中资企业。目前，该公司承包南航新疆公司的乌鲁木齐—杜尚别—乌鲁木齐航线的经营权，并计划以此为基点，在杜尚别市建保龄球馆和快餐店，以及投资与文化相关的产业。

6. 喀什农垦进出口公司水厂

新疆生产建设兵团下属喀什农垦进出口公司于 1997 年在塔注册独资企业，主要从事小型机电产品、废旧金属、蚕茧、短绒、皮革等进出口贸易。该公司利用兵团开拓境外中小企业基金，投资 50 万元人民币在杜尚别设立纯净水厂，日产瓶装纯净水 10 吨。2003 年 5 月已出产品，其质量已获塔国家标准局认可。据了解，该企业目前经营十分困难。

7. 中塔合资利事达纺纱厂

1997 年中国华源辽宁公司与塔"BBT"公司和"黑马"公司在塔成立了中塔合资"利事达"纺纱厂，总投资 974 万美元，其中中方出资占 19%（技术服务），塔方出资占 81%（设备、厂房、流动资金）。中方利用我进出口银行的出口卖方信贷向塔方提供了纺纱设备，合同总额为 491 万美元。塔方仅用产品偿还了设备款 153 万美元，此后再无力还贷。由于辽宁华源公司就设备供应合同事先在中保财产保险公司投保，中保公司于 1998 年 6 月、8 月分两次赔付共计 265.55 万美元，同时，辽宁华源公司将债务追偿权转让给中保公司。目前，该厂处于半停产状态，中方已退出经营。

8. 新疆国际杜尚别卷烟厂

新疆国际经济技术合作公司于 1997 年 1 月与塔杜尚别人民卷烟厂成立中塔合资卷烟厂，注册资本为 30 万美元，中方占 10%，塔方占 90%，合资期限 30 年。该合资企业利用中国 1994 年向塔提供的 5000 万元人民币政府贷款对烟厂进行技术改造，由中方提供卷烟及印刷生产线。该项目于 1998 年 11 月正式开工，2001 年 2 月结束，经中塔双方验收后，项目于当年 11 月正式移交塔方，技改后的烟厂生产能力为年产 50 亿支香烟。合资公司本应从 2002 年 12 月 1 日起分期还贷，但由于经营状况差，无力还贷，为此塔总理于 2002 年致函中方，提出债务重组建议。2004 年 11 月，中国同意将此笔贷款改为无息贷款，偿还期推迟至 2007 年 12 月 1 日 ~ 2012 年 11 月 30 日。目前，由于经营机制差、缺乏流动资金，以及中方未参与经营管理等问题，该厂处于半停产状态。

9. 新疆天业棉花滴灌项目

新疆天业（集团）有限公司先后利用 2001 年 4 月中国向塔提供的

500 万元人民币无偿援助中的 250 万元人民币和 2002 年 12 月中国向塔提供的 1000 万元人民币无偿援助中的 400 万元人民币在塔实施膜下滴灌植棉项目。该项目已于 2004 年 9 月全部执行完毕。

10. 中餐馆

目前，杜尚别市已有 3 家颇具规模的中餐馆：龙城酒店、东方美食城和长城饭店。其中龙城酒店属档次较高的饭店，其装修品位、饭菜档次较能体现中餐特色，适合举行对外宴请和举办大型活动，但遗憾的是其服务质量与饭店档次不配套。另外两家中餐馆属普通饭店，规模偏小，主要服务于普通百姓和当地华人。

中兴、华为公司参与了欧洲复兴开发银行提供 1500 万美元进行塔吉克斯坦通信网改造项目的投标，目前两公司已通过预审。中国路桥、中水电、中铁二局、中铁四局参加了亚洲开发银行提供 2500 万美元修复公路的投标。中水电参加了科威特基金和欧佩克基金提供 3450 万美元修建公路的投标。此外，1999 年中塔新签劳务和工程承包合同 3 份，合同额为 508 万美元，完成合同金额为 39 万美元，完成营业额为 77 万美元。截止到 2002 年，10 年间中国共向塔吉克斯坦提供无偿援助 11 笔，总价值 1.0755 亿元人民币，已执行和正在执行的有 9255 万元人民币，尚未执行的有 1500 万元人民币。除最初两笔援助为一般物资外，其余的均通过项目合作进行落实，这些项目对改善塔吉克斯坦人民的生活、改善杜尚别城市交通状况、完善建材行业的生产结构、改变落后通信设施、扩大棉花种植面积与提高其产量、加强塔中能源领域的合作起了一定作用，同时中国通信企业对扩大塔中经贸的进一步合作也起到了积极的推进作用。

2003 年 3 月中国政府向塔提供总价值 1500 万元人民币的无偿援助，援助物资包括大米、白糖和食用油等，总重量为 3860 吨。截至 2003 年第一季度，中国对塔援助物资金额居第 4 位，位居美国、拉脱维亚和乌兹别克斯坦之后。

2014 年 7 月，中国企业华新亚湾水泥公司在塔吉克斯坦创立首个"我爱塔吉克"华新慈善基金。塔哈特隆州州长古尔马赫马多夫、中国驻塔大使范先荣、中国华新亚湾水泥公司总经理出席中国河南经研银海种业有限公司亚湾区麦田现场推介会。塔副总理阿利马尔东、农业部部长卡希姆、哈特隆州州长古尔马赫马多夫，塔有关部门和农业种植户代表共200余人出席推介会。

五 同中国的军事关系

1998年1月9～15日，应中央军委副主席、国务委员兼国防部部长迟浩田上将的邀请，塔吉克斯坦国防部部长舍拉利·海鲁洛耶夫中将率军事代表团对中国进行正式友好访问。9日，迟浩田同海鲁洛耶夫举行了会谈。迟浩田说，中塔两军关系是两国关系的重要组成部分，两军之间的合作有着广阔的前景，中方愿意在教育训练、后勤保障等领域与塔方开展合作。中方愿意与塔方共同努力，建立面向21世纪长期稳定、互利合作、睦邻友好的双边关系。海鲁洛耶夫说，中国是塔吉克斯坦的重要邻邦，增进塔中友好合作关系不仅符合两国人民的利益，也有利于地区的和平发展。10日，中国人民解放军总参谋长傅全有上将会见了海鲁洛耶夫中将。15日，中国国家副主席荣毅仁会见了海鲁洛耶夫中将一行。8月12～13日，兰州军区副司令员陈秀中将率中国人民解放军兰州军区代表团访塔。塔国防部部长海鲁洛耶夫会见了代表团一行。2000年7月，中国军事代表团访问了塔吉克斯坦。

据新华网2006年9月19日报道，根据中塔两国国防部部长2006年4月签署的关于举行联合反恐军事演习的备忘录，中国和塔吉克斯坦将于9月22日至23日在塔吉克斯坦哈特隆州举行首次联合反恐军事演习，演习代号为"协作-2006"。这次演习主要是共同演练打击国际恐怖主义，应对危机的组织和协同，提高共同应对新挑战、新威胁的能力。

六 同中国其他方面的关系

塔中在文化、教育、体育等各方面的友好交往不断发展。近几年来，中国共援塔公共汽车62辆。中塔间团组互访频繁，共进行了20多次不同

级别的互访。

1997 年，塔吉克斯坦首都杜尚别市与中国新疆乌鲁木齐市结为友好城市，杜尚别已向乌鲁木齐派驻长期代表。

塔吉克斯坦每年都派留学生来中国学习。1994 年塔吉克斯坦只有 3 名大学生来中国学习汉语。2001 年，塔吉克斯坦在华留学生有 20 余人。2006 年，在中国高校学习的塔吉克斯坦学生有近 40 名。同年，第一批中国学生抵达塔吉克斯坦，在塔一所高校学习。目前已有 2016 名塔吉克斯坦青年男女学生在中国 112 所大学里学习。

2013 年 9 月 23 日，中国和塔吉克斯坦两国文化部共同举办的"中国文化日"活动在塔首都杜尚别开幕。塔政府各部门负责人，教育、文化、新闻界人士，各国驻塔使节，中资企业和华人华侨代表等共 800 余人出席开幕式。

第六节　与国际组织的关系

一　同联合国的关系

1992 年 3 月 2 日，塔吉克斯坦加入联合国，塔领导人多次出席联大会议。1993 年 9 月 30 日，拉赫蒙总统出席联大第 48 届大会。1996 年 10 月，塔吉克斯坦外长在联合国第 51 届大会上代表政府签署了全面禁止核武器条约。1997 年 9 月，塔吉克斯坦总统拉赫蒙率团出席在纽约召开的第 52 届联合国大会。1998 年 6 月 12 日，拉赫蒙总统在第 52 届联大关于毒品问题特别会议上发言时指出，毒品走私问题目前正威胁塔国内的和平进程，由于阿富汗内部冲突不断，正在变为世界上最大的毒品供应地之一，而塔吉克斯坦则有可能变成运往独联体国家毒品的过境通道。他呼吁，国际社会帮助塔吉克斯坦共同打击毒品走私。1999 年 9 月 28 日，拉赫蒙总统赴纽约参加联合国第 54 届大会。

联合国从 1994 年起参与塔吉克斯坦和平调解进程。8 月，联合国高级官员先与阿富汗、伊朗、巴基斯坦、俄罗斯和乌兹别克斯坦等国举行了会谈，之后向杜尚别派出特别代表进行斡旋，以重新开始塔吉克斯坦内部谈判。12月16日，根据安理会第968号决议建立了一个新的停火监督机构——联合国驻塔吉克斯坦观察团。1995年初安理会正式设立了联合国驻塔吉克斯坦观察团，并于1995年1月21日在塔开始工作。其任务是：观察团与冲突双方保持密切接触，并与欧安会驻塔特派团、独联体的集体维和部队保持密切联系，要求塔对立双方同观察团充分合作；协助监督停火协议的实施情况，调查并报告违反停火协议事件，提供政治联络和协调，以便国际社会向塔及时提供人道主义援助。该团共有军事观察员57名，职员44人。1995年4月26日，联合国秘书长加利任命斯马特·基塔尼为塔吉克斯坦问题特使。1995~1996年，在联合国特使和俄罗斯的斡旋下，塔吉克斯坦政府和反对派进行了多次协商和谈判。1997年，安理会审议了塔吉克斯坦问题，通过了4项决议并发表了多项主席声明。2月14日，安理会主席就塔吉克斯坦局势对新闻界发表谈话，表示希望被扣的联合国人质能尽快获得释放，并重申当事各方应确保联合国人员的安全。安理会分别于3月14日、6月12日、9月12日一致通过第1099号、第1113号、第1128号决议，将联合国驻塔观察团任期延长。11月14日，安理会一致通过第1138号决议，将联合国驻塔观察团延期并扩大观察团的任务，将观察员增至120名。在联合国的敦促下，经过几年的谈判，1997年6月27日，塔吉克斯坦双方终于签署了《关于在塔吉克斯坦建立和平和民族和睦总协定》。1999年4月17~19日，联合国副秘书长正式访问塔吉克斯坦。

1998年7月20日，4名联合国驻塔观察员被杀害，这4人分别来自波兰、乌拉圭、日本和塔吉克斯坦。7月22日，联合国秘书长特别代表库比什宣布，就联合国驻塔观察员在塔被杀害一事召回驻塔观察团全体人员。联合国秘书长安南就上述事件发表声明，予以谴责，他强调对肇事者一定要绳之以法。鉴于塔吉克斯坦对立双方于1997年签署了和平协定，并成立了民族和解委员会，国内局势趋于稳定，2000

年 5 月 12 日，安理会发表主席声明，同意联合国秘书长安南关于从塔吉克斯坦撤出联合国观察团的建议。联合国驻塔吉克斯坦观察团任期至 2000 年 5 月 15 日。

二 同独联体的关系

1991 年 12 月 21 日，塔吉克斯坦以创始国身份加入独联体。塔吉克斯坦同俄罗斯等 10 国领导人在阿拉木图会晤并通过了《阿拉木图宣言》和《关于武装力量的议定书》等文件。1992 年 5 月 15 日，塔吉克斯坦签署独联体《集体安全条约》。塔吉克斯坦重视发展与独联体国家的关系，积极参加独联体活动，参加独联体历次会议，签署了独联体一系列协议。塔吉克斯坦还先后加入独联体经济联盟、集体安全体系、独联体五国（塔、俄、白、哈、吉）"欧亚经济共同体"和独联体四国（塔、哈、乌、吉）"中亚经济共同体"。1993 年 1 月 22 日签署《独联体章程》。1994 年 10 月 21 日签署独联体跨国经济委员会、支付联盟和关税同盟协定。1996 年 1 月和 5 月，拉赫蒙总统两次率代表团赴莫斯科参加了独联体国家首脑会议，在这两次会议上通过了《关于加强支付联盟和海关联盟的协议》、《关于预防武装冲突和恐怖活动在独联体境内扩散构想的协议》、《关于建立独联体国家内务部长委员会的决定》以及《独联体集体维和部队条例》等一系列文件。截至 1997 年底，拉赫蒙共参加了独联体召开的 22 次国家元首会议。1999 年 5 月 20 日，塔吉克斯坦国防部部长参加在亚美尼亚首都埃里温举行的独联体国防部长理事会会议。塔吉克斯坦、俄罗斯、亚美尼亚、白俄罗斯、哈萨克斯坦、吉尔吉斯斯坦 6 国表示将继续参加独联体《集体安全条约》。2001 年 5 月 31 日，塔吉克斯坦总统拉赫蒙、俄罗斯总统普京、白俄罗斯总统卢卡申科、哈萨克斯坦总统纳扎尔巴耶夫和吉尔吉斯斯坦总理巴基耶夫参加了在白俄罗斯首都明斯克举行的欧亚经济共同体跨国委员会第一次会议，会议宣布欧亚经济共同体正式成立，并发表联合声明。

近年来独联体、欧亚经济共同体作用渐微。

三 同中西亚经合组织的关系

1992 年 2 月 16 日，塔吉克斯坦政府总理出席在德黑兰召开的伊朗、巴基斯坦、土耳其等国经济合作组织首脑会议，会上塔吉克斯坦被接纳为该组织的成员。1995 年 3 月，塔吉克斯坦总统拉赫蒙出席了在伊斯兰堡举行的第三届中西亚经合组织首脑会议。2001 年 5 月 4 日，中亚和西亚经济合作组织（简称"中西亚经合组织"）成员国第 11 次外长会议在塔吉克斯坦首都杜尚别举行，与会者一致强调应制定区域贸易协议以加强各国之间的贸易交流。与会各国一致表示，应逐步消除地区内关税壁垒，促进各国交通事业的进一步发展。

四 同上海合作组织的关系

塔吉克斯坦把扩大和加深地区合作问题一直作为其外交战略的首要任务。2001 年 6 月 15 日，塔吉克斯坦以创始国身份加入"上海合作组织"。"上海合作组织"的前身"上海五国"改为"上海合作组织"就是 2006 年在塔吉克斯坦首都杜尚别确定的。

2001 年 6 月 15 日，上海合作组织成员国——塔吉克斯坦、中国、哈萨克斯坦、俄罗斯、吉尔吉斯斯坦和乌兹别克斯坦六国在上海签署了《上海合作组织成立宣言》。在上海合作组织成立大会上，塔和其他五国共同签署了《打击恐怖主义、分裂主义和极端主义上海公约》。此前，塔吉克斯坦参加了从 1996 年起在五国轮流召开的定期会晤。第一轮谈判结束，五国之间签订了《关于在边境地区加强军事领域信任的协定》和《在边境地区相互裁减军事力量的协定》。2002 年 6 月 7 日，塔总统出席了在俄罗斯圣彼得堡举行的上海合作组织国家元首第二次会晤，会上签署了《上海合作组织宪章》、《上海合作组织成员国国家元首宣言》和《关于地区反恐怖机构的协定》等。这次会议决定建立上海合作组织地区反恐怖机构，该机构总部设在吉尔吉斯斯坦首都比什凯克。此次会议决定建立常设地区反恐怖机构，对于加强在安全领域的合作具有重要现实意义。2003 年 5 月，拉赫蒙总统出席在莫斯科举行的上海合作组织成员国国家元首第三次会晤，并参与签署了《上海合作组织成员国国家元首宣言》。2003 年 9 月 23 ~ 24 日，塔吉克斯坦总理阿基洛夫出席在北京举行的上海合作组织成员国总理会晤。2004 年 6 月 17 日，拉赫蒙总统出席上海合作组织塔什干峰会，并与其他五国元首共同签署了《上海合作组织塔什干宣言》等文件。2006 年 9 月 15 日，上海合作组织成员国总理第五次会议在塔吉克斯坦首都杜尚别举行。各方就加强地区稳定和进一步发展本组织框架内合作的迫切问题，及深化在经贸、人文、减灾、文化、传染病防治、环保、组织建设等领域合作深入交换了意见。各方结合 2006 年 6 月 15 日上海峰会的共识，研究了本组织成员国经济合作的优先方向，提出了在经贸、科技、社会、文化和其他领域合作的一系列具体措施。会后，成员国代表团团长签署了联合公报等文件。此次会议进一步推动了成员国经济合作的发展，为人文领域的相互协作提供了新的条件。

塔吉克斯坦自加入"上海合作组织"以来，正如拉赫蒙总统所言，"上合组织为塔吉克斯坦的多边合作，特别是安全、经济以及人文领域的合作展开了新的前景"。从"上合组织"诞生之日起，相互信任、相互理解、尊重文化多样性的程度大大提高，多边经济合作得到极大促进。

时间证明，各成员国在共同价值观和相互尊重基础上，为建设国与国关系所做出的共同选择是正确的。"上合组织"成员国各方面的相互协作交往得到加强。通过共同努力，我们在维护地区和平与稳定方面取得显著成绩，提前建立互利的经贸关系成为现实，人文领域的相互协作逐步扩大。

目前，该组织已是各成员国独一无二的投资平台，利用现有的自然资源和人力资源、交通基础设施和其他条件，塔吉克斯坦可通过上合组织机制为成员国提供有利于理顺生产链条的项目。例如，修建国家级库勒买—杜尚别—恰纳克公路，铺设南北高压输变电线和罗拉佐尔—欧比—玛佐尔—哈特隆高压输变电线，兴建新的水利能源项目。把这些项目列入更复杂的地区与全球经贸范畴中将有利于各方。

塔吉克斯坦总统拉赫蒙不仅是上合组织六国创始者之一，而且积极参加了该组织举行的历届峰会，对上合的建设与发展做出重要贡献。

五 同欧盟国家的关系

2008 年以来，塔吉克斯坦与欧盟国家的关系日益密切，近年来，塔与欧盟国家的经济合作取得了长足发展。2008 年 7 月，塔吉克斯坦政府与德国开发银行签署了"努雷克水电站 220 千伏配电装置改建"项目贷款协议，贷款总额为 2500 万欧元。该笔资金分为两部分，其中 1800 万欧元为贷款，700 万欧元为援助款。贷款期限为 40 年，年利率为 0.75%，优惠期为 10 年。8 月，塔政府与法国在杜尚别签署政府间《关于建设杜尚别国际机场航站楼的投资协议》，根据该协议，法国获得了杜尚别国际机场航站楼的建设权。2007 ~ 2010 年，塔共获得总额 6600 万欧元的技术支持和无偿援助。2011 年 4 月 8 日，塔内务部部长卡霍罗夫同欧盟驻塔代表维基签署了关于对塔警察机构进行改革的谅解备忘录。6 月 5 ~ 12 日，塔总统对法国、奥地利、卢森堡和匈牙利四国进行正式访问。6 月 13 日，德国联邦议会德国 – 中亚小组组长恩克尔曼率领的德议会代表团一行访塔。6 月 17 日，由议员留克率领的法国国民议会代表团访塔。9 月 1 日，欧盟和塔政府签署关于支持人类发展计划的协议。9 月 16 日，欧盟中亚事务特别代表毛磊访塔。10 月 17 日，英国国际发展大臣丹康访塔。11 月 1 日，塔外长扎里菲在伊斯坦布尔会见德国外长韦斯特韦勒，讨论两国各领域合作的现状和前景。12 月 12 ~ 14 日，塔总统拉赫蒙访问德国。塔与欧盟国家合作的重点在经济领域。2011 年 3 月中旬，欧盟和塔吉克斯坦合作委员会举行了第一次会议，欧盟代表对塔加入世界贸易组织等一系列问题予以支持，并表示："欧盟将在 2011 ~ 2013 年度地区战略框架内援助塔吉克斯坦 6200 万欧元，用于保健和社会保障领域的社会改革，支持私营部门的发展，尤其是支持农业部门，以及巩固国家政权机关和国家财政管理。"

2012 年 1 月 1 日，法国国防部部长热拉尔·隆盖访塔。1 月 12 日，爱沙尼亚外长帕伊特访塔。2 月 24 日，塔 – 欧洲安全和合作组织工作组例会在塔举行。2月27日，塔－欧盟合作委员会第二次会议在比利时首都布鲁塞尔举行，塔外长扎里菲出席。3月12日，英国国防大臣哈蒙德访塔。3月3日，塔总统拉赫蒙和法国总统萨科齐互致贺电，庆祝两国建交20周年。4月6日，德国能源署署长科勒访塔。5月2日，欧洲议会代表团访塔并出席塔欧议会合作委员会第二次会议。7月1日，英国国际发展部部长米特切尔访塔。7月15~18日，欧洲议会代表团访塔。7月18日，法国国防部部长伊夫·勒德里安访塔。8月25日，德国经济合作和发展部部长迪尔克访塔。10月23~24日，塔总统拉赫蒙对芬兰进行正式访问。12月7日，塔外长扎里菲出席在爱尔兰首都都柏林举行的欧洲安全与合作组织外长会议。

2013年4月9日，塔总统拉赫蒙访问了位于比利时首都布鲁塞尔的欧盟总部，与欧盟负责外交与安全事务的高级代表举行了会晤。双方讨论了塔吉克斯坦与欧盟间的多领域合作。拉赫蒙表示："欧盟与中亚地区间合作的关键问题仍然是安全问题，特别是北约从阿富汗撤军后的安全问题，因此必须严厉打击恐怖主义、极端主义，强化中亚地区的区域安全合作。此外考虑到阿富汗重建的现实需求，欧盟应该加强对塔实体经济的支持力度，提高塔夏季向阿富汗输出电力的能力，支持建设塔—阿—土铁路。"同日，塔吉克斯坦总统拉赫蒙会见了北约秘书长拉斯姆森，拉赫蒙对双方在"北约和平伙伴关系计划"框架下的合作表示满意，在这一框架下北约向塔提供了军队培训等援助，以及扫雷、除暴等军事装备。拉斯姆森高度评价了塔吉克斯坦在阿富汗问题上给予北约盟军的有力支持，并强调："2014年之后，北约希望能够利用塔在阿富汗经济社会重建领域、军队和警察培训等领域的独特优势和能力，展开进一步更广泛的合作。"

大事纪年

旧石器时代	1938 年苏联考古学家奥克拉德尼科夫在捷希克塔什山洞发现了公元前 4000 年旧石器时代的一个 8 ~ 10 岁的古人（尼安特人）遗骸化石。1954 年，他又在今粟特州凯拉库姆发现了旧石器时代中期的原始人村落遗址
公元前 6 ~ 前 4 世纪	波斯阿契美尼德王朝和希腊亚历山大·马其顿王朝
公元前 3 世纪	并入希腊 - 巴克特里亚王国和贵霜王朝
公元前 2 世纪中叶	吐火罗人在今塔吉克斯坦地区建立国家，巴克特里亚王国改称吐火罗斯坦，其国名为贵霜王国
公元前 2 世纪	汉武帝派遣张骞特使出使西域，交流文化
公元前 1000 年	出现阶级社会（巴克特里亚王国）
公元 4 ~ 6 世纪	遭受希奥尼特人、突厥人的侵袭
5 世纪	马兹达克和阿勃鲁亚人民起义
8 世纪	阿拉伯人入侵
9 ~ 10 世纪	塔希列王朝和萨曼王朝时期，塔吉克部族基本形成
10 ~ 13 世纪	并入伽色尼王朝、喀喇汗王朝、花剌子模国

	13 世纪被蒙古鞑靼人占领
14~15 世纪	帖木儿后裔统治
16 世纪	成为布哈拉汗国和诸多小封建主的领地
1868 年	费尔干纳州和撒马尔罕州各一部分并入俄罗斯
20 世纪初	出现第一批社会民主党小组
1917~1918 年	塔吉克斯坦成立苏维埃政权
1918~1920 年	苏俄红军进入塔吉克斯坦,粉碎了白卫军和巴斯马赤主力
1921~1922 年	实行土地水利改革
1924 年 10 月 14 日	成立塔吉克苏维埃社会主义自治共和国,属乌兹别克苏维埃社会主义共和国
1929 年 10 月 16 日	成立塔吉克苏维埃社会主义共和国
1929 年 12 月 5 日	塔吉克苏维埃社会主义共和国加入苏联
1990 年 8 月 24 日	塔吉克斯坦第 12 届最高苏维埃第二次会议通过国家《主权宣言》
1990 年 11 月 29 日	颁布关于设立共和国总统职位和总统选举程序的法律,卡哈尔·马赫卡莫维奇·马赫卡莫夫(Кахор Махкамович Махкамов)任共和国第一任总统
1991 年 6 月 23 日	卡德利津·阿斯洛诺维奇·阿斯洛诺夫(Кадридин Аслонович Аслонов)任代总统
1991 年 8 月 28 日	塔共中央发表声明,塔共退出苏共
1991 年 8 月 31 日	塔最高苏维埃决定将国名改为塔吉克斯坦共和国
1991 年 9 月 9 日	塔吉克斯坦共和国宣布独立
1991 年 9 月 23 日	代总统阿斯洛诺夫被迫辞职,塔共前中央第一书记拉赫蒙·纳比耶维奇·纳比耶夫出任代总统

1991 年 11 月 24 日	纳比耶夫当选总统
1991 年 12 月 21 日	塔吉克斯坦以创始国身份加入独联体并签署了《阿拉木图宣言》
1991 年 12 月	在土库曼斯坦首都阿什哈巴德召开的中亚五国首脑会议上，塔、土、乌、吉和哈签署了五国《友好合作条约》
1991 年 12 月 27 日	中国政府宣布承认塔吉克斯坦独立
1992 年 1 月 4 日	中塔两国建立大使级外交关系
1992 年 1 月 19 日	塔共举行非例行代表大会，取消了关于党改名为社会党的决定，重新恢复共产党名称
1992 年 3 月 2 日	加入联合国
1992 年 3 月 10 日	塔吉克斯坦颁布《外国投资法》
1992 年 4 月	俄外长科济列夫访塔，签订了两国建交协议
1992 年 4 月 17 日	塔吉克斯坦最高苏维埃主席团通过新宪法草案
1992 年 5 月初	爆发内战
1992 年 5 月 11 日	总统发布成立"民族和解政府"的命令，将政府 24 个部长职位中的 8 个分给反对派。伊斯兰复兴党主席伊斯蒙出任政府副总理，国防部部长、广播电视部部长等要职也交给反对派
1992 年 5 月 15 日	塔吉克斯坦在独联体塔什干首脑会议上同俄罗斯、哈萨克斯坦、乌兹别克斯坦等国一起签署了《集体安全条约》
1994 年 9 月 17 日	在伊朗首都德黑兰塔对立双方达成了 3 个月的临时停火协议
1994 年 11 月 6 日	举行全民公决，拉赫蒙当选总统，通过独立后的第一部宪法《塔吉克斯坦共和国宪法》，议会制改为总统制

1994 年 12 月 3 日	根据总统令（第 8 项）塔确定了改革原则，即"加深经济改革和加速市场经济的转变进程的优先原则"。政府还批准了 1995 ~ 2000 年经济改革的新方案，其主要目标是要创造以社会发展为导向的、高效及具有竞争力的市场经济
1994 年 12 月 10 日	成立人民民主党，原名人民党，1997 年 6 月更名为人民民主党。该党原主席为阿·多斯季耶夫。1998 年 4 月拉赫蒙总统当选该党主席至今。塔议长、副议长、总理、副总理及几乎所有政要均加入了该党。随后塔内阁大部分成员及地方政府领导人也纷纷加入人民民主党，使其成为执政党
1997 年 5 月 28 日	塔政府和反对派在德黑兰签署了一项关于停止内战实现民族和解的议定书
1997 年 6 月 27 日	拉赫蒙总统和反对派领导人努里在莫斯科签署了《关于在塔吉克斯坦建立和平和民族和睦总协定》。该协定规定：自 1997 年 6 月开始交换战俘和政治犯；遣返在阿富汗滞留的难民（应从阿遣返 2 万名难民）；由双方各出 13 名代表组成民族和解委员会，作为总统和议会选举前的临时工作机构，努里任主席，努里将从阿富汗回到杜尚别办公；460 名反对派士兵将随同努里回塔吉克斯坦，反对派武装同政府军合并、改编；向反对派提供从中央到地方各级政府机构中 30% 的职位；重新选举议会和总统等
1997 年	安理会审议了塔吉克斯坦问题，通过了 4 项决议并发表了多项主席声明。2 月 14 日，

266

安理会主席就塔吉克斯坦局势对新闻界发表谈话，表示希望被扣的联合国人质能尽快获得释放，并重申当事各方应确保联合国人员的安全。安理会分别于 3 月 14 日、6 月 12 日、9 月 12 日一致通过第 1099 号、第 1113 号、第 1128 号决议，将联合国驻塔观察团任期延长。11 月 14 日，安理会一致通过第 1138 号决议，将联合国驻塔观察团延期并扩大观察团的任务，将观察员增至 120 名。在联合国的敦促下，经过几年的谈判，1997 年 6 月 27 日，塔吉克斯坦双方终于签署了《民族和睦总协定》

1998 年 1 月 14 日	俄总理切尔诺梅尔金访塔，同塔总统举行会谈，着重讨论了两国的经济合作问题，其中包括塔偿还俄约 3 亿美元债务以及俄向塔提供包括用于军事目的在内的新贷款等问题；签署了打击破坏税法和民防军事技术合作协定以及两国国防部军事技术合作协定等文件
1998 年 10 月 12 日	俄罗斯、乌兹别克斯坦、塔吉克斯坦三国总统签署了"三国联盟"条约，以抵御该地区的宗教激进主义和宗教极端主义
1999 年 8 月初	努里正式宣布解散反对派武装
1999 年 8 月 11 ~ 14 日	拉赫蒙总统对中国进行了友好访问。两国元首签署了《中华人民共和国和塔吉克斯坦共和国关于中塔两国国界的协定》和《中华人民共和国和塔吉克斯坦共和国关于进一步发展两国睦邻友好和互利合作关系的联合声明》
1999 年 8 月 12 日	塔最高法院宣布解除对努里领导的伊斯兰

	复兴党及其他反对派政党活动的禁令，赋予其日后参与国家政治生活的合法地位
1999 年 8～10 月	近千名"乌伊运"武装分子经塔窜入吉尔吉斯斯坦南部巴特肯地区袭击五六个村庄，并劫持了包括吉内务部队司令沙姆盖耶夫和 4 名日本地质学家在内的 13 名人质。他们企图在吉、乌和塔交界的费尔干纳谷地建立所谓的"伊斯兰国家"
1999 年 9 月 26 日	就修改宪法举行全民公决，总统任期改为 7 年、不能连任；议会由原来的一院制改为上、下两院制；允许建立宗教性质政党
1999 年 9 月 28 日	拉赫蒙总统赴纽约参加第 54 届联合国大会
1999 年 11 月 6 日	举行总统大选，拉赫蒙以 96% 的选票获胜，连任总统
1999 年 11 月 15～17 日	俄总理普京及其政府其他成员，其中包括国防部部长谢尔盖耶夫，参加塔总统就职仪式，普京同拉赫蒙和塔总理阿基洛夫进行了会谈，并就解决两国债务问题达成了一致。普京强调，俄将继续发展同塔在军事和保卫边界领域的合作。双方还讨论了经济、政治、军事同盟等方面双边合作问题及共同与中亚恐怖活动做斗争的问题
2001 年 5 月 31 日	加入"欧亚经济共同体"
2001 年 5 月和 10 月	美陆军中央指挥部总司令弗兰克斯两次访塔，商讨加强两国军事合作及共同打击恐怖主义问题。"9·11"事件后，美将驻塔使馆迁回杜尚别。塔同意向美开放领空并提供库洛布机场，以支持美在阿富汗开展反恐行动。美国防部部长拉姆斯菲尔德，

	美负责外高加索、中亚事务的副助理国务卿帕斯科和发展署署长纳特西奥斯先后访塔。
2001 年 6 月 15 日	以创始国身份加入"上海合作组织"
2001 年 7 月	塔能源部部长约罗夫访乌，商讨乌恢复向塔供应天然气问题
2001 年	美国向塔提供 3087 万美元无偿援助，成为塔最大援助国
2001 年一年内	塔内务部第一副部长桑金诺夫遇刺身亡，总统外事顾问、文化部部长等政界高层人物相继遇刺身亡，绑架及爆炸等恶性事件时有发生。经济恢复乏力，大多数百姓生活依然贫困，毒品走私屡禁不止
2001 年 12 月 27~28 日	塔总统拉赫蒙正式访乌，双方就两国关系中存在的问题及联合打击恐怖主义、极端主义、毒品走私等问题交换意见。乌允诺减免 10% 的债务（1200 万美元）
2001 年 12 月	根据塔吉克斯坦和美国、加拿大、法国签署的在反恐斗争中采取共同行动的协议，塔吉克斯坦向美国和法国的军队提供了塔吉克与阿富汗边境以北约 100 公里的库洛布军事基地以及塔境内的军事设施，以协助他们在阿富汗的军事行动。美国可以使用塔的领空权，还与塔达成了使用苏联在塔境内的军事基地和军事设施的协议
2008 年 8 月	胡锦涛主席对塔吉克斯坦进行国事访问，两国签署了进一步发展睦邻友好合作关系的联合声明。2012 年 6 月，拉赫蒙总统对中国进行访问，并出席了在北京举行的上海合作组

织成员元首理事会第十二次会议。2013 年 5 月，拉赫蒙总统对中国进行国事访问，双方将中塔关系提升为战略伙伴关系，推动两国关系进入了新的历史发展阶段

2011 年 9 月 4～5 日	伊朗总统艾哈迈德·内贾德访塔
2011 年	俄塔双边贸易额为 10.31 亿美元
2011 年 9 月 2 日	俄罗斯总统梅德韦杰夫访塔，与塔总统拉赫蒙举行会谈，讨论了两国经贸、安全、人文和科技等问题。两国元首发表了联合声明并签署了两国边界问题协议等文件
2011 年 9 月 20 日	中国和塔吉克斯坦共和国边防部队代表在帕米尔高原中方第 75 号界桩处举行中塔新划定国界交接仪式
2011 年 11 月 5 日	塔总统拉赫蒙致电阿塔姆巴耶夫，祝贺其当选吉尔吉斯斯坦总统
2012 年 2 月 6 日	塔和吉尔吉斯斯坦政府间划界委员会会议在杜尚别召开，双方讨论了划界及其他边界问题
2012 年 2 月 23 日	俄联邦委员会批准俄塔两国边界问题合作协议
2012 年 3 月 3 日	塔总统拉赫蒙和法国总统萨科齐互致贺电，庆祝两国建交 20 周年
2012 年 5 月 7 日	塔总统拉赫蒙致电奥朗德，祝贺其当选法国新任总统
2012 年 5 月 15 日	塔总统拉赫蒙在莫斯科出席集安组织纪念集安条约签署 20 周年和集安组织成立 10 周年成员国领导人会议和独联体国家领导人非正式峰会期间，会见俄总统普京
2012 年 5 月 18 日	俄政府向塔提供 100 万美元援助，用以防范

	白喉流行
2012 年 6 月	拉赫蒙总统对中国进行访问，并出席了在北京举行的上海合作组织成员元首理事会第十二次会议
2012 年 8 月 22 ~ 23 日	塔总统拉赫蒙访问土库曼斯坦
2012 年 8 月 29 ~ 30 日	塔总统拉赫蒙在出席第十届不结盟运动首脑会议期间分别会见巴基斯坦总统扎尔达里和伊朗精神领袖哈梅内伊
2012 年 10 月 4 ~ 5 日	俄总统普京访塔并与塔总统拉赫蒙举行会谈。会谈后双方发表联合声明，还签署了 6 份双边文件
2012 年 10 月 5 ~ 16 日	塔、哈萨克斯坦和吉尔吉斯斯坦三国举行独联体框架下"纯净天空 – 2012"联合防空演习
2012 年 10 月 23 ~ 24 日	塔总统拉赫蒙对芬兰进行正式访问
2013 年 3 月 2 日	加入世界贸易组织
2013 年 11 月 6 日	拉赫蒙第三次成功连任塔吉克斯坦总统
2014 年 9 月	习近平主席出席在塔吉克斯坦杜尚别举行的上海合作组织成员国元首理事会第十四次会议，并于 12 ~ 14 日对塔进行国事访问，双方签署《中塔关于进一步发展和深化战略伙伴关系的联合宣言》，制订了两国战略伙伴关系未来 5 年发展规划
2015 年 11 月 3 日	美国国务卿克里在访问塔吉克斯坦时与塔总统拉赫蒙会谈。克里表示，塔吉克斯坦是中亚地区特殊的伙伴国家，美国将继续向塔提供全面的军事技术援助
2017 年 8 月 30 日 ~ 9 月 5 日	拉赫蒙访华，中塔两国签署了《中塔关于建立全面战略伙伴关系的联合声明》

参考文献

一 中文文献

〔苏〕Б. Г. 加富罗夫著《中亚塔吉克史》，中国社会科学出版社，1985。

公抒编著《原苏联各共和国概况》，世界知识出版社，1992。

王沛主编《中亚四国概况》，新疆人民出版社，1993。

赵常庆主编《中亚五国概论》，经济日报出版社，1999。

王沛主编《中亚五国概况》，新疆人民出版社，1997。

郝文明主编《中国周边国家民族状况与政策》，民族出版社，2000。

姜士林等主编《世界宪法全书》，青岛出版社，1997。

须同凯主编《新丝绸之路》，中国物资出版社，2001。

新疆维吾尔自治区科学技术委员会编《中亚五国手册》，新疆科技卫生出版社，1992。

斯德哥尔摩国际和平研究所编《SIPRI 年鉴 1999：军备、裁军和国际安全》，中国国际问题研究所译，世界知识出版社，2000。

邢广程著《中国和新独立的中亚国家关系》，黑龙江教育出版社，1996。

薛君度、邢广程主编《中国和中亚》，社会科学文献出版社，1999。

于洪君编著《在苏联废墟上的艰难求索》，当代世界出版社，1997。

马大正、冯锡时主编《中亚五国史纲》，新疆人民出版社，2000。

刘燕平：《塔吉克斯坦矿产概要》，中国地质矿产信息研究院，1996。

《世界知识年鉴》编辑委员会编《世界知识年鉴（1992~1993）》，世界知识出版社，1992。

《世界知识年鉴》编辑委员会编《世界知识年鉴（1993～1994）》，世界知识出版社，1994。

《世界知识年鉴》编辑委员会编《世界知识年鉴（1994～1995）》，世界知识出版社，1995。

《世界知识年鉴》编辑委员会编《世界知识年鉴（1995～1996）》，世界知识出版社，1996。

《世界知识年鉴》编辑委员会编《世界知识年鉴（1996～1997）》，世界知识出版社，1997。

《世界知识年鉴》编辑委员会编《世界知识年鉴（1997～1998）》，世界知识出版社，1998。

《世界知识年鉴》编辑委员会编《世界知识年鉴（1998～1999）》，世界知识出版社，1999。

《世界知识年鉴》编辑委员会编《世界知识年鉴（1999～2000）》，世界知识出版社，1999。

中国社会科学院东欧中亚研究所编印《俄罗斯和东欧中亚国家年鉴（1992～1993）》，1993。

中国社会科学院东欧中亚研究所编印《俄罗斯和东欧中亚国家年鉴（1994）》，1994。

中国社会科学院东欧中亚研究所编印《俄罗斯和东欧中亚国家年鉴（1995）》，1995。

中国社会科学院俄罗斯东欧中亚研究所编《俄罗斯和东欧中亚国家年鉴（1996）》，当代世界出版社，1998。

中国社会科学院俄罗斯东欧中亚研究所编《俄罗斯和东欧中亚国家年鉴（1997）》，当代世界出版社，1999。

中国社会科学院俄罗斯东欧中亚研究所编《俄罗斯和东欧中亚国家年鉴（1998）》，当代世界出版社，2000。

《中华人民共和国与塔吉克斯坦共和国双边关系重要文件汇编（1992～2012》，世界知识出版社，2012。

《中国-塔吉克斯坦建交15周年（1992～2007）》专刊，北京一诺环球经济文化发展中心，2007。

中国社会科学院俄罗斯东欧中亚研究所编《中亚黄皮书：中亚国家发展报告（2012）》，社会科学文献出版社，2012。

中国社会科学院俄罗斯东欧中亚研究所编《中亚黄皮书：中亚国家发展报告（2013）》，社会科学文献出版社，2013。

中国社会科学院俄罗斯东欧中亚研究所编《中亚黄皮书：中亚国家发展报告（2014）》，社会科学文献出版社，2014。

中国社会科学院俄罗斯东欧中亚研究所编《中亚黄皮书：中亚国家发展报告（2016）》，社会科学文献出版社，2016。

中国社会科学院俄罗斯东欧中亚研究所编《中亚黄皮书：中亚国家发展报告（2017）》，社会科学文献出版社，2017。

二　外文文献

ГЛАВНЫЙ РЕДАКТАРМ. С. АСИМОВ：《 ТАДЖИКСКАЯ СОВЕТСКАЯ СОЦИОЛИСТИЧЕСКАЯ РЕСПУБЛИКА 》，ГЛАВНАЯ НАУЧНАЯ РЕДАКЦИЯ ТАДЖИКСКОЙ СОВЕТСКОЙ ЭНЦИКЛОПЕДИИ. ДУШАНБЕ，1974.

ГОСУДАРСТВЕННОЕСТАТИСТИЧЕСКОЕАГЕНТСТВО ПРИ ПРАВИТЕЛЬ СТВЕРЕСПУБЛИКИ ТАДЖИКСТАН：《 СТАТИСТИЧЕСКИЙ ЕЖЕГОДНИК РЕСПУБЛИКИ ТАДЖИКСТАН 》（ОФИЦИАЛЬНОЕИЗДАНИЕ），ДУШАНБЕ，2000.

《КОНСТИТУЦИЯ РЕСПУБЛИКИ ТАДЖИКСТАН 》，ДУШАНБЕ，2003.

Газета《ТАДЖИКСКЙ КОММУНИСТ》 1990 – 1991.

Газета《БИЗНЕСИ ПОЛИТИКА》 1999 – 2001.

ЙСТОРИЯ ТАДЖИКСКОГО НАРОДА .

ДУШАНБЕ .

СОДРУЖЕСТВО НЕЗАВИСИМЫХ ГОСУДАРСТВ.

МОСКВА.

索　引

新版《列国志》总书目

非洲

阿尔及利亚
埃及
埃塞俄比亚
安哥拉
贝宁
博茨瓦纳
布基纳法索
布隆迪
赤道几内亚
多哥
厄立特里亚
佛得角
冈比亚
刚果
刚果民主共和国
吉布提
几内亚
几内亚比绍
加纳
加蓬
津巴布韦
喀麦隆
科摩罗
科特迪瓦
肯尼亚
莱索托
利比里亚
利比亚
卢旺达

马达加斯加
马拉维
马里
毛里求斯
毛里塔尼亚
摩洛哥
莫桑比克
纳米比亚
南非
南苏丹
尼日尔
尼日利亚
塞拉利昂
塞内加尔
塞舌尔
圣多美和普林西比
斯威士兰
苏丹
索马里
坦桑尼亚
突尼斯
乌干达
赞比亚
乍得
中非

欧洲

阿尔巴尼亚
爱尔兰
爱沙尼亚
安道尔

奥地利

白俄罗斯

保加利亚

北马其顿

比利时

冰岛

波兰

波斯尼亚和黑塞哥维那

丹麦

德国

俄罗斯

法国

梵蒂冈

芬兰

荷兰

黑山

捷克

克罗地亚

拉脱维亚

立陶宛

列支敦士登

卢森堡

罗马尼亚

马耳他

摩尔多瓦

摩纳哥

挪威

葡萄牙

瑞典

瑞士

塞尔维亚

塞浦路斯

圣马力诺

斯洛伐克

斯洛文尼亚

乌克兰

西班牙

希腊

匈牙利

意大利

英国

美洲

阿根廷

安提瓜和巴布达

巴巴多斯

巴哈马

巴拉圭

巴拿马

巴西

秘鲁

玻利维亚

伯利兹

多米尼加

多米尼克

厄瓜多尔

哥伦比亚

哥斯达黎加

格林纳达

古巴

圭亚那

海地

洪都拉斯

加拿大

美国

墨西哥

尼加拉瓜

萨尔瓦多

圣基茨和尼维斯

圣卢西亚

圣文森特和格林纳丁斯

苏里南

特立尼达和多巴哥

危地马拉

委内瑞拉

乌拉圭

牙买加

智利

大洋洲

澳大利亚

巴布亚新几内亚

斐济

基里巴斯

库克群岛

马绍尔群岛

密克罗尼西亚

瑙鲁

纽埃

帕劳

萨摩亚

所罗门群岛

汤加

图瓦卢

瓦努阿图

新西兰

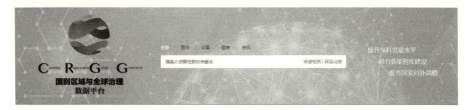

国别区域与全球治理数据平台

www.crggcn.com

"国别区域与全球治理数据平台"（Countries, Regions and Global Governance, CRGG）是社会科学文献出版社重点打造的学术型数字产品，对接国别区域这一重点新兴学科，围绕国别研究、区域研究、国际组织、全球智库等领域，全方位整合基础信息、一手资料、科研成果，文献量达30余万篇。该产品已建设成为国别区域与全球治理数据资源与研究成果整合发布平台，可提供包括资源获取、科研技术服务、成果发布与传播等在内的多层次、全方位的学术服务。

从国别区域和全球治理研究角度出发，"国别区域与全球治理数据平台"下设国别研究数据库、区域研究数据库、国际组织数据库、全球智库数据库、学术专题数据库和学术资讯数据库6大数据库。在资源类型方面，除专题图书、智库报告和学术论文外，平台还包括数据图表、档案文件和学术资讯。在文献检索方面，平台支持全文检索、高级检索，并可按照相关度和出版时间进行排序。

"国别区域与全球治理数据平台"应用广泛。针对高校及国别区域科研机构，平台可提供专业的知识服务，通过丰富的研究参考资料和学术服务推动国别区域研究的学科建设与发展，提升智库学术科研及政策建言能力；针对政府及外事机构，平台可提供资政参考，为相关国际事务决策提供理论依据与资讯支持，切实服务国家对外战略。

数据库体验卡服务指南

※100元数据库体验卡，可在"国别区域与全球治理数据平台"充值和使用

充值卡使用说明：
第1步 刮开附赠充值卡的涂层；
第2步 登录国别区域与全球治理数据平台（www.crggcn.com），注册账号；
第3步 登录并进入"会员中心"→"在线充值"→"充值卡充值"，充值成功后即可使用。

声明

最终解释权归社会科学文献出版社所有

客服QQ：671079496
客服邮箱：crgg@ssap.cn

欢迎登录社会科学文献出版社官网（www.ssap.com.cn）和国别区域与全球治理数据平台（www.crggcn.com）了解更多信息

图书在版编目（CIP）数据

塔吉克斯坦/刘启芸编著．--2版．--北京：社
会科学文献出版社，2018.7（2022.3 重印）
（列国志：新版）
ISBN 978 - 7 - 5201 - 2665 - 6

Ⅰ．①塔…　Ⅱ．①刘…　Ⅲ．①塔吉克 - 概况　Ⅳ.
①K936.5

中国版本图书馆 CIP 数据核字（2018）第 086206 号

·列国志（新版）·

塔吉克斯坦（Tajikistan）

编　　　著／刘启芸

出 版 人／王利民
项目统筹／张晓莉
责任编辑／叶　娟　李海瑞　吴丽平
责任印制／王京美

出　　　版／社会科学文献出版社·国别区域分社（010）59367078
　　　　　　地址：北京市北三环中路甲 29 号院华龙大厦　邮编：100029
　　　　　　网址：www.ssap.com.cn
发　　　行／社会科学文献出版社（010）59367028
印　　　装／唐山玺诚印务有限公司

规　　　格／开　本：787mm × 1092mm　1/16
　　　　　　印　张：20.5　插　页：1　字　数：303 千字
版　　　次／2018 年 7 月第 2 版　2022 年 3 月第 2 次印刷
书　　　号／ISBN 978 - 7 - 5201 - 2665 - 6
定　　　价／79.00 元

读者服务电话：4008918866